김정은시대의 북한인물
따라가 보기

김정은시대의 북한인물 따라가 보기

초판 1쇄 발행   2018년 5월 14일

저   자 ∣ 전정환 · 송봉선 · 이영진 · 서유석
발행인 ∣ 윤관백
발행처 ∣ 도서출판 선인

등록 ∣ 제5-77호(1998.11.4)
주소 ∣ 서울시 마포구 마포대로4다길 4 곳마루 B/D 1층
전화 ∣ 02)718-6252 / 6257   팩스 ∣ 02)718-6253
E-mail ∣ sunin72@chol.com
Homepage ∣ www.suninbook.com

정가 22,000원
ISBN   979-11-6068-136-9   94300
       978-89-5933-389-9 (세트)

김정은시대의 북한인물
따라가 보기

전정환 · 송봉선 · 이영진 · 서유석 저

도서출판 선인

북한은 김정일이 1960년 8월 25일 류경수 105근위 땅크사단을 현지 지도한 날을 기려 2005년 6월에 선군절로 정했고 2013년 8월 25일 김정일의 선군영도 개시 50주년을 맞아 최고인민회의 상임위원회에서 선군절을 휴일로 제정했다.

2012년 정전협정체결일인 전승절(7.27) 기념행사에서 김정은과 악수하는 리을설. 리을설은 1세대 빨치산 출신으로 1984년부터 2004년까지 김일성, 김정일의 경호 책임자인 호위사령관을 지냈고 2015년 사망했다.

소련 하바로프스크 야영훈련소에서의 동북항일련군 일원들. 앞줄 왼쪽 두 번째부터 리조린,
왕일지, 주보중, 김일성.

소련 하바로프스크 밀영에서 동북항일련군 대원이었던 안길, 김일성, 최현.

만경대혁명학원은 1947년 10월 12일 평양 대동군에 '혁명자유가족학원'이라는 이름으로
세워졌다. 김일성은 옛 빨치산 동료들의 후대들을 모두 평양으로 불러들인 뒤 이들을 위해 학교를
세우고 이들을 체제의 핵심간부로 양성해 나갔다. 만경대혁명학원 중앙건물.

조선소년단 창립 기념일(6·6절)을 맞아 2014년 6월 김정은이 만경대혁명학원을 방문하여
원생들의 환영을 받고 있다.

지난 2013년 11월 말 양강도 삼지연군을 찾아 김일성 동상을 둘러 본 8인들.
이들에 의해 보름 뒤 장성택 처형이 논의되었다는 관측에 따라 '삼지연 8인 그룹'으로 불렸다.
왼쪽부터 한광상 노동당 재정경리부장, 황병서 군 총정치국장, 김병호 선전선동부 부부장,
김양건 통일전선부장, 김정은, 현지 관계자, 김원홍 국가안전보위부장. 사진 외에 박태성 당 부장과
마원춘 국방위 설계국장이 참석한 것으로 알려졌다.

한광상 노동당 재정경리부장, 황병서 군 총정치국장, 김병호 선전선동부 부부장,
김양건 통일전선부장, 김정은, 현지 관계자, 김원홍 국가안전보위부장, 박태성 당 부장,
마원춘 국방위 설계국장.

김정일 사망 이후 김정은체제의 핵심실세로 부상할 것이란 기대를 모았던 운구차 7인방. 지난 2011년 12월 28일 김정일 국방위원장 영결식 운구차에 손을 얹고 호위했던 7명 중 김정은을 제외한 7명은 현재 모두 처형되거나 은퇴했다. '운구차 7인방'은 장성택, 김기남, 최태복, 이영호, 김영춘, 김정각, 우동측이다.

지난 1980년 제6차 당대회 이후 36년 만인 2016년 5월 9일 개최된 제7차 당대회. 정중앙의 김정은을 중심으로 좌우에 당정군 주요인사들이 배석했다.

들어가는 말

북한 김정은 체제를 받쳐주는 파워엘리트에 대한 분석은 김정은 체제를 평가할 수 있는 지표가 될 것이다. 본 책에서는 전문직종별로 분석을 하였으며 김정은의 변덕스러운 인사스타일로 인물들의 직책이나 직급이 수시로 바뀌어 책을 만드는 데 애로가 있었다. 김정은이 폭정으로 핵심 간부를 완전히 장악했다는 분석도 있는 반면 김정은의 유일체제가 아직 다져지지 않아서 내부가 불안하다는 분석도 있기 때문에 어느 쪽이 옳다고는 할 단계는 아니다. 그러나 전문가들은 대체적으로 김정은의 천방지축 성격 때문에 엘리트들의 불안감이 커지고 있다는 점에는 동의하고 있다.

북한의 유일 체제 특징상 모든 것을 김정은이 최종 결정하지만, 파워엘리트들의 조언도 받을 것이다. 하지만 즉흥적이고 숙청과 처형이 난무하는 김정은 체제하에서 김정은의 구미에 맞는 충직한 엘리트나 면종 복배자만이 생존할 수 있을 것이라는 점은 불문가지다. 장성택 숙청은 김정은의 독단적 판단이지만 여러 가지 정보가 참고되었을 것이다. 장성택 처형을 지켜본 간부들이 반발 세력으로 성장했을 가능성도 내

재적으로 상당수 있을 것이다. 파워엘리트들이 표출할 수는 없지만 때를 기다리면서 김정은에게 반기를 들 가능성도 있다.

그러나 반기를 들려면 모의를 해야 하고, 사람이 모이면 철저히 감시당하는 것이 북한 사회다. 도청과 운전사, 비서들이 다 감시를 하고 국가보위성, 인민보안성, 총정치국, 군 보위국 등 여러 가지 감시기구들이 있다. 이런 것을 피해 군 고위간부들이 모이는 것은 쉽지 않다. 이런 감시 체제 하에서 불만이 있다 해도 구체적으로 실현하는 것은 쉽지 않다. 김정은 선대부터 3중, 4중 감시체제가 통상적이기 때문이다.

김씨 체제를 유지하는 핵심은 친인척이다. 가장 믿을 구석은 친인척뿐이기 때문이다. 김정일 시대의 김정일이 여동생 김경희, 장성택 부부에 의존한 것과 같이 김정은의 세습 이후 여동생인 김여정이 활발한 활동을 하면서 김정은 체제를 받쳐주고 있다.

세대를 이어 충성하는 세력 가운데 하나가 빨치산 2세의 후손 최룡해다. 최룡해는 최현의 아들로 몸을 다 바쳐 김정은을 보좌하는 사람 중 한 사람이다. 김정은 시대 핵심 엘리트들은 함경도 출신 그리고 김일성종합대학 출신에 빨치산 2세대들이 약진하고 있다. 정치국 위원, 당 비서, 당 전문 부장들, 내각의 부장(장관급) 이런 사람들을 분석해보면 김일성종합대학 출신들이 34.6%로 가장 많고 지역적으로는 함경도 출신들이 45.6%로 나타나고 있다. 그 다음에 남자가 93%로 압도적으로 많다. 평균 나이는 68.4세다. 이런 사람들이 지금 김정은 체제를 떠받들고 있다. 김일성 때부터 숙청을 통한 권력 다지기를 하고 이와 함께 새로운 인물을 등용하면서 충성 분자를 구축해 나간 독재 전통을 김정은도 답습하고 있다. 김일성 시대에는 파벌을 청산하기 위해서 대규모 숙청을 단행했었다. 1956년 8월 종파사건이 벌어졌다. 그렇지만 충성을 유도하기 위해 충성이 부족한 사람들을 여러 가지 죄목으로 엮어서 숙청을 해 많은 사람들이 다쳤다.

김정은도 그것을 답습하고 있다. 김정은 시대 대표적인 사건이 장성택 숙청사건이다. 고모부인 장성택을 반종파 사건, 반당종파주의자로 몰아서 죽였다. 김정은도 김일성과 다를 바 없는 숙청과 처형 그리고 계급장 올리기내리기로 길들이며 권력을 다지는 모습이다. 숙청을 보면 리영호가 숙청을 당했고 장성택, 김영춘, 김정각, 우동측, 고모 김경희, 인민무력부장 현영철 등이 권력중심에서 사라졌다. 상대적으로 가장 신뢰할 수 있는 친동생 김여정만이 활발한 활동을 하고 있고 최룡해, 황병서 총정치국장이 김정은을 떠받들고 있다.

최근 소식에 따르면 빨치산 혈통인 최룡해와 2인자 논란이 있었던 황병서간의 암투에서 최룡해가 승리를 거둔 것으로 알려졌다. 두 사람은 군 총정치국장이라는 자리를 놓고 선후 교체가 되기도 했다. 김정은 입장에서는 수령의 후계자를 제외한 누구 외에도 2인자란 말은 무의미하며 자신을 제외한 어느 누구에게로 권력이 집중되는 것은 용납이 안 된다. 장성택도 의도하지 않았겠지만 권력이 자신에게 너무 쏠리면서 숙청을 당했다. 결국 김정은은 최룡해든 황병서든 상호견제와 경쟁을 통해 실력자들을 견제하면서 제2의 장성택이 나오는 것을 방지하는 것이 수령시스템의 통치방식이다. 북한의 유일영도체계는 어떤 누구도 넘볼 수 없다. 김씨 가족은 북한에서 완전히 신격화된 가족이다. 김씨 아래 북한주민 모두는 한낱 수족에 불과하다. 그래서 우리 식으로 이야기하자면 살아남으려면 생각과 영혼은 버리고 충성만이 요구된다. 그렇기 때문에 김정은 세습 체제에서 실세라고 하는 것은 별 의미가 없다. 실세는 김정은이고 최룡해나 황병서는 충직한 머슴에 불과하기 때문이다. 김정은을 둘러싸고 있는 엘리트의 힘은 김정은에 대한 충성심이 척도다. 이들 주변 세력을 분석하는 것이 본 책 발간의 목적이다.

수령 유일영도체계에서는 김정은 유일신 밖에 없다. 김정은에게 여러 안을 보고하면 김정은이 그 중에서 온건책을 받을 수도 있고 강경책을 받을 수 있다. 그러나 최종결정은 김정은이다. 교활한 숙청의 대명사인 할아버지나 술판정치인 김정일보다도 더 변덕이 더 심하고 천방지축으로 예측을 할 수 없는 인물이다. 핵무기개발을 통해 인류사에 가장 악질적 오점을 찍고 있다.

김정은은 권력을 절대화하기 위해 당이나 군 세력 간 충성을 경쟁시키고 있다. 어떤 때는 당 조직지도부에 힘을 실어주고 어떤 때는 인민군에게 힘을 실어줬다가 어떤 때는 당 내에서도 정치국이나 비서국에 힘을 실어준다. 인민무력부가 너무 커져서 군이 권력을 위협할 것 같으면 조직지도부를 통해 군을 견제한다. 이런 식으로 서로 상호견제하고 감시하도록 하여 어떤 특정한 사람이나 특정한 부서가 힘을 갖는 것은 북한에서 '죽음'의 경고다. 총정치국장이었던 황병서, 노동당 부위원장 최룡해 등 당과 군 보안기관의 실력자들이 상호 견제하고 있다. 특히 최근 조직지도부 부장에 오른 것으로 알려진 최룡해는 당을 통해 군과 보안기관에 대한 통제의 수위를 높이고 있다.

아버지 김정일, 나아가 할아버지 김일성과 비교해 김정은을 받들고 있는 핵심 간부들의 충성심 수준은 김정일 시대나 김일성 시대 그리고 김정은 시대 모두 비슷하다. 김일성 시대부터 이미 충성심을 제1의 간부충원조건으로 내세웠다. 아무리 능력 있고 실력이 있어도 충성심이 없으면 휴지조각에 불과하다. 충성심이 가장 강한 사람들만 북한에서는 살아남아 있게 돼 있다. 최근에는 물론 능력과 실력을 많이 강조하지만 이는 부차적이다.

여동생 김여정의 최근 행보를 보면 본격적으로 중앙무대에 나서고 있는 모습이다. 김여정은 김정은에게 가장 신뢰할 수 있고 안전한 친족이기 때문이다. 공식적으로는 김여정은 지난 7기 2차 전원회의 이후 당 정치국 후보위원과 당 선전선동부 부부장에 올랐다. 하지만 실제 역할은 당위원장 비서실장이나 서기실장의 역할을 하고 있는 것으로 파악된다. 김여정이 조직지도부에 몸담고 있다는 추측이 있었으나 현재까지 파악된 바로는 선전선동부가 유력하다. 믿을 사람은 사실 친인척으로 김여정이 가장 측근에서 김정은의 밥 먹는 것부터 시작해 일정 짜는 것, 각종 보고서가 들락날락 하는 것까지 다 조종하고 감시하고 통제하는 그런 중요한 역할을 하고 있다. 김정은은 2017년 2월 13일 자신의 권력유지에 가장 거추장스러운 존재인 이복형 김정남을, 특수 살해조를 보내 말레이시아에서 살해했다. 국제사회가 대량살상무기로 규정하고 있는 독극물 'VX'로 쿠알라룸푸르 국제공항에서 버젓이 살해했다. 주변에 경쟁이 될 만한 인물은 살려두지 않고 있다.

사실 김정은의 용인술은 김정일로부터 나왔다고 봐야할 것이다. 김정일이 2008년 뇌졸중으로 쓰러진 이후로 상당히 빨리 후계체제를 구축하는 과정 속에서 소위 제왕학을 상속했을 가능성이 높다. 그 제왕학 중에서도 용인술, 어떤 사람을 쓸 것인가? 사람을 판별하는 능력, 자칫 사람을 잘못 쓰면 자기를 죽일 수도 있어 충성심이 있는 사람을 어떻게 고를 것인가이다. 더군다나 사람을 쓸 때 그 사람 속마음이 어떻게 되나, 그 사람이 야심이 있나 없나, 이런 것들을 가르쳐줬을 가능성이 있다. 김정일과는 용인술이 아직 미치지 못하지만 김정은도 시간이 흐르면서 아버지의 용인술을 닮아갈 것으로 보인다. 김정일은 오랫동안 탄탄한 권력준비과정을 거쳤기 때문에 시간이 많았다. 김정은은 이를 극복하기 위해 사람들을 자주 바꾸고 벌도 주고, 다시 등용한다. 현재 조급하게 엘리트들을 쓰고 버리고 한다.

북한 김정은은 향후에도 지금처럼 공포 정치를 구사할 가능성이 높다. 또한 서열 강등-복귀를 반복하면서 핵심 간부들의 충성심을 확보하려는 전략을 이어갈 것으로 관측된다. 이런 전략이 향후 김정은 체제 불안정성을 가중시킬 수 있다

　지금 김정은의 군부 다스리기는 일종의 계급장 정치다. 완전히 계급장을 떼서 숙청해버린 사람은 많지 않다. 대표적 경우가 현영철 숙청과 리영호 정도로, 나머지는 일정 구간 3, 4개월 정도 길게는 6개월 정도 계급장을 낮췄다가 다시 원상복귀한다. 어느 일본인 학자는 김정은의 이러한 군 다루기를 단기적으로 매우 영리하다고 하였다. 유일체제가 버텨주어 큰 문제가 없을 것이지만 군이라는 세력은 어느 때 총부리를 돌릴지 모르기 때문에 매우 위험한 길임엔 틀림없다. 상대적으로 경제 엘리트는 권력과는 거리가 멀기 때문에 박봉주가 내각 총리를 맡아 전담해 가고 있다. 대외적으로 비핵화 및 제재와 관련 미.북간, 한.미간 상충점이 커질 경우 평화 보다는 파워 엘리트들의 오도된 판단을 할 경우 한반도가 위험에 빠질 수 있다. 이 책에서는 김씨 집안의 족보와 김정은 시대의 핵심 간부 엘리트 100여 명의 면면을 분석해 보았다.

2017년 12월
대표저자 전정환

차 례

제1장 김정은체제의 파워엘리트

제1절 북한의 파워엘리트 개관

통일부는 매년 '북한 권력기구도'를 작성 배포한다. 이 '북한 권력기구도'를 통해 본 북한의 최고 권력자는 당연히 조선노동당 위원장이며, 조선민주주의인민공화국 국무위원회 위원장, 조선인민군 최고사령관으로 호칭되는 김정은이다.

김정은은 조선노동당 위원장으로 제7차 당대회를 통해 추대되었는데, 하지만 이미 지난 2012년 4월 11일 4차 대표자회를 통해 조선노동당 제1비서 직책에 추대되었었다. 북한의 노동당 기구는 당 중앙위원회, 당 중앙군사위원회, 당 중앙검사위원회가 있고, 도별로 당 위원회가 있다. 당 중앙위원회에는 정치국, 정무국, 검열위원회가 있는데, 이 가운데 가장 핵심멤버인 정치국 상무위원은 김정은, 김영남, 황병서, 박봉주, 최룡해 등 5명이고, 위원은 김기남, 최태복, 리수용, 김평해, 오수용, 곽범기, 김영철, 리만건, 양형섭, 로두철, 박영식, 리명수, 김원홍, 최부일 14명이다. 후보위원은 김수길, 김능오, 박태성, 리용호, 임철웅,

조연준, 리병철, 노광철, 리영길 9명으로 구성되어 있다. 검열위원회는 위원장은 홍인범이고 제1부위원장 정명학, 부위원장 리득남, 위원 김영환, 김금철, 김용선, 김명철 등 총 7명이다.

기존에 당 비서에 당 부위원장으로 호칭이 바뀐 정무국에는 최룡해, 김기남, 최태복, 리수용, 김평해, 오수용, 곽범기, 김영철, 리만건 9명이 이름을 올리고 있다. 여기서 눈에 띄는 것은 김일성의 딸이자 김정일 동생인 김경희가 정치국과 정무국에서 모두 이름이 빠져있다는 점이다. 김정일 체제가 자리를 잡아가면서 장성택이 처형되고 앞 선 세대를 밀어내는 형국이다.

김정은 체제의 내구성을 들여다보는 데서 가장 주목되는 건 북한 파워엘리트들의 면면과 이들의 권력 내 역학관계다. 김정은과 그의 권력 주변에 머물고 있는 핵심 멤버들이 북한 체제의 운명을 좌우할 가장 큰 변수다. 현재까지 김정은 체제의 핵심 멤버는 장성택을 패퇴시킨 이른바 '삼지연 8인' 그룹이다. 김정은이 2013년 12월 고모부인 장성택 전 국방위 부위원장을 전격 처형할 때 거사를 주도했던 인물들이다. 이 가운데 장성택을 처형하는데 가장 큰 공로를 세운 인물은 김원홍 전 국가안전보위부장으로 알려졌다. 여기에는 당시 상황을 총괄한 것으로 파악되는 조직지도부의 힘을 활용한 황병서 군 총정치국장(당시 노동당 조직지도부 제1부부장)을 비롯 김양건 당 통일전선부장, 한광상 당 재정경리부장, 김병호 선전선동부 부부장, 홍영칠 기계공업부 부부장, 마원춘 국방위 설계국장, 박태성 조직지도부 부부장이 참여했다. 하지만 토사구팽이라고 했던가? 그렇게 승승장구할 것 같은 던 '삼지연 그룹'도 장성택 사형이 집행되고 나서 운명이 향방이 엇갈렸다. 김원홍이 물러났고 마원춘이 숙청 후 간신히 살아남았고 김양건이 돌연 사망했다.

하지만 이른바 대표적인 항일 빨치산 2세로 불리는 최룡해(최현 전

인민무력부장의 아들)는 김정일 시대에 이어 김정은 정권에서도 최고 실세 그룹에 자리하고 있다. 장성택 처형의 전면에 나서거나 후계 구축에 줄을 선 흔적이 또렷하게 드러나지 않지만 대를 이어 건재를 과시하고 있는 것이다. 김정은 후계자 만들기에 올인한 공신 세력인 조연준 당 조직지도부 제1부부장도 승승장구하고 있고, 스위스 조기 유학 때 후견인을 맡았던 현지 대사 출신 리수용(당시 이름은 리철)은 대외정책 사령탑인 외무상에 앉았다. 최부일 인민보안상이 지난해 평양시 아파트 붕괴 참사에도 불구하고 건재한 것 또한 김정은의 어린 시절 농구 교사로서 끈끈한 정을 쌓은 덕분으로 보인다. 이른바 김정은이 비교적 평범했던 시절에 인연이 되었던 인물들이 출세하고 있는 모양새다.

군부는 김정은체제가 당권을 강화하는 방향으로 나아가면서 혼전양상을 보이고 있다. 군부 실력자였던 황병서도 한때 김정은의 최측근으로 꼽혔지만, 혁명화 후 복권되었다. 김정은의 현지지도에 자주 동행하는 군 인사인 리영길 총참모부 작전총국장, 박병천 총참모부 포병국장, 서홍찬 인민무력성 부부장 등이 새롭게 떠오르는 인물이다.

최근 주목받는 파워엘리트로는 한광상 당 재정경리부장과 김병호 선전선동부 부부장, 홍영칠 기계공업부 부부장, 박태성 평안남도 당 비서가 리스트에 오른다. 이들은 50~60대로 상대적으로 젊은 편인 데다 전문성을 갖춘 관료라는 공통점을 가지고 있다. 2014년 김정은의 현지지도 때 한광상은 65회를 수행해 가장 횟수가 많은 그룹에 속했다. 김정은의 건설·건축 드라이브를 실무적으로 주도하며 최고의 측근으로 간주됐던 마원춘 국방위 설계국장은 제동이 걸렸다. 정보 당국은 그가 지난해 11월 김정은으로부터 질책을 받은 이후 공개 활동이 중단된 것으로 보고 있다. 비슷한 시기 김정은이 평양 순안공항 새 터미널 공사장을 방문해 "어느 한 나라의 공항을 본뜬 것 같다"며 재시공을 지시한 것과 관련된 것으로 판단된다는 것이다. 다만 북한 TV의 과거 김정은 동정 자료 화면에서 마원춘이 계속 등장한다는 점에서 숙청이라기보다는 근신 조치를 취한 것으로 보인다.

내각에서는 박봉주 총리와 노두철 부총리 겸 국가계획위원장이 최측근 그룹에 포진해 김정은 체제의 북한 경제를 이끌고 있다. 올해 55세인 리용남 대외경제상은 대외 부문에 밝은 소장파 경제 관료로 주목받고 있다. 지난해 6월 무역성·조선합영투자위원회·국가경제개발위원회 등 3개 기구를 통합해 출범한 대외경제성은 경제특구 개발을 책임지고 있어 향후 그가 어떤 역할을 해나갈지 주목되고 있다.

현재로선 김정은 체제의 권력 안정을 해칠 북한 파워엘리트들의 특이 동향은 드러나지 않고 있다. 간부들에 대한 철저한 감시 체제와 사회 통제 시스템이 이를 원천적으로 차단하고 있기 때문으로 보인다. 특히 장성택 처형의 충격파가 당·정·군 간부들을 꽁꽁 얼어붙게 만들었다. 하지만 단기적 충성 유도 효과는 있겠지만 중·장기적으로 북한 체제에 부담 요인으로 작용할 수 있다는 지적도 나온다. 또한 파워엘리트 계층 내부에서 김정은의 리더십에 대한 반감이 표출되거나 불만 여론이 커질 수 있다는 전망도 나온다. 특히 외화벌이 등을 둘러싼 이권 다툼이 권력 내 갈등으로 증폭될 가능성도 제기된다.

제2절 김씨 일가와 혁명 1세대

북한에서는 일제시기 김일성 등 만주지역을 기반으로 항일무장투쟁을 전개한 사람들을 혁명 1세대라고 부른다. 사회주의국가인 북한에서 모든 것은 '혁명'에 기반한다고 설정하기 때문인데, 6.25전쟁에 참가한

사람들은 혁명 2세대라고 부른다. 속칭 백두산 지역을 기반으로 무장
투쟁을 한 사람들인 혁명 1세대를 백두산 줄기, 6.25전쟁에 참가한 혁
명 2세대들을 낙동강 줄기라고 부른다.

　김정일은 1969년 6월 19일부터 중앙당에서 근무하면서 정권을 넘겨
받는 집권토대를 형성하였으며, 가장 중요한 것은 김일, 최현, 오백룡,
림춘추, 주도일, 최인덕, 전문섭, 오진우 등 당군정의 중요자리에 앉아
있으면서 김정일의 후계까지 김씨 족벌 세습에 충성을 다한 1세대들의
전폭적인 지원이었다. 이들은 1990년대 초반까지 대부분 사망하고 김
일성도 사망하였지만 오진우, 최광, 김익현, 이을설 등 남아있던 혁명
1세대 빨치산 세력들이 김정일을 받쳐주었다. 또 김정일이 다닌 남산
고급학교, 평양제1중학교, 김일성종합대학 동창생들이 김정일을 받들
며 정권의 버팀목이 되었다.

　1990년대 초반까지는 이전 소련과 동구라파 사회주의 나라들이 붕괴
하고 지구상에 하나밖에 남지 않은 사회주의 조선을 지킨다면서 김정
일을 수반으로 하는 혁명의 수뇌부를 목숨으로 지키자고 나섰기 때문
에 북한이 비교적 안정되었던 시기라고 볼 수 있다. 현재 1세대는 조선
혁명박물관 관장으로 있는 황순희를 비롯해 불과 몇 명밖에 안 남았다.
김정은이 3대 세습을 한 후 이들은 정권에 직접적으로 드러난 역할을
수행하지 못하고 있다. 2세대로는 김영남, 양형섭, 김기남, 최태복, 주
규창 등으로 이들 역시 당, 군, 정의 고위간부직에 있지만 역시 나이가
많아 두드러진 활동을 하지 못하고 있다. 결국 2005년 이후 대다수 간
부는 1950년대생 이후 출신들로 교체가 이루어졌는데 북한에서는 오랜
기간 간부로 일해 온 사람 중에 고위출신들 몇 명을 제외하고는 활동
무대에서 사라졌다.[1]

제3절 빨치산 출신 혁명 1세대

빨치산 출신 혁명 1세대는 김일성의 충신으로 김 부자를 따르며 북한 주민들의 충성을 유도한 전위적 역할을 했다. 항일연군과 소련 88여단, 그리고 만주지역에서 김일성과 함께 대원으로 활동하다 해방과 더불어 북한으로 들어온 인원은 약 1,200명 정도였는데, 이들은 정권 수립에 절대적 공헌을 하였고 정권이 수립된 이후에도 주요기관에서 기여한 간부급 인물이 600여 명에 이른다고 한다. 이들 1세대 중 상당수가 사망하고 현재는 약 100여 명이 남아 있으며 노쇠하여 은퇴했거나 자리 명맥만 유지하고 있지만 김일성이 북한정권을 수립한 이후 현재까지 김 부자 정권의 권좌를 안전하게 이끌어 온 안전판 역할을 하였다고 볼 수 있다. 항일투쟁을 했다고 하여도 김일성과 같은 부대에 속해 있으면서 함께 활동을 했다면 더욱 인정을 받았는데 혁명 1세대 중 현재까지 북한 고위직에 있거나 간부로 있는 자들은 25명 정도 된다. 이들 혁명 1세대의 2세들도 부친의 후광을 업고 김 부자에 대한 대를 이은 충성을 하여 요직에 등용되기도 하였다.

혁명 1세대 중 오진우는 김일성에 대한 충성심이 강했으며 김정일 체제 출범 시 김정일의 후계 당위성을 적극 지원하여 사망 시까지 명예를 누린 인물이다. 다른 혁명 1세대들은 김일(박덕산), 최현, 림춘추, 오백룡, 박성철, 리을설, 한익수 등이다. 이들은 1974년 2월 당정치위원회에서 김정일을 후계자로 적극 지원하였다.

김정일체제 하에서 발탁된 인물들의 성향을 보면 우선적으로 후계자 이전 시절부터 친인척관계나 동창, 사제관계, 동료관계 등 개인적 친분관계를 바탕으로 권력 핵심부에 등용된 인물들이 많다. 김정일은 아버지 김일성과 마찬가지로 친인척을 고위직으로 등용하지만 술 파티의

측근으로는 발탁하지 않았다. 장성택 정도가 측근 파티에 참석하는 정
도다. 알려진 바로는 북한 당 조직지도부에는 중앙당에서부터 도, 시,
군당에 이르기까지 김일성의 직계 가족과 항일무장 투쟁 관련자와 연
고자들을 관리하는 10호실이 있다. 이 조직지도부 10호실에서 가계인
물들의 인사관련 문제를 취급한다고 한다.

　김정일은 어린 시절부터 허담의 부인인 민주조선 주필 김정숙을 고
모라고 부르며 친히 지냈다고 한다. 주변 인물 중 김정일이 후계자 지
위에 오르는 데 막후 역할을 한 김일, 최현, 오진우, 림춘추, 오백룡, 박
성철, 리을설, 한익수 등은 빨찌산 출신들로, 김
정일 입장에서 이들은 자신을 후계자로 추대하
여 준 보은의 인물들이자 끝까지 보호대상이었
다. 오진우의 경우는 김일성 생존 시 빨찌산 출
신 중 나이가 어렸지만 다른 원로들의 사망 후
에도 계속 서열 3위를 지켰으며 측근파티에도
참석하는 모습을 보였다. 김정일은 김일 같은
경우 중병으로 입원하자 직접 치료대책을 세우

리을설

고 문병과 수술 입회까지 하는 등 적극적이었다고 한다. 대를 이어 대
우를 받은 경우는 김일의 아들 박중국이 판문점 북한 측 대표로, 차남
박용석은 1990년대 말까지 당 검열위원장의 자리에 있었다. 최현의 아
들 최룡해는 김일성 사회주의 청년동맹 제1비서로 활동하다가 비리사
건에 연루되어 잠시 좌천되기도 하였지만 현재 김정은체제에서 총정치
국장을 거쳐 당 정치국 상무위원 및 당 부위원장으로 활동하고 있다.

제4절 만경대 혁명학원 출신

김정일은 1952년 길림학원을 다니다 만경대혁명학원 인민반 4년으로 편입하여 1953년 8월까지 다녔다.[2] 여기에서 함께 공부한 선배 동료들이 가장 가까운 인물들로 현재 북한 정권의 주요직위에 포진하고 있다. 만경대 혁명학원 동기인 노동당 작전부장 오극렬은 김정일과 형제처럼 같이 지냈고 학원에서 같이 어울려 놀았다고 한다. 그리고 3대혁명소조는 이들 만경대 혁명학원 1, 2기생들이 한때 주축을 이루었다.

이밖에 김정일보다 6세 정도 연상인 김국태도 만경대 혁명학원출신인데 그는 러시아 부에츠크 88특별여단 시절부터 김정일과 함께 지내 1951년 만경대 혁명학원 1기로 졸업한 후 함북도 조직부장, 김일성 고급학교 교장, 당중앙위 정치국 후보위원을 거쳐 현재 당 간부부 부장의 요직을 맡아 김정일의 측근 역할을 했다. 이들은 원로 지도자들보다 수도 많고 비교적 소장파 지식인이라고 하는데 연령이나 학력, 친교 등의 면에서 김정일과 가깝다고 볼 수 있다. 원로 빨치산들과 만경대 혁명학원 출신들은 김정일 후계체제 확립 과정에서 많은 공로를 세웠다고 한다. 김정일이 대학시절에 노동당 정치위원회의 결정으로 김정일에게 학문적 영향을 주었던 사람은 채희정 등 김일성의 비서들과 김석형, 정진석, 박시형 등 김일성 대학교수들이었다고 한다. 김영주는 중앙 조직지도부 책임지도원 박수동을 김일성대학으로 파견하여 김정일의 교육에 대해 많은 관심을 보였다고 한다.

통일연구원의 전현준 박사는 1995년 김정일 정권의 권력 엘리트분석을 하였는데 김일성 장의위원회 위원 중에서 100명을 대상으로 한 김정일 정권의 엘리트 및 측근에 대한 분석이었다. 이들 100명 중에 김정일의 친·인척은 11명이나 되며 빨치산 1세대는 13명, 빨치산 2세대는 10명이나 된다고 하였다. 군 장령급(장군)도 31명이나 된다. 출신학교를 보면 만경대 혁명학원이 25명이고 김일성종합대학이 34명이라고 한다. 이중에 해외유학파가 47명으로 가장 많은 수를 차지했다. 김일성종합대학 출신 34명 중에는 만경대혁명학원 출신이 12명이나 되었다고 한다.

해외 유학파가 다수 있음에도 불구하고 북한의 개방노선이 상당히 늦어진 것은 김정일의 일방적 보고와 지시하달 등으로 창의력이 반영될 수 없거나 부족한 데서 기인할 수 있다. 그리고 빨치산 1세대 후예들이나 노동당 중심간부들의 보수적 성향도 북한 개방이 지연되고 있는 원인이라 하겠다.

제5절 김정은 통치방식의 특징

김정은 시대에 들어와 통치시스템 변화의 가장 주목할 만할 특징은 당 규약과 헌법이 규정하고 있는 주요 권력기구들의 공식 회의 소집과 개최를 꼽을 수 있을 것이다. 김정은은 공식 회의를 통해서 형식적으로나마 주요 정책을 결정하고 인사 조치를 단행해 왔다. 아마도 제도적 메커니즘을 활용하여 결정과 집행의 절차적 정당성을 확보함으로써 김정은의 취약한 카리스마적 리더십을 보완하려는 시도로 해석할 수 있다.

또한 김정은 정권은 출범 이래 당 정치국, 비서국, 중앙군사위원회 구성원들을 교체·보강하고 당의 공식 회의를 빈번히 개최하는 등 당 기능의 정상화에 주력해 왔다. 2016년 제7차 당대회를 통해 대부분의 인원을 보강했다. 특히 당 정치국은 5명의 상무위원과 14명의 위원, 9명의 후보위원 편재를 갖추게 되었다. 비서국을 정무국으로 명칭을 바꾸었고 기존의 '비서' 직책명을 '위원장'이나 '부위원장' 명칭으로 바꾼 것도 특징이다.

김정은은 군에 대한 당적 통제를 강화하기 위한 취지에서 대폭적이고 빈번한 군 보직인사를 단행했고 군사관련 직종에 있는 당간부 등에게 군복과 군사계급을 수여하는 것이 하나의 패턴이 되어 버렸다. 작전 및 야전지휘관 출신의 젊은 군인들을 각각 총참모장과 인민무력부장에 앉혀 그들의 충성심을 유도하고자 시도하기도 했다. 최룡해·황병서와 같은 당료출신 인사를 총정치국장에 기용함으로써 군에 대한 당적 통제력 확보를 강화했다. 때문에 군의 정치부문을 담당하는 총정치국장 자리는 황병서체제로 굳히는 듯 보이나 총참모장과 인민무력부장 등 군사관련 보직이동은 거의 1년 단위로 변화되는 모습을 보였다.

〈표 1〉 김정은시기 북한군 핵심 보직 이동 현황

총정치국장: 최룡해(2013.4) → 황병서(2014.4) → 김정각(2018.2) 　　　　　　→ 김수길(2018.5) 총참모장: 리영호(숙청) → 현영철(2012.7) → 김격식(2013.5) 　　　　　→ 리영길(2013.5) →리명수(2016.2) → 리영길(2018.5) 인민무력부장: 김영춘 → 김정길(2012.4) → 김격식(2012.12) 　　　　　　　→ 장정남(2013.5)→ 현영철((2014. 6) → 박영식(2015. 6) 　　　　　　　→ 노광철(2018.5)

김정은체제에서 북한군의 핵심보직이동과 함께 주요 군엘리트들의 잦은 계급이동도 역시 가장 큰 특징 가운데 하나였다. 최측근에 해당하는 몇몇 인사들을 제외하고 대부분의 주요 군인사들의 군계급이 오르락내리락을 반복했다. 가장 대표적인 인물은 박정천 총참모부 포병국장이다. 그는 2012년부터 무려 8번의 계급변동을 맛봤다.

〈표 2〉 김정은의 계급정치 대표 사례

장정남 인민무력부장 : 대장(2013.8) → 상장(2014.2) → 대장(2014.3) 김명국 전 작전국장 : 대장(1994.4) → 상장(2014.1) → 대장(2014.1) 현영철 5군단장 : 대장(2010.10) → 차수(2012.7) → 대장(2012.10)

```
        → 상장(2013.6)
김영철 통전부장 : 대장(2009.5) → 중장(2012.12) → 대장(2013.2)
윤정린 호위사령관 : 상장 → 대장(2010.4) → 상장(2014.6)
김명식 부총참모장 : 소장 → 중장(2012.2) → 소장(2013) → 중장(2013.4)
        → 상장(2014.3)
렴철성 총정치국 선전부국장 : 소장→ 중장(2013.4) → 소장(2014.2)
        → 중장(2014.7) → 상장(2017.4)
리영식 총참모부 작전총국장 : 중장 → 상장(2012.12) → 대장(2013.8)
        → 상장2016.5) → 대장(2017.4)
박정천 총참모부 포병국장 : 중장(2012) → 상장(2013.4) → 중장(2014.4)
        → 소장(2015.2) → 대좌(2015.8) → 중장(2016.1) → 소장(2016.9)
        → 중장(2016.12) → 상장(2017.4)
```

잦은 보직변경과 계급변경을 통해 김정은이 군부를 통제하는 모습을 보이고 있는데 큰 틀에서 김정은체제를 지탱하고 있는 엘리트그룹의 변동 역시 두 가지 특징으로 요약할 수 있을 것이다. 첫째, 초기 운구차그룹(7인)의 몰락이다. 김정은 체제 초기에 그 안정성을 책임지던 인사들이 거의 사라졌다. 두 번째, 삼지연그룹(8인)으로의 권력이동이 뚜렷하다는 점이다. 삼지연그룹 가운데 김양건은 사망했고 김원홍과 마원춘은 한 차례의 단기숙청을 경험했다. 이 가운데 황병서, 박태성 등 당 조직지도부 출신들의 약진이 두드러지고 있다는 점도 특징이다.

〈표 3〉 운구차그룹과 삼지연그룹

운구차그룹	삼지연그룹
리영호(숙청)	김원홍
김영춘(실각)	김양건
김정각(실각)	한광상
우동측(숙청)	박태성
장성택(숙청)	황병서
김기남(고령)	김병호
최태복(고령)	홍영칠
	마원춘

주석〉

1) 『프리미엄 조선』
   http://premium.chosun.com/site/data/html_dir/2015/06/16/2015061602552.html

2) 이득우, 「북한정치체제위기에 관한 연구」(연세대 석사학위논문, 1999), 124쪽.

제2장 김정은의 가계와 인물들

제1절 김씨 일족 선대 가계

1. 김일성의 증조부 6대조 김응우

김일성의 회고록[1]에 의하면 김일성의 증조부인 김응우가 집안 대대로 살던 평양 중성리에서 농사를 짓다가 생활이 너무도 어려워 지주 리평택의 묘지를 봐주기로 하고 만경대의 리평택 묘지기로 1860년경에 이사한 것이 만경대에 거주하게 된 최초 동기라 한다.

김일성의 증조부인 김응우는 신미양요 당시 셔먼호가 평양사람들의 재산을 약탈하고 부녀자들을 겁탈하여, 평양 대동강에서 마을 사람들과 함께 밧줄을 엮어 곤유섬과 만경봉 사이를 가로막아 진로를 방해했다고 알려져 있다. 또한 관군과 함께 조그만 배들에 나뭇단을 실어 불을 질러 셔먼호 쪽으로 보내 셔먼호와 미국인을 모두 수장하였다고 주장하였다. 셔먼호가 격침당한 이후 미 군함 쉐난도아호가 다시 침입하자 김응우는 평양사람들을 선동하여 애국적 활동을 통해 반미의식을

김응우가
미국 셔먼호를 불태
웠다고 주장하는
북한의 선전화

고취하였다는 내용도 서술되어있다.

그러나 묘지기를 한 농사꾼이 항일운동을 했다는 사실도 믿기 어려운데다 김응우를 마치 의병대장과 같은 독립운동가로 묘사하고 있다는 점은 어불성설이라고 할 수 있다. 묘지기가 사람들을 동원하여 북한의 철천지원수인 미국의 셔먼호를 격퇴했다고 주장하는 것은 일찍이 김씨네 집안전통이 반미성향을 가졌음을 선전하기 위한 것에 불과하다. 한편 김일성 집안은 김응우까지 3대에 걸쳐 독자로 내려왔다.

2. 김일성의 조부 김보현과 자식들

김일성의 조부인 김보현 시대에 와서 아들과 딸을 포함하여 6남매를 낳아 집안이 번성하였다고 한다. 이들 6남매 중 아들형제는 김형직, 김형록, 김형권이고, 딸자매는 김구일녀, 김형실, 김형복이다. 김일성의 서술에 의하면 김형록은 평생 농부였으며 그의 처 현양신은 시누이들

인 김구일녀, 김형실, 김형복과 함께 밭을 매고
농사를 짓는 전형적인 농부의 아내였다고 한다.
한편 김일성 자서전에서는 김형직의 막내 동생
인 김형권이 만주 팔도구 포평 예배당에 김일
성의 부 김형직과 함께 나간 적이 있으며 학교
도 같이 다녔다고 밝히고 있다.[2] 그리고 김일
성의 밑동생인 김철주도 이 교회에 다녔다고
한다. 김형권은 1920년대 마포형무소에서 장기
형으로 옥사하였다고 밝히고 있으나 정확한 사
인은 알려져 있지 않다. 한편 김형권은 김형직
을 따라 독립운동을 하였다고 김일성의 회고록
에 기록하고 있다.

김보현

　김일성의 조부인 김보현은 농사꾼으로 어려
운 생활을 하면서 짚신을 만들고 멍석을 만들
었으며 김보현의 처인 리보익은 밤마다 물레질
을 하여 길쌈을 메는 등 구차한 생활을 하였다

김형권

고 한다. 김일성은 자신
의 할머니 리보익이 집에
벽시계가 없어 남의 집에
벽시계를 부러워하였다고
자서전에서　술회하였다.
김일성은 아버지 김형직
이 순화 소학교와 숭실중
학교에 다닐 때는 시계가
없어 어림짐작으로 학교

리보익

에 갔으며 30리길이나 되는 먼 곳을 걸어 다녔다는 말을 주변에서 들었다고 회고록에 적고 있다.

한편 김일성은 일본군이 할머니 리보익을 만주로 데리고 다니면서 김일성 자신의 귀순 공작을 시도하였다는 등 자신의 항일활동 부각을 위해 신뢰하기 어려운 내용을 자서전에 적고 있다.

3. 김일성의 부 김형직(1894년 7월 10일(31일)~1926년 6월 5일)

김형직

김형직은 김일성의 부로 15살 때 2년 연상인 기독교 집안 출신 강반석과 결혼했다고 알려져 있지만 이들이 언제 결혼했는지는 불확실하다. 김일성의 모 강반석은 남리 옆 동네인 용산면 하리 칠곡에 사는 하리교회 장노 강돈욱의 딸이었다. 강반석의 아버지 강돈욱은 일명 사강선생이라고 불렸으며 소학교 교장을 지냈다고 한다. 강반석은 1892년 4월 12일(21일) 생으로 반석이라는 이름은 성경에서 유래하여 지은 것이라고도 하나 오빠 둘이 강진석, 강용석이라는 이름으로 되어 있어 석자가 돌림인지 성경에서 따온 이름인지 불확실하다. 김일성의 어머니 강반석은 어려운 집으로 시집을 와서 삼촌댁인 현양신과 김일성의 고모인 김형실, 김형복 등 김형직의 누이들과 김을 매고 농사를 지었다고 한다.

김일성은 자신의 회고록에서 '조상이 대대로 농민이었고 김정일의 조부인 김형직 대에 와서 비로소 김형직이 최초로 교육을 받았다'고 하였다. 김형직은 1911년에 평양에 있는 예수교 장노교 계통의 숭실중학에 입학하였으며, 김일성은 1912년 김형직이 숭실학교 2학년에 재학 중일 때 태어났다. 김일성이 태어날 당시 평양부를 중심으로 한 대동군 등 평안남도 지역은 기독교가 상당히 확산되어 있었다고 한다. 김일성의 고향 마을인 고평면 남리에도 1900년 초에 40개의 교회가 있었다고 한다.[3]

한편 대동군에 10번째로 세워진 교회인 하리교회의 목사 김경삼이 남리교회로 옮겨가 목회를 하였는데 김경삼 목사가 강반석을 김형직에게 중매했던 것으로 보인다. 김일성은 외할아버지 강돈욱이 학교를 세우고 독립운동을 한 애국자라고 소개하였으며 자신의 큰 외삼촌 강진석도 독립운동가로 소개하였다. 또한 김일성은 회고록에서 김형직이 중학교 다니던 시절 안주, 강동, 순안, 의주 등을 다니면서 대중 계몽운동을 하였으며 독서회와 일심친목회를 만들어 반일사상을 교양하였다고 하였다. 한편 2006년 국내공안당국에서 발표한 미국교포 간첩단 사건[4]의 이름이 일심회라고 하여 이와 일맥상통하는 면이 있다.

김형직과 강반석은 결혼 후 1912년 큰 아들 김일성(본명 김성주)을 출산하였고 이어 2남 김철주, 3남 김영주가 태어나자 1918년 만주로 이주, 한약방을 차려 생계를 유지하였다고 한다. 이 부분에 대해 김일성은 회고록에서 김형직이 숭실 중학교 중퇴 후 만경대의 순화학교와 강동의 명신학교에서 교편을 잡았으며 상해로 가

김철주

서 손문의 국민당 혁명파와 연계를 맺었다고 주장한다. 그러나 이 시기는 손문이 신해혁명 이후 한반도 문제에는 거의 관여치 않고 주로 미

국 구미열강에 신경을 쏟았던 시기였다. 그리고 김형직에 대한 것은 어느 역사서에도 나오지 않기 때문에 다소 미화된 표현이라 볼 수 있다.

김형직은 장일환, 배민수, 백세빈과 함께 1917년 3월 23일 평양학당골에 있는 리보식의 집에서 조선국민회를 결성하여 서로 손가락을 잘라 혈서를 쓰고 지하혁명조직을 결성하였다고 한다. 그러나 장일환은 이 당시 활동 근거지가 해외였고 국내에는 없었던 것으로 밝혀져 근거 없는 주장으로 추정된다. 또한 김형직이 1917년 조선국민회 사건으로 투옥되었다고 적고 있는데 이 역시 불확실하다. 1917년경은 김일성이 불과 5세의 나이였기 때문에, 후에 나이가 들어 구전으로 김형직의 활동을 전해 들었을 것이나 이 역시 신빙성이 없다.

김일성은 김형직이 한의사가 된 것에 대해 1917년 평양에서 조선 국민회의를 조직하였다가 일본 경찰에 체포되어 감옥 생활 후 출옥하여 의학을 공부하여 의사가 되었다고 주장한다. 그러나 조선국민회의는 평양에서 장일환이 당시 미국에서 활동 중인 도산 안창호의 영향을 받아 만든 단체로 김형직과는 관계가 없으며 의사가 된 것도 한방을 어깨너머로 조금 공부하여 의학기관인 정의부계통에 연계되어 한의사가 된 것이라고 추정된다. 김일성 회고록에 의하면 김형직은 1918년 평북 중강진으로 가서 무산 민중을 조직화 하고 1919년 중국 관전현 홍통구를 왕래하면서 민족 해방운동을 공산주의 운동으로 방향 전환하였다고 선전하고 있으나 이에 대한 근거가 명확치 않다.

김일성 자서전에서는 부 김형직이 평양을 떠날 때 친구를 통해 세브란스 의학전문학교 졸업장을 얻어 순천의원이라는 간판을 내걸고 의사 노릇을 하였다고 적고 있으며 명의로 대단한 인술을 편 것으로 표현하고 있다. 하와이대 서대숙 교수에 의하면 김형직은 한반도 대안인 중국 임강으로 이사하여 세브란스 의학 전문학교 졸업장을 내걸고 순천의원을 차린데 이어 팔도구로 옮겨 광제의원을 개업하였다고 했다. 일설에 의하면 김형직은 무송의 중국인 자산가인 장만성의 도움으로 한의원 간판을 내걸었다고 한다. 이는 북한의 장영이라고 하는 사람이 "국제주의 전사 장울화"라는 글에서 나온 것으로 확실한 내용은 아니다. 김일성은 자신의 회고록에서 장울화와의 우정을 여러 번 적고 있다.

한편 김형직의 사망에 대해서 김형직의 친구였던 이도일은 한방 의사였던 김형직이 기독교인으로 독립군에 약을 주거나 치료를 해주었는데 백산무사단이라는 우익단체에 가입, 공산당에는 냉담하여 공산당원들이 원한을 품고 어느 날 밤 김형직 가를 습격하여 살해하였다고 진술하고 있어 김일성의 회고록과는 상반된다. 김일성의 회고록에서 김형직은 동상으로 건강이 좋지 않아 1926년 32살의 나이로 일찍 사망하였다고 서술되어있다.

제2절 김일성과 관련인물

1. 김일성(金日成, 1912년 4월 15일~1994년 7월 8일)

김일성의 본관은 전라북도 전주로 전주 김씨는 김씨 성 중에서 소수이다. 통계청 자료를 보면 전주 김씨는 2000년 현재 57,979명으로 전국 122위다. 북한에서 전주 김씨의 집성촌-세거지는 함북 명천군 아간면, 평북 후창군 후창면 등에 있다. 전주 김씨 시조 김태서(台瑞, ?~1257, 시호 문장)는 신라 경순왕(敬順王) 넷째 아들인 김은열(殷說)의 8세손이다. 김태서는 1254년(고려 고종 41) 몽고 침입 때 경주에서 분관하여 전주에서 본관을 만들었다. 전주 김씨 시조 김태서의 묘는 1970년대 찾

김일성

아 중수하였는데 1257년에 사망했으므로 700여 년 뒤에 찾은 것으로 그 진위여부에 대한 뒷말도 있었다고 한다. 한편 북한지역에서 전주 김씨는 평남 평양시 일원, 함남 흥남시 일원, 평북 초산군 일원에 집성촌을 이루었다.

김일성은 생전에 자신의 본관이 '전주'고, 회고록에도 "우리 가문은 김계상 할아버지 대에 살 길을 찾아 전라북도 전주에서 북으로 들어왔다. 만경대에 뿌리를 내린 것은 증조할아버지(김응우) 때 부터였다"라고 적었다. 그러나 김일성의 집안은 전주 김씨 족보에 나오지 않는데, 현재 전주 김씨 대동보가 없는데다가 파별로 만든 족보에도 김일성과 선대가 살았던 평남 대동군 일대가 누락되었기 때문이라고 한다. 전주 김씨 종친회 쪽에서는 "1915년 한 차례 대동보가 만들어진 적이 있으나 6·25전쟁을 치르면서 모두 없어졌다"고 하였다.

김일성은 13대 조상이 남쪽에서 북쪽으로 이주하여 평양에서 일가를 이루었다고 그의 회고록 '세기와 더불어' 6권에서 밝히고 있다. 그러나 수년 전 전주 김씨 대종회에서 김일성의 족보에 대해 확인하였으나, 김일성의 13대 선조나 김정일 조부 김보현 그리고 고조 김응우에 대한 족보상의 기록이 없어 확인할 수 없다고 하였다.

김일성의 출생일시와 출생지는 정확히 1912년 4월 15일 평안남도 대동군 고평면 남리인 현재의 만경대다. 김일성은 아버지 김형직이 1920년경 정착한 만주 팔도구 압록강 연변 임강에서 소학교를 다니다가 강반석의 친정아버지, 즉 김일성의 외할아버지 강돈욱에 맡겨져 창덕 소학교에 다녔다. 창덕학교는 1909년 김일성의 외조부 강돈욱이 장노로 있던 하리교회가 설립한 남녀공학의 보통학교로 학생수가 100명 정도

1945년 10월 14일 평양시환영군중대회에서 연설하는 김일성

6.25전쟁 당시 흰색 군복을 착용한 30대의 김일성

1980년대 70대의 김일성

였다고 한다. 강돈욱은 이 학교에 교감으로 근무하면서 성경과 한문 과목을 가르쳤다.[5] 김일성은 1923~25년경 창덕학교에서 11세부터 13세까지 교육을 받았다고 한다. 김일성은 외할아버지의 8촌 동생인 강양욱이 담임선생이었으며 고음의 노래를 잘하였다고 술회하였다. 이후 김일성은 다시 만주로 돌아와 보통학교 마지막 1년을 무송에서 마쳤다고 알려져 있다.

김일성은 1926년 3월 만주 화전에서 문을 연 민족주의학교라고 할수 있는 화성의숙에 입학하여 약 1년을 다니는데 화성의숙의 당시 교장은 최동오로 전 남한 천도교 교령이었던 최덕신의 아버지다.[6] 김일

성이 1926년 이 학교에 다니던 시절에 "타도 제국주의 동맹을 결성"하
였다고 하나 이 당시 김일성은 14세에 불과해 어린 소년이 이러한 조직
을 결성하였다는 것이 상식으로 맞지 않는다. 이에 대해 와다 하루끼도
이것은 김일성의 초기 활동을 신화화 하였다고 격하 분석하고 있다.[7]

김일성은 14살에 나이에 학교를 그만두고 1926년 말 길림 육문중학
교로 옮겼다. 김일성은 자서전에서 길림에 김형직이 남겨둔 저축이 조
금 있어 옮겼다는 설명이 있다. 육문중학교는 중국인을 위한 학교로 천
진의 남개중학을 본 따 1917년 길림의 저명인사가 세운 사립학교라고
한다. 김일성은 이 학교를 마치지 못하고 중퇴한 것으로 알려졌다.

이와 같이 김일성은 성장기 때 만주 팔도구와 평양 창덕 소학교 그
리고 만주 무송 소학교를 다녔다고 한다. 중학교 과정은 조선인들이 세
운 만주 화전현 화성의숙과 길림의 중국 위원중학교 2학년 수료한 것
이 전부이다. 김일성은 1929년 17세 때 타도 제국주의 동맹이라는 항일
좌익 단체에 참여했다가 체포되어 1930년 이후는 모친, 동생들과 같이
생활하지도 못하였다고 알려졌다.

김일성은 1930년 감옥에서 출소 후 중국 공산당원 양정우가 1933년
9월 18일 조직한 중국인민 혁명군에 참가하게 된다. 따라서 북한은 김
일성이 1932년 본격적으로 항일 투쟁에 나섰다고 주장하고 이 시기를
북한군 창군 시원으로 하고 있다. 북한 인민군은 1948년 2월 8일 창설
되었다. 그러나 1977년 2월 8일 창군 29년 기념식을 끝으로 1978년부터
는 1932년 4월 25일이 창군의 날 원년이라고 선포하고 이날 기념식을
개최하면서 이해를 기준으로 기념 횟수를 계산하고 있다. 김일성의 본
명은 '김성주'로 해방 전 항일운동에 대해 북한에서 이를 과장되게 서
술하고 있다.

김일성은 외삼촌이 임강에서 항일 무장 소조 활동을 벌리다 1921년

4월경에 피검되어 15년 장기형을 받고 13년 간 옥중생활을 하다 보석으로 나와 1942년 사망하였다고 했는데 여기서 언급한 외삼촌이 강용석인지 강진석인지 확실치 않다. 김일성은 자신의 집안 모두가 항일 활동으로 미화하고 있어 과장된 표현이 많다. 한편 김형직의 처인 김일성의 어머니 강반석도 1932년 40세의 젊은 나이로 세상을 떠나게 된다.

1932년 김일성이 20세의 나이가 되던 해에 모 강반석이 사망하게 되어 김일성은 졸지에 가장이 되었다. 김일성은 만주 성장 시절에 아버지 김형직과 가까이 지냈던 손정도 목사로부터 도움을 많이 받았으며 손목사 집에서 김일성·김철주·김영주 등 3형제가 자주 기식하였다고 한다. 손정도 목사의 정남 손원일은 해군 제독으로 대한민국 초대 참모총장이었으며 딸은 이대 교수였으며 기독교 여성 청년연합 YMCA 회장을 역임한 손인실이다.

이들은 어려서 김일성과 함께 지낸 적이 있어 김일성은 방북 미주교포를 통해 손인실 교수를 생전에 한번 보기를 희망하였다고 한다. 미국으로 이민 간 손 목사의 차남 손원태는 김일성이 북한으로 자주 초대하여 상면의 기쁨을 나누었고 북한 당국은 이 두 사람의 대화 내용을 선전하기도 하였다. 김일성은 자신의 어린 시절 친구 겸 후배로 지내던 손원태에게 팔순 잔치를 차려 주겠다고 약속하였으나 1994년 김일성이 사망하여 이 약속을 지키지 못해 김정일이 손원태가 80세가 되던 해에 평양으로 불러 팔순 잔치를 차려 주었고 손원태가 사망한 후 혁명열사릉에 묻어 주었다고 한다.

북한은 김일성을 신격화 하고 김 부자를 맹신화 하도록 하는 과정에서 이들 김 부자 가족과 친척들 그리고 빨치산 그룹들[8]은 김일성 집안의 선대들까지도 혁명가로 만들었다. 북한 당 역사 연구소는 김일성 혁명 역사의 뿌리를 깊게 하기 위해 평범한 삶을 가진 김응우를 미국 상

김일성 가족사진(1954.8.1)

선 '셔먼호'를 침몰시킨 주동인물로 격상시켰다. 북한은 사상 교양을 목적으로 1970년대 말에 작성한 「혁명역사도록」을 모두 회수하여 김일성가의 각종 항일운동을 외세 저항운동으로 바꾸어 새로이 작성하고 35,000개의 혁명 사상 연구실에 날조된 역사를 전시하였다. 김일성의 부친인 김형직을 외세 침략에 대항한 역사적 인물로 날조하여 김일성의 투쟁사로 확대 선전하였으며 김일성의 조부인 김보현의 역사까지 만들어 냈다.

이와 같이 북한은 김정일의 고조부 김응우와 증조부 김보현, 그리고 조부 김형직이 구한말 각각 독립 운동을 크게 한 것으로 부각시켰으나 이는 사실을 왜곡한 것으로 평이한 소작인 농부로 살았으며 이들이 부각된 것은 김일성이 북한을 창건하게 되면서 만들어진 날조극이라 하겠다.

2. 김일성의 본처 김정숙

김일성의 본처는 김정숙이다. 북한의 '정
치사전'에 따르면 김정숙은 양강도 신파에서
1919년 12월 24일에 출생하였고 회령에서 성
장하였다고 기록되어 있으며 김일성보다는 7
년 연하이다. 북한에서 12월 24일은 김정일
의 생모 김정숙의 생일로 기념하고 있으며
김일성과 김정일의 생일과 함께 북한의 3대
명절이다. 또한 김정숙에 대해 '항일의 여성
영웅', '혁명의 어머니'로 북한 여성들이 본받
아야 할 어머니상으로 선전하고 있다.

김정숙

그녀는 16세가 되던 1935년 항일무장투쟁
당시 김일성 빨치산부대에 들어가면서 김일
성과 인연을 맺는다. 김정숙은 어려서 집을
나간 부친을 찾기 위해 모(母)와 함께 만주지
방으로 갔다가 모가 사망하자 고아가 되었고, 1935년 16세 때 빨치산
부대에 입대해서 취사 등의 일을 하면서 김일성과 인연을 맺었다고 한다.

김일성과 김정숙이 1940년 오랜 동거 끝에 결혼한 사연에 대해, 김일
성과 애인관계 사이었다는 한 여성의 증언을 인용한 이러한 이야기도 있
다. "1970년대 초, 내가 유년시절을 보낸 황해남도 삼천군 달천 영예군인
요양소에 항일투사 황순희가 요양을 왔다. 항일빨찌산 시기 김정숙은 아
동단 사업을 나와 함께 한 여성이었다. 그녀는 김정일을 김일성 후계자
로 내세우는 데 1등 공신으로 인정받아 조선혁명박물관 관장에 임명되
었고 항일투사 중에서도 최고대우를 받았다." "그때가 1933년 초봄이었

던가, 김정숙 동무가 김일성 동지를 처음 뵙고 온 날이었는데 너무 흥분해서 밤잠을 다 못 자더라구요. 함께 갔던 사람들은 별 반응 없었는데……. 아무튼 김정숙 동무는 뭔가 특별했어요." 김일성과 김정숙 사이에 첫 눈맞춤이 있었다는 뜻이었다. 그때 다른 여대원들은 아무 반응 없었던 것으로 보아 김일성이 그때까지 김정숙에게 그렇게 욕심낼 만한 존재는 아니었다는 의미로 해석할 수 있다. 그러나 김정숙은 첫 만남 이후 7년 만에 김일성과의 결혼을 이루었다.

첫 눈맞춤을 사랑으로 연결시킨 두 연인이 자기들의 결혼시기를 7년이나 미루어왔던 이유는 김일성의 애인인 유부녀 빨치산 최희숙 때문이었던 것으로 전해진다. 지적 능력이나 인물 됨됨이에서 최희숙은 김정숙보다 월등했고 김일성의 겉옷부터 속옷에 이르기까지 온갖 의류들을 최상의 바느질 솜씨로 철따라 지어내는가 하면, 매 끼니 만드는 음식솜씨 맛이며 모양새에 있어서 감히 여자동료들이 흉내 낼 수 없었다고 한다. 인물이나 인간성, 일솜씨 등 모든 면에서 뛰어났던 최희숙의 김일성을 향한 사랑도 대단했던 것으로 알려진다.

하지만 최희숙은 김일성이 출동한 사이 부상병들을 책임지고 밀영에 남았다가 어느 내부 밀고자에 의해 일본군의 불의의 습격을 받았다. 밀영은 불타고 최희숙은 일본군에게 붙잡혀 두 눈과 양 젖가슴을 군도로 도려낸 참변을 당했다. 항일빨치산 참가자들의 회상기 연속 권에 나오는 "혁명의 승리가 보인다" 편이 바로 1930년대 말 최희숙 참살사건을 다룬 내용이라고 한다. 최희숙의 존재가 김일성과 어떠한 관계인지 상세내용은 없지만 정황으로 보아 김일성의 항일활동을 부각시키기 위해 최희숙의 잔인한 주검을 우회적으로 설명한 것으로도 추측된다.

빨치산 출신들이 사후(死後) 안치되는 평양 대성산 혁명열사릉 제1열에는 최용건, 김책, 김정숙 등과 같은 북한 최고 실세들의 흉상으로 채워져 있다. 바로 그 무덤 흉상 줄에 최희숙의 반신상도 들어 있다. 이와 같이 김정숙은 최희숙이 죽은 이후에야 비로소 김일성의 반려자 자리를 온전히 차지할 수 있었던 것이다.

한편 김일성은 회고록에서 김정숙에 대해 다음과 같이 언급했다. "연길현 삼도만 능지영이라는 곳에 당비서회의가 있었는데 김정숙은 이 비서회에서 일하고 있었으며 비서회 일꾼회의에서 김정숙을 최초로 만났다. 그 후 마안산에서 우리부대에 편입된 김정숙을 다시 만나게 되었으며 같이 일하던 김명화와 함께 나를 맞아주던 모습이 인상적이었다. 당시 김정숙은 의지할 데 없는 몸으로 오직 의지할 것은 혁명전우밖에 없었기에 그 이후 함께 계속 싸웠다"9)

당시 김일성은 김정숙의 항일연군시절 만나 결혼한다. 김정숙은 김일성의 항일 연군시절 만났으며 말수가 적고 내성적인 성격으로 김일성의 외가 강씨 집안에 알려져 있다.10) 김정숙은 1940년 10월 20일 소련 땅으로 김일성과 함께 들어가게 되었는데 김일성과 결혼은 1940년 초였던 것으로 판단된다.11) 김일성이 중국공산당 동북항일연군 2군 6사장12)으로 있을 때 김정숙은 이 부대에서 일하다가 일본군에 체포되기도 하고 부상도 당했다고 한다. 이들 부부는 소·만 국경의 메이리라는 마을을 통해 연해주로 가서 하바로프스크 인근 브에츠크에 있었던 소련극동군 정찰부대인 88여단에 가입했다고 한다.

따라서 김정숙은 1941년을 전후해서 김정일을 임신했던 것으로 보인다. 김정숙은 원래 1941년 김정일을 낳았지만, 1942년생으로 출생년도를 늦춰 김정일의 출생연도를 김일성의 출생해인 1912년의 2짜와 짝수를 맞추었다는 주장이 있다. 따라서 1942년 2월 김정숙은 소련 하바로프스크에서 김정일을 낳았다고 전해진다.

일반적으로 북한에서 김정숙은 1949년 9월 김정일이 8세 때 자궁 외

임신으로 사산아를 낳다가 하혈로 32세의 젊은 나이에 사망한 것으로
알려져 있다. 그러나 실제로는 당시 김정숙이 김일성과 타자수인 김성
애가 은밀하게 연애하는 것을 눈치 채고 김일성과 불화가 생겨 도진
병을 치료하지 않아 죽었다고 하는 설도 있다. 또 다른 설은 김정숙이
김성애와의 관계를 알고 자주 말다툼을 벌려 김일성이 권총으로 쏘아
죽었다는 말도 있어 어느 설이 정설인지 정확하지 않다.

　김정숙의 1949년 사망과정에 대한 전모를 유모 강보비로부터 전해들
은 김정일은 김성애에 대한 증오가 커 김성애를 어머니라고 부른 적이
없다고 한다. 김정일은 김성애를 미워하여 여맹위원장까지 박탈하고
김성애 소생인 김경진, 김평일, 김영일을 곁가지 무리라는 딱지를 붙여
미워하였다.

　한편 어머니를 너무 일찍 여읜 탓인지 김정일은 김정숙 사후에도 유
달리 어머니에게 집착했다고 한다. 김정일은 후일 오로지 '어머니와 닮
았다'는 이유만으로 당시 유부녀였던 성혜림과 비공식적인 부부의 연
을 맺기도 했다. 이는 김정일에게 김정숙에 대한 그리움이 매우 특별한
의미를 가졌음을 잘 보여준다. 평양에 억류되어 1946년 초부터 약 1년
간 김일성 관저에서 가정부 생활을 했던 고바야시[13]라는 일본 여인은
김정숙의 모습에 대해 "작은 키에 주근깨가 많았으며 낮은 코에 입이
큰 것이 특징이었다. 김정일의 몸이 단구인 것은 이 같은 생모의 골격
을 닮았기 때문"이라고 증언하였다.

　이와 같이 몇몇의 증언에 의하면 김정숙은 얼굴이 못생기고 주근깨
가 많고 박색에 가까웠다고 한다. 반면에 김정숙의 장녀인 김경희는 최
은희 등이 가까운 데서 본 바에 의하면 비교적 눈도 크고 미인의 모습
을 갖추었다고 한다. 따라서 북한은 김경희를 모델로 삼아 김정숙을 미
화하여 동상을 만들었다.

　김정일은 1974년 공식적으로 후계자에 지명된 후부터 생모인 김정숙에 대한 우상화를 시작하였다. 김정일에 의해 시작된 김정숙 우상화는 일순간에 김정숙을 북한의 '국모'이자 가장 본받아야 할 여성상으로 선전되었다. '항일의 여성영웅', '혁명의 어머니' 등으로 선전되면서 김일성과 마찬가지로 각급 학교에 김정숙이란 이름을 붙이기 시작했다. 해군에는 사관학교격인 김정숙 해군대학도 생겨났다. 김정숙에 대한 우상화는 여기에 그치지 않고 지역명도 '김정숙'이 붙기 시작했다. 양강도 신파군을 김정숙군으로, 신파읍을 김정숙읍으로 개칭되었다.

　북한에서 김일성 관련 우상화의 한 축을 담당하고 있는 것이 '구호나무'다. '구호나무'는 북한지역에만 1만 2천여 개가 있다고 선전되고 있는데 그동안 대부분이 김일성과 김일성의 동료 빨치산 대원들에 관한 내용이었다. 이 나무들은 김일성과 빨치산들이 산속을 누비며 항일무장투쟁을 한 시기인 1930년대에 주로 새겨진 것으로 김일성에 대한 찬양이나 조국해방에 관한 열망 등의 내용이 담겨져 있다. 일종의 자기최면으로 어렵고 힘들었던 산속생활에서 자신의 의지나 신념, 희망을 새겨 넣었다. 주로 북한의 북쪽 지역에서 많이 발견되는 '구호나무'는 백두산의 삼지연 지구 등 혁명지역으로 관리 중인 곳에는 '구호나무'를 보존하기 위해 유리관 등으로 감싸놓았다. 그런데 김정숙의 대한 우상화가 시작되면서 새로 제작되었을지도 모를 김정숙 관련 '구호나무'에 대한 선전이 강화되기 시작한 것이다.

　김정일이 자신의 생모 김정숙에 대한 우상화를 진행하면서 김정숙을 백두산 3대장군의 틀 안에 넣었다. 김정숙은 항일무장투쟁시기 작식대원으로 주로 빨치산 대원들의 밥이나 빨래 등 허드렛일을 도맡아 하면서 활동했던 김정숙에게도 '장군'이라는 이름을 붙여준 것이다. 이러한 형식의 우상화 과정에 당연히 어린 김정일에게 권총사격술을 가르쳐준 일화까지 만들어냈다. 2005년 12월 25일 김정숙 88회 생일을 기념하면서 조선중앙방송은 김정숙이 김정일에게 사격술을 가르쳐준 일화를 소개했다.

다만 김정은체제에 들어서면서 자신과는 일면식도 없는 친할머니인 김정숙에 대한 우상화보다는 생모인 고용희에 대한 우상화를 시도하기도 했다. 2012년 김정일과 나란히 현지지도를 다니는 고용희의 모습이 담긴 기록영상을 공개했으나 내부반응이 좋지 않았고 재일교포출신이라는 한계 때문에 돌연 우상화시도를 중단했다.

북한에서는 김정일의 생모(生母) 김정숙은 혁명가, 아내, 모성의 가장 모범적 여성상이 되어 전 사회가 그녀를 따라 배우도록 강요되어 왔다. 김정숙은 못 하는 일이 하나도 없었다고 선전한다. 지상의 모든 미사여구(美辭麗句)로 미화된 김정숙의 이런 선전은 인간 김정숙이 아니라 아들 김정일이 위대한 인간으로 꾸며낸 김정숙의 허상만 보는 것이다.14)

3. 김일성의 두 번째 처 김성애

김일성의 두 번째 처인 김성애는 1928년생으로 조선노동당 중앙위원회 중앙위원, 최고인민회의 대의원·조선민주여성동맹 위원장을 맡고 있다. 1949년 첫 번째 부인인 김정숙이 사별한 뒤 1953년(1963년)경에 김일성과 결혼한 것으로 알려졌다. 김성애는 원래 김일성의 비서 출신으로 김정일의 이복동생인 김평일을 낳은 후에 김일성과 정식으로 결혼했다.

김성애는 북한 최초로 공식행사에 참석한 퍼스트레이디다. 김성애가 김일성과 함께 공식행사에 얼굴을 비추는 경우는 루마니아의 독재자이

자 김일성과 의형제를 맺었던 차우체스쿠와 전
캄보디아 국왕인 노로돔 시아누크 등 외부 주요
인사가 방북했을 때다. 의전상 부부가 만나는
것이 일반적이었기 때문에 중요인사 방문 때는
김성애가 함께 나왔다. 그래서 김정일에 의해
권력을 빼앗기고 감시대상으로 전락하고 난 후
인 지난 1994년 6월 지미 카터 전 미국 대통령이
방북했을 때도 김성애는 지미카터 미국 대통령
환영만찬장에 김일성과 함께 얼굴을 비쳤다.

김성애

  김성애는 북한 김일성체제에서 힘 있는 외척으로 행사했다. 김성애
자신은 조선민주여성동맹(여맹)의 위원장 직책을 갖고 권력을 휘둘렀
고 그의 형제들은 주로 군과 당의 실력자로 행세했다. 김성애의 오빠인
김광협은 군부의 핵심인물로 주요 열병식행사에서 열병식 보고나 사열
을 담당하며 얼굴을 알렸다. 그는 만주 빨치산출신으로 계급적 토대로
훌륭한 편이었다. 동생들인 김성갑은 해군사령부 정치위원이었고 김성
호는 황해북도 당비서로 나름 자기 기반을 다져놓은 상태였다.

  하지만 김성애의 과욕이 화를 불렀다. 그녀는 자신의 아들인 김평일
이 김일성의 후계자가 되었으면 좋겠
다는 욕심에 은밀히 일을 추진하다 결
국 김정일에게 발각되었고 이후 김성
애를 비롯한 그 친인척들은 모두 곁가
지로 몰려 모두 숙청되고 말았다. 그나
마 아버지인 김일성의 처가이기 때문
에 말 그대로 '목숨만은' 살려주었다.
김성애 집안의 몰락은 김정일이 공식

김평일

적으로 후계자의 지위를 갖게 된 1974년부터 시작되었다. 김성애의 오빠인 김광협은 잘나가던 군인이었는데 한 때 군복을 벗고 내각 부수상 겸 당 정치위원의 자리까지 올랐는데 김정일이 후계자로 자리를 잡기 직전 중앙무대에서 사라졌다. 김광협의 몰락은 이미 1970년 제5차 당대회에서 당적을 박탈당하면서 시작되었다. 후계자를 향한 권력의 추가 김정일을 향하고 있었던 것이다.

그 직후인 1973년에는 김일성이 인민대학습당을 지으려고 봐두고 있던 김일성광장 언덕을 나갔다가 큰 집이 들어선 모습을 보고 알아보니 바로 김성애의 동생인 김성갑이 그의 어머니와 함께 살고 있었던 것이다. 이 사건으로 인해 김성갑은 당직을 박탈당했고 일가족은 모두 연금 상태에 들어갔다. 본격적으로 후계자 김정일의 시대가 열리면서 김성애와 관련된 사람들은 모두 지방으로 쫓겨나갔다. 특히 김성애의 아들인 김평일의 경우는 당시 군내에서 신망이 두터운 장교로 자리를 잡아가는 중에 군복을 벗고 외국대사로 추방되다시피 나가게 되어 현재까지도 특별한 행사가 아니면 평양 땅을 밟지 못하는 신세가 되었다. 당시 김평일에 대한 군대내 추종세력들이 많았기 때문에 김정일은 '곁가지치기' 작업을 통해 군인 가운데 김평일과 친분이 있고 특히 함께 찍은 사진이 남아있는 사람들은 철저히 조사하여 철직시켰다.

4. 김일성의 친인척

가. 김일성의 동복형제 김영주

김일성의 형제로는 둘째 김철주와 셋째 김영주가 있는데, 김철주는

김영주
(2015 지방의회
대의원투표)

소년시절 사망하고 김영주만이 생존해있다. 김영주는 부주석을 역임하
였으며 김영주의 자녀 1남 2녀 중 아들인 김일산이 개성시 인민위원장
을 지냈다. 김영주는[15] 2003년 최고인민회의 제11기 대의원에 선출되
어 최고인민회의 상임위원회 명예부위원장을 맡았으나 현재는 일선에
서 물러나 요양 중이고 김일성이 죽은 후에는 김부자 가족의 좌장으로
자리 잡았다.

나. 김일성의 사촌들

김형직의 바로 아래동생이며 김일성의 삼촌인 김형록은 만경대에서
농사일만 한 농사꾼으로 2남 3녀의 자녀를 두었다. 먼저 김일성의 사촌
으로 김일성의 삼촌 김형록의 맏아들인 김창주는 전(前) 내각 농업담당
부총리를 지냈다. 김정일과 나이가 비슷한 김형록의 둘째 아들 김선주
는 외무성 부상을 지냈으며 만경대 혁명학원 정치부장을 역임했다.

김형록의 첫째 딸 김정숙은 사망한 전 외교부장 허담의 처로서 여성

<표 1> 김일성 친인척 관계자 명단

성 명	직 책	관 계
김정일	당총비서겸국방위원장	김일성의 장남
김경희	당경공업부 부장	김일성의 장녀
장성택	당중앙위원회 제1부부장, 노동당행정부장	김일성 사위, 김경희 남편
김평일	주폴란드 대사	김일성의 차남
김성애	전여맹중앙위 위원장	김일성 처
김광섭	주오스트리아대사	김일성 차녀 김경진의 남편
김영주	전국가부주석, 최고인민위 명예부원장	김일성 친제,
김일산	전개성시인민위원장	김일성 조카, 김영주 아들
허담	전외교부장, 대남비서	김일성 조카사위, 김정숙 남편
김영남	최고인민회의 상임위원장	김일성 조카사위, 김선숙 남편
양형섭	최고인민회의 의장	김일성 조카사위, 김신숙 남편
김봉주	노동당중앙위 부장	김일성 사촌
김선주	만경대 혁명학원정치부장	김일성 사촌
김창주	전내각부총리	김일성 사촌
김명희	대외문화연락위원장	김일성의 5촌 조카, 김창주의 장녀
김명우	주체과학원부장	김일성의 5촌 조카, 김창주 4남
김정숙	직총중앙위부위원장, 민주조선사책임주필 겸 사장	김일성 친조카, 허담의 처
김선숙	전사회과학원장	김일성 친조카, 김영남의 처
김신숙	전중앙역사박물관 관장	김일성 친조카, 양형섭의 처
장성우	3군단 사령관, 차수	김일성 사위 장성택의 형
장성길	2군단 부사령관, 중장	김일성 사위장성택의 형
장성엽	김일성고급당학교제1부교장	김일성 사위장성택의 형
장정환	전인민무력부 부부장	김일성 사위 장성택의 삼촌
김성관	청진공산대학 부학장,본처김영숙부	김정일의 장인

동맹 부위원장을 지냈다. 김일성의 사촌매부인 허담은 사망했지만 생존 시 김 부자의 신임이 두터워 외상과 당대남 비서까지 승진하는 등 인정을 받았다. 허담의 딸 허명옥도 당 직속 기구인 당중앙위원회 15호 문헌실장으로 근무한 것으로 알려진다. 15호 문헌실은 외국어 전문가들이 모여 있는 곳이다.

한편 김형록의 둘째 딸 김선숙의 남편 김영남은 최고 인민위원회 상임위원장으로 의전상에서 북한을 대표하는 인물이다. 김영남은 업무추진력은 부족하지만 김 부자에 대한 충성심이 강하고 온유하며 자신의 집안을 잘 챙긴다고 한다. 김영남의 동생 김두남은 김일성의 군사분야 보좌관으로 군사 무관직을 수행하였다. 김정일에게 군사지식을 가르친 인물로 신형무기 개발 분야 경력을 가지고 있으며 차세대 군지도자로 부각될 정도로 군사지식이 탁월했던 것으로 평가받았다. 김영남의 아들 김충일은 김정일의 비서실에서 서명관을 맡아서 위세가 대단했었던 것으로 알려졌다.[16]

중앙 역사박물관 관장을 역임한 김형록의 셋째 딸 김신숙의 남편은 최고인민회의 상임위원회 부위원장인 양형섭이다.[17] 양형섭은 온순하고 침착하여 실수를 하지 않는다고 알려졌으며, 양형섭의 아들 양수일은 군부대 정치부 부장이라고 한다. 일설에 의하면 양수일은 김정일의 이복동생 김평일과 동창관계로 이들이 친분관계였던 적이 있어 김정일이 별로 양수일을 좋아하지 않는다는 설도 있다.

또한 고모사촌인 박기서는 전 평양방어사령관을 지냈으며, 김일성의 사촌 매제이자 김일성의 고모 아들인 고종사촌 김정우는 대외경제협력추진위원회 위원장에 보직시켜 경제 분야에서 김 부자를 맹신화 하는 데 앞장서 왔으나 최근에는 사라진 것으로 알려졌다.

다. 김일성의 외가

강반석

강돈욱

김일성은 정권 초기에 어머니인 강반석의 일가친척들을 중용했다.[18] 강씨 일가들은 강반석의 사망으로 권력 구심점이 없는 상태였다. 독자 세력을 형성할 수 없는 처지였다. 이런 강씨 일가들을 중용해 권력을 지탱하는 수단으로 삼았다. 김일성 생존 당시 가장 영향을 미친 외척들은 김 부자 맹신화 역할 선봉에 제2그룹이라고 할 수 있다. 한편 김일성의 외가는 칠골에 위치해있으며 기독교 집안으로 목사와 장로가 많이 나왔다. 김일성의 외조부 강돈욱도 장로이고 8촌 동생인 강양욱 역시 목사이다. 당시 김일성의 외가는 김일성의 집안보다는 가문이 좋은 집안이었다.

김일성의 외조부 강돈욱의 8촌 동생 강양욱은 일제 강점기에 장로교 목사로 활동했으며 1972년 국가 부주석 겸 최고인민회의 중앙위원회 위원을 지냈다. 강양욱은 북한의 기독교 조직을 김일성체제로 복속시킨 인물이다. 김일성은 강양욱을 내세워 조선기독교연맹이라는 사회단체를 만들게 하면서 기존의 기독교 조직을 와해시키고 새롭게 북한체제의 입맛에 맞는 기독교체제로 개편했다. 이와 같이 강양욱은 북한 기독교도 연맹위원장을 맡아 부주석까지 하면서 노동당의 우당 역할을 한 바 있다. 외척인 강양욱은 김일성 성장 시 가장 많은 영향을 끼치고 김일성교 창시에 공헌한 인물로 아들 강영섭 역시 기독교도 연맹위원장으로 활동하였다.

한편 1995년 김정일 정권의 권력 엘리트 100
명 분석 자료에서 김정일의 친인척은 11명에
이르며[19] 주요기관에 근무한 인물은 20여 명에
이른다. 이들은 김일성종교 정권의 맹신에 앞
장서거나 선도한 기독교의 목사나 장로, 천도교
의 접주 등 교직을 맡고 역할을 한 인물들이라
할 수 있는데 김 부자의 맹신자 만들기 핵심 지
도자들로 북한 김씨네 교주체제를 떠받들었다.

강양욱

강양욱 외에도 강씨 일가 10여 명이 요직에
앉았다. 김일성의 어머니 강반석의 동생 강원
석은 김일성 외삼촌으로 강원석 사위가 리용
무이다. 외사촌 매부인 리용무는 북한군 총정
치국장을 하였으며 국방위원회 부위원장의 직
책도 가진바 있지만, 리용무는 총정치국장 당
시 권세를 부려 한때 평이 좋지 않은 것은 것
으로 알려져 있다. 또한 김일성의 작은 외삼촌

강영섭

강룡석의 아들인 외사촌 강현수는 지난 2001년 사망하기 전 평양시당
위원장을 지냈으며 그의 아들들은 만경대 책임비서와 인민무력성 작전
국장을 지내기도 했다. 강현수의 2남 강영룡이 만경대 책임비서를, 3남
강운룡은 인민무력부 작전국장을 지낸 바 있다.

전 총리 강성산도 김일성의 외가 집안 인물이며 북한의 대외연락부
장 강관주, 그리고 전 여맹 부위원장 강관선도 같은 외가 인물들이다.
김일성의 외사촌인 강덕수는 인민무력부 사적관 관장을 역임했으며 김
일성의 외조카라고 할 수 있는 강관숙의 남편 김달현은 한때 총리 겸
국가계획위원회 위원장을 지냈으며 화학공업 분야의 전문가로 알려져

있다. 김달현은 남한도 방문하였으나 개방을 주장하다 실각했다.

<표 2> 김일성의 외가집안 등용 인물[20]

성 명	직 책	관 계
강양욱(사망)	전 국가부주석	김일성 외조부 강돈욱 8촌 동생
강현수(사망)	평양시당책임 비서	김일성 외사촌
강관선	여성중앙위부위원장	김일성 외조카 딸, 전 총리 김달현의 처
강석숭	당역사연구소장	김일성 외조카
강영섭	기독교도 연맹위원장	강양욱 전부주석 장남
강관선	여성동맹서기장	김일성 외조카(큰외삼촌강진석손녀)
강관주	대외연락부장	김일성 외조카(큰외삼촌강진석손자)
강관숙	국립평양도서관관장	김일성 외조카(큰외삼촌강진석손녀)
강운룡	전인민무력성작전국장	김일성 외사촌인 전평양시 당 책임비서 강현수 3남
김달현(사망설)	전 정무원총리	김일성 외조카 사위, 강관숙의 남편

제3절 김정일과 관련인물

1. 김정일(金正日, 1941년/1942년 2월 16일~2011년 12월 17일)

김정일

김정일은 1942년 2월 16일(원래 1941년) 당시 인근 우수리 강 옆 브에츠크 군관숙소에서 태어나고 아무르강에서 유년시절을 보냈다고 알려졌다. 이러한 사실로 말미암아 북한이 주장하는 백두산출생 조선의 영웅설은 사실이 아님을 알 수 있다. 북한은 "백두광명성전설"을 통해 3대 위인이 내렸다고 선전하는데 처음은 단군이고, 두 번째는 김일성이며 셋째는 김정일이라는 것이다. 이는 모두 북한이 조작한 신화에 불과한 것이다.

김정일은 비록 학교를 다녔다고 하나 사실상 수령의 아들로서 대부분 특별교육을 받은 것이기 때문에 특별히 가까운 친구라고 지칭되는 인물은 찾아보기 힘들다. 그러므로 우선 김정일의 유소년기에 영향을 끼친 주변사람들을 살펴보아야 한다.

먼저 김정일의 성장 과정에서 보호를 책임졌던 사람은 김일성 전령이었던 전문섭, 이을설 호위사령관, 사망한 최광 전 인민무력부장 부부, 인민군 총정치국장 조명록 등 빨치산 출신이라 하겠다. 김정일은 상술한 바와 같이 어려서 계모를 싫어해 아버지 김일성에게 계모를 어

10대 중학생 시절의 김정일

20대 대학생 시절의 김정일

1980년대 후계자로 활동하던 시절의 김정일

2005년 노동당 창건 60돌
행사 때의 김정일

머니라고 부르지 않고 '아주미'라고
부르겠다고 제안하여 승인을 받았다
고 한다.[21]

따라서 김정일은 김일성의 가까운
부하들인 빨치산 출신들을 가까이 할
수밖에 없었던 것으로 보인다. 이들
중에 인민무력부 제1부부장 김광진
차수도 김정일의 학습을 지도했으며
김영남 최고인민회의 상임위원회 위
원장의 동생인 김두남이 군사학을 가

르쳤다고 한다. 원로 지도자들은 군·호위사령부 그리고 정보계통에는
아직도 상당수가 남아있다.

다음으로 김정일의 친·인척들이 있다. 김정일의 삼촌 김영주는 한
때 계모 김성애와 같이 권력 암투에서 김정일에게 밀려났으나, 나중에
는 어쩔 수 없이 협력한 인물로 부주석의 지위에까지 오르는 등 김정
일에게는 어려서부터 삼촌 겸 고문 역할을 담당하였다고 할 수 있다.

2. 김정일의 첫 번째 처 홍일천(洪一天)

김정일의 첫 번째 처이자 조강지처는 동갑내기인 홍일천이다. 홍일
천은 김정일 국방위원장과 1966년 결혼하여 김정일의 첫 번째 아내가
된 인물이다. 그녀는 딸 김혜경을 낳았으나 결혼 3년 후 결별한 것으로
알려졌다.

홍일천에 대한 약력을 살펴보면 김일성종합대학 러시아문학부 졸업

홍일천

자로 문학도 출신인 그녀는 김정일과 결혼 후 딸 김혜경만 낳고 이혼했다. 그래도 당시 후계자였던 김정일과의 인연이 있었던 관계로 1980년에 최고인민회의 대의원으로 선출되었고, 정무원 보통교육부 부부장을 거쳐 1991년 9월 김형직사범대학 학장에 임명되었다. 김정일이 비교적 전처에 대한 예우는 잘 해준 편이다. 홍일천은 당 서기실 비서출신으로 김정일을 만나게 되었으며 이혼한 이후에는 보위부 출신 남편을 만나 재혼했으며 조용히 가정주부로 있으면서 대외활동은 하지 않는 것으로 알려졌다.

한편 김정일과 홍일천 사이에서 태어난 장녀 김혜경은 대남공작 조직인 노동당 통일전선부 총책임자라고 알려졌다. 북한 내부 사정에 정통한 대북 소식통은 문화일보와 인터뷰에서 "김정일 사후부터 김혜경이 통일전선부를 관여하고 있다는 설이 있다"며 "대남 문제와 교류협력 부문을 맡고 있다"고 증언하였다.

3. 김정일의 두 번째 처 성혜림(成蕙琳, 1937년 1월 24일~ 2002년 5월 18일)

김정일의 두 번째 처는 북한의 유명 배우인 성혜림이다. 성혜림은 김정일보다 다섯 살이 나이가 더 많다. 김정일이 성혜림과 만날 당시 이미 월북 작가인 리기영의 아들 리평의 부인이었다. 하지만 유부녀였던 성혜림을 김정일은 끈질기게 만남을 이어갔고 결국 리평과 이혼을 한 채 1969년부터 몰래 동거를 시작했다. 그리고 둘 사이에 2017년 김

성혜림

정은에 의한 암살로 생을 마감한 김정남이 태어났다. 그럼에도 불구하고 김일성으로부터 허가받은 결혼이 아니었던 관계로 정식 부인이 되지 못하는 비운의 여인이 되었다. 그 후 둘의 관계는 김일성의 중신에 의한 강요로 당 간부 딸인 김영숙과 결혼하면서 소원해지기 시작했다.

이혼까지 불사하면서 김정일과 동거를 시작했던 성혜림을 버림받은 심정에 우울증에 걸렸고 1974년 김정일의 배려로 북한을 떠나 요양차 러시아 모스크바에 머물렀다. 1996년 2월에 서방으로 망명한 뒤 다시 모스크바로 돌아와 2002년 5월 65세의 나이로 사망한 성혜림은 슬하에 김정일의 장남 김정남과 손자인 김한솔(1995년~), 손녀 김솔희, 김금솔을 두었다.

언니인 성혜랑은 1996년 미국으로 망명해 살고 있으며, 성혜랑의 아들 이한영은 한국에 망명해서 살다가 북측에서 보낸 최순오라는 자객조에 의해 1997년 암살당했다. 최순오는 이한영을 암살한 후 북으로 복귀해 김정일로부터 훈장을 받은 것으로 알려졌다.

김정남(좌, 2017년 암살)과 김한솔(우)

4. 김정일의 세 번째 처 김영숙(金英淑, 1947년~)

김정일은 1974년 성혜림과의 동거생활에 종지부를 찍고 다시 김영숙과 정식으로 결혼하였다. 김정일의 세 번째 여인이 된 김영숙은 중앙당 타자수 출신으로 알려졌는데 원래 직장은 함경북도 안전국 전화교환수였다. 중앙당으로 올라온 김영숙은 김일성 집무실에서 타자수로 근무하게 되고 그러다 김일성의 눈에 띄면서 김정일과 결혼하게 된 케이스다. 김영숙은 슬하에 딸만 둘을 두고 있는데 한 명이 김설송(1974년생)이고 둘째가 김춘송(1976년생)이다. 아들을 선호하는 북한의 정서상 김영숙이 딸만 낳음으로써 상대적으로 활동의 폭이 좁아졌고 그래서 김영숙에 대한 활동상황은 거의 베일에 가려져 있었다. 다만 김영숙이 혁명가출신 집안으로 김일성종합대학을 졸업했고 함경북도 회령출신이라는 정도만 알려졌다.

김정일의 많은 여성 가운데 유일한 공식부인은 김영숙밖에 없다. 그래서 호위사령부 초대소에서 우대를 받으며 살고 있는 것으로 알려졌다. 현재 김정은 체제에서 큰딸인 설송이 막후실세라는 말이 있다. 아직 외부에 알려진 것이 없어 설에 불과하다. 김설송의 이름은 김일성이 직접 지어준 것으로 알려진다.

5. 김정일의 네 번째 처 고용희(高容姬, 1953년 6월 16일~ 2004년 8월 13일)

김정은의 생모인 고용희(高容姬)는 고전희(高田姬), 고희훈(高姬勳), 고영자(高英子) 등 네 번이나 개명을 거듭하면서 재일조선인 신분에서 사후이기는 하지만 지금은 북한의 국모(國母) 자리에까지 오르게 되었다. 그녀의 아버지인 고경택은 구(舊)일본군 협력자인 천막제조공으로 여성편력이 심해 이복 자식이 10여 명이 될 정도로 복잡한 가정환경이었으며 고용희는 둘째 딸이었다.

일본에서 살던 고경택 가족에게 어느 날, 차녀 '고영자'가 김일성으로부터 훈장을 받는다는 통지가 왔다. 이 고영자가 바로 고용희이다. 북한이 발행한 『조선화보』 1973년 3월호에 재일조선인 귀국자의 근황을 알리는 '고경택씨 일가'란 제목의 기사와 함께 단란한 한 가족사진이 실렸다. 1972년 12월 노동신문에는 훈장을 받은 예술단원 중에 고용희의 이름이 실려 있었다. 이때는 김정일이 아직 고용희와 동거하기 전이다. 1962년 10살 때에 북에 건너갈 당시의 귀국자 명단에는 '희훈'(姬勳)이었고 일본 이름은 다까다 히메(高田 姬)였다고 김정일의 전속요리사였던 후지모도 겐지가 그의 저서에서 밝히고 있다.

고용희는 김정일과의 사이에서 김정철과 김정은, 김여정을 낳았으며 김정일의 네 번째 아내이다. 김정일은 고용희를 1975년경에 만나 1976년경부터 동거한 것으로 알려지고 있다. 고용희는 만수대예술단 무용수 출신으로 김정일의 부인 중에서 가장 큰 영향력을 행사했다. 1975년부

고용희

고용희

터 2004년 암으로 사망하기까지 김정일과 동거하며 사실상의 '안주인' 역할을 했다. 1998년부터는 군부대 등 현지 시찰을 동행하는 등 김정일의 사랑이 각별했다고 전해진다.

김정일에게는 장남 정남(正男)을 낳은 전 영화배우 성혜림(成惠琳) 외에 정처(正妻) 김영숙, 비서 김옥(金玉) 등 적어도 4명의 처, 측실(側室)이 있다. 그 중에서도 김정일은 고용희를 가장 사랑해 죽기까지 20년 이상 동거했다. 후지모도는 고용희를 좋아했던 김정일이 '일본에서 제일 예쁜 여자배우는 요시나가 고유리'라는 말을 들었는데 '고영희가 요시나가를 닮았다'라고 말했다고 그의 책에 적고 있다. 미모뿐만 아니라 밤을 세워가며 남편의 서류정리를 도왔고 교만한 태도도 없었지만 김정일이 의견을 물을 땐 똑 부러지게 대답하는 걸 보았다고 후지모도는 쓰고 있다. 한번은 만취한 경호원이 김정일에게 총구를 겨누었을 때 고용희가 몸을 날려 경호원을 덮쳐 목숨을 구하기도 했다. 고영희가 유방암으로 해외에서 치료를 받고 있을 때 김정일이 적적해서 눈물을 흘리는 모습을 보았다고도 했다.

고용희는 생전인 1991년경 김정은을 데리고 동경(東京)의 디즈니랜

드를 찾아가는 등 몇 번이나 방일한 사실도 판명되고 있다. 그때마다 김정은은 '조세프 박'이라는 위장여권을 썼다고 한다. 주변 관계자는 '일본에의 향수가 강했을 것'이라고 보고 있다.

실질적인 퍼스트레이디로서 김정일의 총애를 받아왔던 고용희지만 자신의 아들이 김정일의 정식후계자가 되어 북한의 새 지도자로 등극한 밝은 날을 보지 못하고 신병치료차 파리에 가 있다가 귀국 도중 2004년 6월 모스크바에서 이 세상을 하직했다. 한편 고용희의 친·인척이 권력에 진입했다고 알려진 것은 없으며 고용희의 동생이자 김정은의 이모인 고용숙은 1997년 10월 스위스를 통해 미국으로 망명해 살고 있다.

6. 김정일의 다섯 번째 처 김옥(金玉, 1964년 8월 28일~)[22)]

김정일의 다섯 번째 처 김옥은 김정일보다 22살 연하이며 2008년 초 김정일의 아들(딸) 1명을 낳은 것으로 알려졌다. 김옥은 예술인 출신이 었다. 1964년생으로 1942년생인 김정일과는 22세의 나이터울이 있다. 북한에서 토대가 좋은 학생들이 주로 가는 금성학원을 다녔다. 금성학원의 '금성(金星)'은 '샛별'이라고도 불리는 일종의 김정일을 지칭하던 말이다. 따라서 북한에서 '금성'이라는 명칭이 들어간 곳은 특수한 곳이다. 김옥은 금성학원을 나와서 북한의 대표적인 예술대학인 평양음악무용대학에서 피아노를 전공했다. 이후 보천보 전자악단을 거쳐 왕재산 경음악단의 피아니스트로 활동했다.

김옥이 김정일을 만나게 된 시기도 바로 왕재산 경음악단에서 활동하던 시기다. 1980년대 후반 김정일의 눈에 띄어 발탁되면서 기술서기로 특채되었다. 이후 김옥은 공과 사를 넘나들면서 모든 대소사를 챙기

는 위치가 되었고 자연스럽게 김정일 말기의 퍼스트레이디역할을 하게
되었다.

1980년대 '기쁨조'로 선발돼 김정일 건강관리를 담당하던 김옥은 김
정은의 생모인 고용희가 사망한 2004년까지 김정일 서기실(비서실) 과
장 직함으로 김정일을 특별 보좌했다. 김옥은 김정일의 군부대 및 산업
시설 시찰 등 현지지도 수행은 물론 외빈 접견에 참석할 정도로 그의
신임이 두터웠다. 대북 소식통은 "김옥이 그런 업무를 수행할 정도로
정치·군사·외교·경제 분야에서 '똑소리'가 났다"고 말했다.

김옥은 2000년 이후 김정일의 중국과 러시아 방문을 수행하며 사실
상 '퍼스트레이디' 역할을 수행하였으며 그 역할은 김정일이 사망할 때
까지 이어졌다. 김옥은 조명록(1928~2010) 전 국방위원회 제1부위원장
이 2000년 미국을 방문해 매들린 올브라이트 국무장관, 윌리엄 코언 국
방장관 등과 면담할 때도 수행원 자격으로 배석했다.

한편 조선로동당 대남부서인 통일전선부 '101 연락소'에서 근무했던
탈북민이자 인터넷 신문 뉴포커스의 장진성 대표는 김정일-김옥 커플
의 나이차 22살이지만 둘 가이에는 거리낌 없이 반말이 오가는 사이였
고 김정일은 자신에게 반말로 응대하는 김옥을 오히려 귀엽다는 듯 웃
어 넘겼다고 전했다. 북한의 당정군 고위층 인사들도 그런 김정일과 김
옥의 관계를 의식해서 김정일을 대하듯 김옥에게 극존칭어를 썼고 항
상 공손하게 대한 것으로 알려졌다.23)

김정일이 2008년 8월 뇌졸중으로 쓰러지자 김옥의 역할은 더 커졌
다. 김정일은 20여 년 동안 자신의 곁에서 '1급 참모' 역할을 해 온 김옥
을 더 믿고 의지했다. 김정일은 건강 이상이 생긴 이후 대리통치를 장
성택·김경희 부부에게 맡겼으며, 동향보고는 김옥을 통해 받았다. 김
옥의 능력과 판단을 신뢰했기 때문이다. 당시 김옥의 직책은 국방위원

2011년 김정일 중국방문 회담 만찬장 헤드테이블에 앉은 김옥

회 과장으로 알려졌다.

대북 소식통은 "장성택 등 당·군 간부들이 김정은을 후계자로 추천했지만 김정일은 김옥의 추천을 더 비중 있게 들었을 것"이라고 설명했다. 김정은을 추천한 이들은 고용희의 장남인 김정철이 여성스럽고 유약한 반면 김정은은 승부욕이 강해 김정일을 닮았다고 본 것이다. 『김정일의 요리사』라는 책을 쓴 후지모토 겐지도 "김정일이 김정철에 대해서는 '여자 같다'며 못 미더워했다"고 말했다. 대북 소식통은 "김정철은 여성 관계가 복잡했고 일본을 자주 드나들면서 자본주의에 너무 빠져 후계자로서 부적절했다"고 말했다.

그러나 김정일이 처음부터 자신의 핏줄을 통한 세습을 생각했던 것은 아닌 것으로 알려졌다. 김정일은 자신이후의 북한 지도자는 태국이나 중국식 등 어느 정도 제도를 통한 통치를 기대했다고 전해진다. 북한과 가깝게 지내는 중국 고위인사들을 통해서도 김정일이 스스로 자신 이후에 북한에서 부자세습이 가능하지 않을 것이란 생각을 비쳤다고 한다. 적어도 자신의 자식들은 권력암투의 소용돌이에서 벗어나 살게 되기를 바랐다는 것이다.

김일성 유일지도체제가 완성되는 과정에 크게 3번의 정치적 격변이 있었다. 갑산파 사건(1967년), 급진 군부세력(69~70년), 김동규 사건(76년) 등 이 그것이다. 이 중에 김정일과 직접 연관이 있는 사건은 김동규 사건이다. 김동규는 김일성의 항일무장투쟁활동에서 동료로 활동했기 때문에 북한체제에서 중심인물로 활동했고 1974년 김정일의 후계자 문제를 적극 지지했던 인물이다. 김정일은 1974년 후계자 공식화이후 자신의 색깔을 드러내며 적극적으로 통치행위에 참여했는데 기존의 실세였던 김동규는 기존의 체제가 너무 빠르게 김정일 중심으로 돌아가는 것에 불만을 품고 1976년 6월 정치위원회 회의에서 이 문제를 공식적으로 지적했다. 하지만 당시 사건으로 인해 김동규를 포함, 리용무 군 총정치국장, 지경수 당 검열위원장, 지병학 인민무력부 부부장 등이 숙청되었다.

반대세력에 대한 정치숙청 등 험난한 후계세습 과정을 경험한 김정일은 적어도 자신이후에도 그러한 과정이 반복되는 것을 원치 않았고 다른 사회주의나 독재사회의 모델을 검토하는 중이었다. 가령, 중국식 집단지도체제나 태국식 입헌군주제 등의 도입을 고민했지만 건강문제로 자신의 활동시간이 생각보다 매우 짧아지면서 결국 기존의 세습체제로 방향을 잡았다.

김정일이 친모인 김정숙을 백두산 3대장군으로까지 우상화에 성공시킨 것에 비해 김정은의 경우는 매우 조심스럽다. 그럴 수밖에 없는 것이 김정숙의 경우는 실제 총을 들고 싸운 것은 아니지만 만주지역에서 빨치산들과 함께 있었던 것은 엄연한 사실이기 때문에 상대적으로 우상화에 용이한 조건을 갖추고 있다. 반면 김정은의 생모 고용희의 경우 혁명가계에 어울리는 이력을 갖고 있지 않다. 재일교포출신이고 무용수다. 2012년 주요 간부들을 대상으로 기록영화 '위대한 선군조선의 어머님'(85분)을 제작했지만 반응이 신통치 않았다. 고용희의 가계가 공개될 경우 돌아올 김정은 수령지위의 정당성에 대한 손실도 심각히 고려해야 할 사항이기 때문이었다.

이러한 점에 대해 북한 사정에 정통한 소식통들은 김정은을 실제로 키운 인물로 김옥을 지목한다. 어린 시절 대부분을 외국에서 보낸 김정은에게 부모의 정을 느낄 겨를이 별로 없었고 김정일의 공사업무를 도맡아 하던 김옥이 김정은 형제들을 돌봤다는 것이다. 사실 김옥과 고용희의 관계도 돈독한 편이었던 것으로 알려지는데 그 이유인즉슨 김옥의 할아버지가 동경대 출신이었기에 재일교포인 고용희에게 친근한 느낌을 주었다는 것이다. 무용수 출신인 고용희는 실제로 육아에 그다지 적극적이지 않았기에 어린 김정은에게 김옥이 더 살갑게 느껴졌을 법하다.[24]

김정일의 개인 대소사를 책임지던 김옥은 실제 김정은의 육아도 도맡았는데 당시 김옥의 훈육방법은 다소 엄격했던 것으로 전해진다. 김옥은 김정은이 비록 김정일의 아들이기는 했지만 여느 아이들과 마찬가지로 잘못했을 경우에는 엄하게 벌도 무릎도 꿇리고 벌을 세웠던 것으로 알려진다.[25]

김정일의 말년을 책임졌던 사람은 단연 김옥이었다. 김정일의 일거수일투족을 지켜보는 안사람이자 최측근 비서였던 김옥이었기에 김정일체제의 비밀도 많이 알고 있을 터였다. 그렇기 때문에 새로운 지도자의 위치에 오른 김정은에게 있어서 김옥이라는 존재는 부담스러울 수밖에 없었다. 아버지의 가장 가까운 사람이었고 자신의 보모역할을 하면서 김씨 부자의 장단점을 누구보다 잘 알고 있는 사람이었다. 여기가 김옥의 슬기로움이 잘 드러나는 대목이다. 김옥은 김정은의 부담감을

2011년 8월 21일 김정일과 함께 러시아를 방문한 김옥. 김정일이 러시아 부레이 수력발전소에서 방명록에 서명하는 모습을 보고 있다.

알아채고 김정일의 비자금 관련 사항을 전부 알려주었고 본인은 중앙무대에서 물러나기를 청했다. 이에 김정은은 기꺼이 김옥의 청을 들어주었다. 신변안전 및 생활을 보장해 주겠다는 것이다. 반면, 장성택은 김정은체제의 성립과정에 가장 큰 역할을 한 인물임은 분명하지만 스스로 물러나지 않고 항상 김정은에게 그림자를 드리우는 존재였다. 여기서 김옥과 장성택의 운명이 갈렸다.

김옥은 김정일 사후인 2012년 2월 14일 장성택·김경희 등과 함께 김정일 훈장을 받았다. 이후 4월 14일 제4차 노동당 대표자회에서 당중앙위원회 부장급들과 함께 앉은 모습이 포착됐고, 7월 25일 릉라인민유원지 준공식에도 참석하는 등 꾸준히 북한 매체에 등장해 북한 권부 내부에서 건재함을 드러내기도 했다. 당시 대북 소식통은 "지금도 김정은이 김옥의 능력을 높게 평가해 자문을 구할 때가 많다"고 털어놓았다.

한편 미국의 자유아시아방송(RFA)의 보도에 따르면 김옥은 김정일 사망 이후에도 한동안 건재함을 드러냈지만 최근 모든 보직에서 물러난 것으로 전해졌다. 한 대북소식통은 "김옥은 물론 김옥의 아버지인 김효 당 재정경리부 부부장도 모든 보직에서 해임된 것으로 안다"며

"정치적으로 숙청되었을 가능성을 배제할 수 없다"고 말했다. 김효는 지난 2009년 3월 8일에 실시된 제12기 최고인민회의 대의원 선거에서 165 선거구의 대의원으로 선출되면서 소위 '힘 있는' 사위의 덕을 보기 시작했다. 사실상 당 부부장급은 최고인민회의 대의원으로 나오지 못하기 때문에 당시에 부장으로 승진이 점쳐지기도 했다. 김효는 딸이 김정일의 서기로 발탁되기 전부터 재정경리부에서 근무했던 것으로 알려지며 80년대에 부부장으로 임명되었는데 김정일은 임명 당시 "평생 재정경리부 부부장으로 일하라"고 신임을 표시한 것으로 알려졌다. 그럼에도 불구하고 김정은체제에 들어서면서 김효의 활동사항이 거의 없는 것으로 볼 때 김옥과 함께 제2선으로 물러난 것이 확실해 보인다.

이러한 조치에 대해 몇몇 전문가들은 상반된 의견을 보였다. 김정은이 권력 강화를 위해 권력에 핵심에 있던 새어머니를 물러나게 한 것으로 진단하는 한편, 북한 내부에서 김정일 시대에 있었던 원로급 인사들을 자리에서 물러나게 한다는 차원에서 정리된 것이 아니냐는 의견이 존재하였다. 또한 앞서 김옥으로 추정되는 여성이 독일 베를린 시내 최고급 호텔에서 투숙하면서 샤리테 대학병원에서 목 디스크와 우측 고관절염 치료를 받은 것으로 전해져 일부에서는 김옥이 병 때문에 정치활동을 그만둔 게 아니냐는 관측도 있었다.

김정은체제가 들어서면서 김옥에 대한 숙청설이 돌았지만 현재까지 충성맹세를 하고 물러난 덕에 평양인근 특각에서 살고 있는 것으로 전해진다. 다만, 김옥의 남동생인 김균은 김옥이 김정일의 총애를 받고 있는 점을 악용하여 권력을 남용하는 일이 잦았고 이에 따라 2011년 당시 45세의 젊은 나이에 김일성종합대학 총장직무대리 제1부총장의 지위까지 올랐으나 숙청되었다.

7. 김정일의 친인척

가. 김정일의 동복여동생 김경희(1946년 5월 30일~)

김경희

김정일의 동복형제는 2남 1녀로 친 남동생인 김만일(슈라)은 어려서 연못에 빠져 죽고 여동생인 김경희만 남아 있다. 김경희는 김일성과 김정숙 사이에서 김정일(1942년생), 김만일(1944~1947) 다음 태어난 외동딸이다. 김경희 남매는 유아기 때 생모인 김정숙이 사망했기 때문에 다른 사람의 손에 성장할 수밖에 없었다. 특히 친부인 김일성이 활발히 대외활동을 하던 시기이기 때문에 누군가의 손이 필요했다. 당시 3살이었던 김경희는 주로 김옥순과 황순희의 손에 맡겨졌다. 이들은 전 인민무력부장을 지낸 최광과 6.25전쟁 때 서울에 최초로 입성한 땡크부대 지휘관이었던 류경수의 부인이었다. 그리고 김경희가 8살 무렵에 김일성이 후처로 얻은 김성애가 같이 살았게 되었는데 여느 계모와는 다르게 김정일과 김경희에게 잘 대해주었고, 당시 김일성과 김성애 사이에 낳은 김평일, 김영일, 김경진 이복동생들과도 원만한 관계를 가졌던 것으로 알려졌다. 물론 성인이 된 이후 권력투쟁으로 서로 소원한 관계가 되었지만 어린시절은 우의가 돈독했었다.

김경희는 김정일에게 영향을 미치던 유일한 형제라고 할 수 있다. 김경희는 고집이 세고 자신의 의견을 관철하는 성격이었기 때문에 김정일은 김경희의 말이라면 이를 막지 못했다고 한다. 게다가 김경희는 술도 잘 마시고 김정일의 파티에도 자주 참석했다고 한다. 황장엽과 같

김경희가 아버지
인 김일성과 10
대인 오빠 김정
일과 1966년에
찍은 가족사진

이 망명한 김덕홍에 의하면 김경희는 고위층 자식들 중 젊은 층을 술
로 포섭하여 정부로 두고 자신의 성적 욕구를 만족시켰다고 하였다. 한
편 북한에서는 어머니 김정숙을 선전하기 위해 김정숙을 많이 닮은 김
경희에게 군복을 대신 입혀 김정숙의 사진을 만들어 냈다고도 한다.

　김경희는 평양 인민학교, 남산고급중학교, 김일성종합대학 경제학부
정경공업부장(1987), 당중앙위원(1988)으로 취임했으며, 1990년 이후에
는 최고인민회의 대의원과 당경공업부장으로 활동하였다. 이후 1994년
김일성 장례식장에 모습을 드러내고 1997년 김일성 3주기 중앙추모대
회 참석 이후 4년만인 2000년 10월 당창건 55돌 경축열병식에 모습을
드러낸바 있다. 김경희는 2003년 9월 최고인민회의 제11기 1차회의 대
의원 기념촬영 때 참석했다가 무려 6년여 동안 전혀 근황이 소개되지
않았다.

　한때 김경희는 남편 장성택과의 불화설과 친딸 장금송이 2006년 프
랑스 유학 중 부모의 결혼 반대 문제로 고민하다가 자살한 일 등이 겹
치면서 알코올 중독에 빠졌으며 우울증에 시달렸다고 알려졌다. 이후

2009년 6월 7일 김정일이 김원균 평양음악대학의 가극 '예브게니 오네긴' 관람 때 장성택과 함께 김경희가 당부장 자격으로 동행한 사실이 보도되면서 언론에 재등장하였다. 곧이어 당부장 직책으로 불리며 정치무대에 공식 복귀하여 2010년 9월 당대표자회 직전 북한의 첫 여성 대장으로 임명되었다.

이와 같은 김경희의 재기는 김일성 가문을 의미하는 백두산 혈통이 후계자 김정은을 전폭 지지하고 있다는 것을 알리려는 의도였다. 또한 김정은이 권력을 탈 없이 넘겨받을 수 있도록 돕기 위해 고모인 김경희를 적극적인 후견인으로 전면 부상시켰음을 알 수 있다.

그러나 김경희는 남편 장성택이 2013년 12월 조카 김정은에 의해 면종복배하고 부정을 저질렀다는 이유로 무참히 살해된 이후, 2014년 9월 9일 북한 정권 수립 65주년 기념 열병식에 참석하고 9월 10일 김정은 · 리설주 부부와 함께 인민내무군협주단 공연 관람한 것을 끝으로 모습이 공개되지 않고 있다. 그녀는 2014년 12월 14일 김국태 장의위원 명단에 이름을 올려 남편 장성택 숙청에도 건재함을 과시했으나 김정일 사망 2주기(12월 17일) 행사에 모습을 드러내지 않아 혼수상태설 · 자숙설 등이 제기됐다.

김경희는 평소 건강이 좋지 않아 평안북도 등지에서 요양 중이라는 설이 있었다. 2011년 신병 치료를 위해 러시아 모스크바에서 발가락 치료, 심장병이나 치매 치료를 받았다는 이야기가 있었으며 2012년에도 치료차 싱가포르를 다녀갔다는 설도 나온 바 있다.

나. 김정일의 이복동생들

김정일의 이복동생들은 계모 김성애 소생으로 2남 1녀가 있는데 누이 김경진, 남동생 김평일, 그리고 막내 동생 김영일이다. 이들은 곁가지 무리로 분류되어 권력과는 거리가 먼 인물들이다. 김영일은 독일이익대표부 요원으로 근무하다가 간질환으로 사망하였다고 알려졌다. 한때 북한에서 영향력을 행사했던 김성애 역시 1924년생의 고령으로 외부에 일체 나타나지 않고 있다.

　　김일성과 김성애 사이에서 태어난 김일성의 차남인 김평일은 한때 김정일과의 후계 다툼을 벌였지만, 1979년(1989년)부터 해외에서 유랑생활을 하고 있다. 김평일은 헝가리 주재 북한 대사를 시작으로 지금까지 32년간 해외를 떠돌고 있다. 그동안 불가리아와 핀란드 주재 북한 대사를 거친 후 1998년부터 폴란드 주재 북한 대사를 맡았다. 김평일은 부인 김순금과의 사이에 아들 김인강과 딸 김은송을 두고 있다. 이 중 큰딸인 김은송은 지난 2007년 12월쯤 북한 장성의 아들과 결혼했다고 알려졌다.

제4절　김정은 관련인물

1.　김정은(金正恩, 1983년/1982년/1984년 1월 8일~)

　　현재 김정은은 조선로동당 위원장 및 국무위원회 위원장이자 북한군 최고사령관이다. 김정은은 김정일의 3남으로 고용희에게서 태어났는데 1983년 1월 8일에 태어났다는 설과 1984년 1월 8일생이라는 설 등이 있으나 북한에서는 공식적으로 1982년 1월 8일생으로 발표했다. 이는 김일성(1912년생)과 김정일(1942년생)의 탄생년도의 끝자리가 2자로 떨어지는 것에 의미를 두고 신격화 작업을 위해 출생부터 조작한 것이다.

김정은

평양직할시 출신이며 별명은 '샛별 대장'이고, 가명은 '박운'이다. 한편 김정은은 1996년 여름부터 2001년 1월까지 스위스 베른에 체류하며 유학하였다.

　후지모토 겐지는 김정일이 김정은을 후계자로 지명할 것을 예상했다. 김정일의 마지막 부인인 김옥도 성격이 착한 사람으로서 야망을 갖기보다는 김정은을 후계자로 지목했다고 한다. 김정은은 김정일 사후, "당과 국가, 군대의 최고 령도자"로 칭해지고 있다. 2012년 4월 11일에 조선로동당대표자회의에서 당 제1비서로 추대되었으며, 4월 12일에는

유년기와 청소년기의 김정은

국방위원으로 임명되었다.

북한은 지난 2012년 제4차 당대표자회를 개최하고 김정일은 '영원한 총비서'로, 김정은은 새롭게 '조선노동당 제1비서'라는 직책을 신설하고 추대했다. 과거 김일성 사망 이후 김일성을 '영원한 주석'으로 지정하고 김정일 자신은 '국방위원장'의 직책을 맡은 것과 마찬가지로 선대수령의 직책을 '영구결번'시키고 후계자는 다른 직책을 갖는 형태를 취한 것이다. 따라서 당시 김정은의 '제1비서'는 '총비서'와 마찬가지로 조선노동당을 총괄하는 직책이었다.

2012년에 김정은체제가 공식출범하면서 오랜 장고 끝에 '제1비서'라는 직책을 구상해 내었고 추대라는 형식을 통해 공식적으로 과거 '총비서'의 권한을 갖고 노동당을 대표하는 직책을 갖게 되었다. 당시 북한 지도부의 결정은 시기적으로 김일성 100회 생일과 강성대국 선언을 공언했던 2012년이기 때문에 김정은체제 출범을 선포하기에 적기였다고 판단한 것으로 보인다. 다만, 당대회를 통해 보다 거창하게 출범하지 못하고 당대표자회를 통해 주요 정책사항을 결정한 것은 당대회 개최를 위한 필요충분조건이 갖추어지지 못했다고 판단한데 따른 것으로

서명하는 김정은의 모습과 김정은의 사인

보인다.

북한의 노동당 규약 30조에는 당대표자회의의 개최와 관련 당의 노선과 정책 결정, 최고지도기관 선거를 위한 목적으로 열린다고 규정하고 있다. 따라서 당대회가 열리지 못하는 상황에서 김정은체제의 출범을 알리는 대회장으로 당대표자회의의 개최는 시기적으로 매우 적절한 결정이었다.

북한에서 수령중심의 유일지도체제 형성 과정은 한 마디로 숙청의 역사였다. 김일성 중심의 수령체제 성립과정은 당시 사회주의 종주국이었던 소련의 스탈린 방식이 그대로 적용되었다. 반대파에 대한 철저한 숙청과 사형집행 등 피의 숙청을 통해 완성된 것이 스탈린의 소비에트였다. 마찬가지로 북한의 김일성은 8월 종파사건부터 갑산파사건까지 김일성 중심의 지도체제를 거부하던 반대파들을 모조리 제거했다. 특히 김일성과 김정일이 즐겨 사용한 방식은 공개처형제도다. 소수의 반대파 및 체제불온세력들을 공개된 장소에서 처형함으로써 다수의 대중에게 공포감을 심어놓음으로써 순종적 다수를 양산해 왔다.

현재 김정은체제가 들어서면서 개혁개방 등 기존 김일성, 김정일 체제와는 다른 형태의 리더십을 기대했지만 역시 '김일성-김정일주의'라는 절대 이데올로기를 내세우면서 선대 수령과 동일한 통치방식을 답습하고 있다. 핵-미사일 개발이 김정은의 트레이드 마크처럼 부각되었는데 사실 핵-미사일 개발이나 핵-경제 병진노선은 이미 김일성시기부터 추진되었던 이른바 '주체조선'의 숙원사업이었다. 다만, 김정은 시기에 와서 그동안 추진되어 왔던 '핵-미사일'개발의 열매를 수확했기 때문에 더욱 도드라지게 부각되는 측면이 있었을 뿐이다.

그렇기 때문에 왜 김정은체제가 국제제재를 비롯한 고립을 자초하면서까지 핵무력 개발에 힘을 쏟았는지에 대한 의문은 선대 수령의 유훈과 북한식 셈법에 따라 진행된 결과이지 상황에 맞춘 대응이 아니었을 것이다. 경제적 실익과 외교적 고립을 자초하면서까지 핵무력 완성을 향해 폭주하는 기관차같이 질주했던 김정은의 핵-경제 병진노선의 이면에는 외부의 원조나 국제적 고립의 탈출보다도 체제가 추구하는 목적을 달성해야 한다는 의지가 더 강하게 작용했기 때문이다.

북한 김정은체제가 미북관계를 정상화하고 국제사회의 압박을 경감시킬 수 있었던 기회는 지난 2012년 2.29 베이징 합의 때 있었다. 당시 김정은체제는 대외환경을 개선시킬 수 있는 호기였던 2.29합의를 전면 파기하면서 핵무력 개발로의 길로 돌아섰다. 이 지점을 시작으로 현재 북한 김정은체제의 핵-미사일 도발이 본격적으로 진행되었고 남북관계는 얼어붙었으며 한반도 상황은 급격하게 냉각국면으로 접어들었다.

제도적 승계를 마무리하는 차원에서 김정은은 2016년 제7차 당대회를 통해 노동당 위원장직에 추대되었다. 이것은 '총비서'에서 과도적으로 운영하던 '제1비서' 직제를 거쳐 김정은식의 호칭을 찾아낸 것이라 볼 수 있을 것이다. 이어서 개최된 최고인민회의를 통해 기존 '국방위원회'를 대신해 '국무위원회'를 신설하고 위원장 자리에 올랐다. 비로소 당정군에서 김정은식 직책을 완비한 것이다.

2. 김정은의 처 리설주

김정은 북한 노동당 위원장의 부인인 리설주의 아버지에 대해서는 여러 설이 분분하다. 지방당 간부라는 설에서부터 공군 조종사 출신이라는 설까지 다양하다. 최근 파악된 것을 종합해 볼 때 함경북도 청진에서 근무한 공군 비행사출신이고 그 모친은 중학교 교원인 것으로 알

려졌다. 청진이라는 지방도시에서 리설주는 비교적 잘 알려진 유명인
물이라는 점이 이를 뒷받침한다.

리설주의 부친이 공군 비행사출신이라는 점은 리설주의 가정이 북한
사회에서 비교적 넉넉한 가정에 속하는 편이라는 점을 말해 준다. 북한
에서 비행사가 되기 위해서는 철저한 신원확인 절차를 거치기 때문이
다. 어느 나라든 공군 비행사 1명을 키우기 위해서는 막대한 세금이 투
입된다. 그래서 공군 비행사는 사소한 문제로 걸려들어도 대부분 풀려
난다. 리설주의 부친이 청진지역에서 공군 비행사 역할을 했다는 점에
서 청진에 위치한 공군대학의 교원이나 교관이 확률이 높다. 청진에는
공군기지가 없기 때문이다.

하지만 리설주가 청진에서 학창시절을 보내지는 않았다. 주로 평양
에 거주하면서 중학교 과정을 마쳤다. 출신성분이 좋은 리설주는 특권
층 자제들이 주로 다니는 평양의 금성 제2중학교를 졸업한 것으로 알
려졌다. 이 학교는 음악영재들을 주로 가르치는 학교로 일반 인민들이
다니는 학교와는 거리가 멀다. 평양에 거주하면서 리설주와 친분이 있

지난 2005년
9월 동아시아
육상선수권대회
응원단으로
한국을 방문한
리설주

었던 탈북자들의 증언에 따르면 리설주는 부자집 딸 같이 하고 다녔다고 한다. 원래 미모와 재능을 겸비했기 때문에 어린 시절부터 해외 공연단에도 뽑히고 한국과 일본 등지도 방문했다.

김정일은 생전에 리설주를 며느릿감으로 염두해 두고 있었던 것으로 알려진다. 그래서 리설주가 모란봉악단에 소속되어 있으면서 1년 정도 자리를 비웠다가 다시 나타난 것도 후계자의 며느리로서 소양교육을 받은 것과 연관이 있었던 것으로 전해진다. 리설주가 김정은의 배필로 알려지면서 대부분의 주문들은 의외로 '평범한' 가정의 여식이 간택된 것으로 의아해 했지만 김정일이 고위층 인물과 사돈을 맺을 경우 권력 개입 등 문제가 발생할 것을 염려해서 적당한 수준의 집안에서 며느리를 골랐을 것으로 전문가들은 분석했다.

리설주의 등장은 그 파격적인 의상과 행동에서부터 북한 젊은이들의 선망의 대상으로 떠올랐다. 김정은과 자연스럽게 팔짱을 끼고 있는 모습이나 짧은 스커트 등 세련된 의상은 기존에 공개석상에서 볼 수 없었던 스타일이었기 때문이다. 북한에서는 기존 김정일시기부터 지도자의 스타일을 은근히 선망하여 따라하는 풍조가 있었고 김정일 역시 그러한 것을 금지시키지 않고 놔두는 편이었기 때문에 리설주의 파격적인 행보는 북한 젊은이들에게 많은 영향을 미쳤다.

리설주는 심심치 않게 김정은의 공식 현지지도에 같이 동행하는 모습을 보여주었고 이와 같은 모습은 과거 수령인 김일성, 김정일체제에서는 나타나지 않았던 파격적인 행보로 평가되었다. 하지만 지난 2012년 공개된 '위대한 선군 조선의 어머님'이라는 고용희 기록영화를 보면 실제로 김정일의 현지지도 행사에 고용희가 동행한 것을 확인되었다. 즉 그동안 공개하지 않았지만 기록영화를 통해 김정일이 자신의 공식 행사에 부인인 고용희와 함께 활동했다는 부분이 알려졌다. 김정일이

2012년 7월 30일 정전(휴전) 59주년을 기념하는 모란봉 악단 공연을 관람하는 리설주

고용희를 현지지도에 동행하고 다닌 것을 공개하지 않았던 반면 김정은은 공개적으로 부부동반으로 행사에 참석하는 모습을 보여주고 있다는 점에서 여러 가지 추측이 가능하다.

우선, 정상적인 국가에서 공식행사는 항상 대통령 내외가 함께 한다는 점에서 북한이 더 이상 비정상적인 국가가 아니라 일반 국가와 마찬가지로 형식적인 부분에서 정상화하고 있다는 모습을 보여주고자 한다는 점이다. 또 다른 측면은 비교적 매우 어린 나이에 북한체제를 이어받은 김정은에게 어린나이가 핸디캡으로 작용할 수 있다는 점에서 그러한 부분을 커버하기 위해 일부러 부부동반 모습을 공개하고 있다고 볼 수도 있다. 다른 하나는 김정은이 어린 시절을 유럽에서 보냈던 만큼 일종의 외국의 관행을 일정부분 따라하는 형태라는 분석도 나오고 있다.

공개된 퍼스트레이디인 리설주를 통해 북한의 젊은이들 사이에서는 리설주 스타일을 따라하는 붐이 불기도 했다. 리설주의 패션코드는 매우 서구적이면서 과감하다. 큼직한 브로치와 물방울무늬로 대표되는

자켓 등이며 화려한 악세사리가 리설주의 패션코드다. 대부분의 패션
전문가들은 리설주가 착용하고 있는 목걸이나 악세사리 등은 해외 명
품이라고 지적하고 있다.

3. 김정은의 자녀

국정원은 북한 김정은이 슬하에 1남 2녀를 두고 있다고 2017년 8월
28일 국회 정보위원회 현안 보고에서 밝혔다. 다만 다른 출처에서는 1
남 1녀라는 설도 있어 확인이 안 된 부분이다. 대북 소식통에 따르면
김정은의 부인 리설주는 2012년 12월 말 딸을 순산했다. 지난 2013년 2
월 방북했던 전 미 프로농구(NBA) 선수 데니스 로드먼도 한 인터뷰에
서 "리설주가 '예쁜 어린 딸' 얘기만 했다"고 밝힌 바 있다.

이에 앞서 김정은은 2010년 하반기쯤 첫 아들을 얻은 것으로 알려졌
다. 이 소식통은 첫째가 아들인지 딸을 낳았는지는 확실하지 않다고 했
다. 그 이유에 대해선 "리설주가 은하수 관현악단에서 활동한 2010년에
도 무대에 섰다"며 "북한 체제의 특성상 임신한 '세자빈'이 무대에 오르
는 것은 상상하기 어렵다"고 말했다.

김정은과 리설주는 2009년 결혼한 것으로 알려졌지만, 리설주가 '퍼
스트레이디'로 공식 등장한 것은 2012년 7월쯤이다. 김정은의 형 김정
철은 2010년 동생이 첫 아이를 얻은 시기와 한 달 간격으로 아들을 낳
았다고 전해졌다.

4. 김정은의 친인척

가. 김정은의 동복여동생 김여정(金汝貞, 1987년 9월 26일~)

김여정

고용희 소생 김여정은 1987년생이며 김정일의 3남 4녀 중 3녀이다. 김정일과 고용희 사이의 막내딸로 김정일 비서실에서 비서로 근무했던 것으로 추정되고 있다. 김여정은 2011년 전까지 공개 석상에 보이지 않았으나, 2011년 1월 14일에 싱가포르 공연장에서 김정일의 차남인 김정철과 함께 공연을 관람하고 자동차에 타는 모습도 포착되었다. 또한 2011년 12월 28일, 김정일 사후 장례식에서 처음 모습을 공개했다.

김여정은 1990년대 후반 친오빠들인 김정은, 김정철과 함께 스위스 베른국제학교로 유학한 바 있으며 2011년 얼굴이 외부에 처음 알려졌다. 김정은의 친동생인 김여정은 김정은 체제 이후 부각됐다. 북한매체를 통해서는 2011년 12월 김정일의 장례식 당시 처음 등장했으며 2012년 7월에는 당 간부들이 도열한 행사장을 자유롭게 뛰어다니는 모습이 조선중앙TV를 통해 보도되기도 했다. 또 같은 해 11월에는 김정은, 김경희와 함께 말을 타는 사진이 공개되었으며 성격이 급하고 통제가 잘 안 되는 인물로 알려져 있다.

2015년 5월 국정원 발표에 의하면 김여정이 임신을 하였으며 남편은 누구인지 확실치 않다고 전하였다. 최근 북한 김정은의 동생 김여정이 노동당(黨) 선전선동부를 장악해 김정은 우상화 작업을 주도하고 있고 김기남은 비서에서 고문으로 강등돼 김여정의 후견인 역할만하고 있는 것으로 전해졌다.[26]

현재 김정은의 여동생 김여정의 역할에 대해서는 과거 오빠인 김정일의 뒤에서 힘을 보탰던 김경희와 마찬가지로 선전선동부를 장악하고 사실상 김정은의 우상화를 지휘하고 있는 것으로 알려졌다. 친혈육이니만큼 김정은의 김여정에 대한 신임이 매우 높기 때문에 김여정이 김씨 가계 우상화와 김정은 우상화에 중요한 역할을 하고 있다. 당 선전선동부가 김여정중심체제로 돌아가면서 기존의 김기남 등 원로들이 2선으로 물러나고 신진간부들이 올라오는 모양새를 보이고 있다.

사실상 당 선전선동부는 북한의 괴벨스라 불리던 김기남의 독주체제나 마찬가지였다. 그는 그동안 김정일 후계체제구축에 지대한 공을 세웠기 때문에 김정일의 절대적인 신임하에 평생을 선전선동부에 몸 담아온 인물이다. 최근 김기남은 '고문'이라는 직책으로 강등되면서 일선에서 물러났고 이러한 모습은 지난 최고인민회의 제13기 3차 회의에서 주석단에 앉아있지 않고 방청석 앞줄에 있는 모습이 포착되면서 그의 직위가 바뀌었음을 보여주었다.

최근 한 일본 언론은 김여정이 북한에 납치된 일본 여성 요코다 메구미의 딸 김은경 씨와 동갑내기에 대학 동기이며, 그녀를 각별히 챙기고 있다고도 보도했다. 대의원 선거 당시 북한매체들은 김여정의 직책을 '당중앙위원회 책임일군'으로 소개했다. 이전까지는 김정은이 참석하는 이른바 '1호 행사'를 관리하는 당 선전선동부 과장 겸 국방위원회 행사과장으로 활동했던 것으로 알려졌다. 지난 2017년 10월 노동당 7기 2차 전원회의에서 공식적으로 당 정치국 후보위원에 오르면서 공식석상의 참석 횟수가 늘고 있다. 김여정은 사실상 김정은의 비서실장역할을 하고 있다.

나. 김정은의 동복형 김정철(金正哲, 1981년 9월 25일~)

고용희의 소생이자 김정일의 차남인 김정철은 1980년생이고 김정은의 동복형제이다. 어머니는 오사카 쓰루하시 태생의 재일 조선인 2세 고용희이고, 남동생인 김정은, 여동생은 김여정이다. 김정철은 스위스 베른 국제학교(International School of Berne)를 '박철(Pak Chol)'이라는 이름으로 1993년부터 1998년까지 유학한 사실은 이미 2006년에 국제 저널리스트로 활동 중인 일본인 오노 가즈모토(大野和基)의 현지 취재에 의해 밝혀진바 있다. 유학시절의 사진을 보면 날렵하고 김정은보다는 세련된 것으로 보인다. 김정철은 국제학교에서 공부를 하고 북한에서도 자유롭게 미국 TV를 시청하면서 어려서부터 서구문화에 빠져들 수 있었던 것으로 보인다.

김정철의 가명인 '박철(Pak Chol)'에서 '박'은 1998년 5월까지 스위스에서 근무하다가 미국의 망명한 외교관인 이모부 박건(고용희의 여동생 고영숙의 남편)의 성에서 따온 것이고, '철'은 김정철의 이름 끝 글자에서 따온 것으로 공교롭게도 후지모토 겐지의 북한 이름도 박철이었다. 그래서 후지모토 겐지는 김정철이 자신을 좋아해서 베른 국제학교에서 '박철'이라는 가명을 사용한 것으로 이해하고 있었다. 한편 현지 교사였던 L'Hebdo는 또한 '박철'의 성격에 대해 "수줍고 내성적인 성격"이었다고 증언하였는데, 이는 3남 김정은의 성격이 아니라 차남 김정철의 성격을 잘못 이야기한 것으로 보인다.

김정일의 일본인 요리사 후지모토는 과거 김정철과 김정은이 사용하던 체육관이 미 NBA에서 쓰는 것과 유사한 모방체육관을 사용하고 있

김정철

다고 언급하였다. 김정철은 미국의 팝음악과 미 프로농구(NBA) 마니아로 알려져 있다. 마이클 조던을 좋아하고 김정은과 세계 최장신 농구선수로 알려졌던 북한의 이명훈과 북한의 마이클 조던으로 불리던 박천종 등과 함께 '우뢰팀'을 만들어 농구 경기를 즐겼다고 한다. 또한 김정철은 락음악을 좋아하여 클랩튼을 흉내 낸 '새별조'라는 밴드를 구성하기도 하고 김정일 앞에서 가끔 기타연주도 했다고 한다.

한편 김정일의 후계자로 김정은이 낙점되면서 친형 김정철에 대한 소식이 거의 들리지 않고 있다. 김정철은 약물 부작용으로 인한 호르몬 질환과 여성적 성격 등 지도자로서의 결함이 드러나면서 후계자 후보에서 물러났지만 김정은으로 결정되기 전까지만 해도 유력한 후보로 점쳐지던 인물이었다. 2003년 12월 말, 당중앙위원회와 국방위원회 책임일군 회의에서 김정일은 자신이 통치 10년 기간을 언급하면서 김정철을 주요간부들 앞에서 언급한 것으로 전해진다. 당시까지만 해도 김정일의 마음에는 그나마 장자인 김정철에게 있었던 것으로 보인다. 당시 김정철은 당중앙위 조직지도부 간부부 과장으로 승진하여 일하고 있었던 것으로 알려진다.

그러나 그 후 김정철이 김정일의 뒤를 이을 정치적 능력을 보여주지 못함에 따라 김정일의 마음이 3남 김정은에게로 기울었던 것으로 파악되고 있다. 김정일은 자신을 닮아 적극적인 성격의 김정은을 더 좋아했다. 그래서 한 번은 식사 후 두 아들이 농구장으로 나가자 김정일은 간부들에게 "정철은 마음이 여려서 안 된다. 정은은 나하고 닮았다"고 말했다고 한다.

이와 같이 김정일은 김정철이 나약한 탓에 군을 장악하는 것이 불가능하다고 판단하여 후계자의 후보에서 제외했던 것으로 보인다. 김정철은 남성적인 강한 기질보다는 앞에 나서길 좋아하지 않는 여성적이고 감성적인 기질이 다소 있는 듯 보인다. 일례로 김정철은 김정은이 어두운 색의 옷을 입는 것에 비해 밝은 색의 옷을 선호했다고 한다. 김정철과 김정은이 오슬로 게임을 할 때에도 마지막에 김정철이 하라는 대로 했다가 구슬을 놓치자 화가 난 김정은은 구슬을 김정철의 얼굴을 향해 던졌다고 한다. 그런 일을 당했는데도 김정철은 웃고만 있었다고 한다. 농구시합을 할 때도 김정은은 승부욕이 강해서 시합이 끝난 후 내용을 분석하여 선수들을 칭찬하거나 야단을 치는 반면 김정철은 '수고했다'라는 말로만 끝냈다는 것이다. 이러한 일화를 보면 김정철의 경우 어렸을 때부터 화내는 것을 거의 본 적이 없고 야망이 없기 때문에 북한을 통치할 능력에서 떨어졌다고 후지모토 겐지는 증언했다.

김정철이 낙마하게 된 이유 가운데 하나는 김정남과 마찬가지였다. 김정철이 2006년 6월 프랑크푸르트 등 유럽 도시에서 열린 유명 기타리스트인 에릭 크랩튼의 콘서트를 보기 위해 독일을 방문했던 것이 화근이었다. 당시 김정철의 모습은 일본 후지TV를 통해 보도되었고 김정남과 마찬가지로 명예롭지 않은 '공개'를 당했기 때문에 후계자로서의 지위에 먹칠을 한 것이 당시 내부평가였던 것으로 알려졌다. 김정남이나 김정철이나 북한체제가 경제난으로 어려울 시기에 외유하면서 노는 모습이 공개된 것은 차기 지도자로서 부정적 인식이 지배적이었다. 당시 김정철이 공개되는 사건을 계기로 김정일의 마음이 김정은으로 굳어진 계기가 된 것으로 파악된다.

태영호 전 주영 북한대사관 공사는 로이터통신과의 인터뷰에서 2015년 5월 영국의 기타리스트 에릭 클랩튼의 공연을 보려 런던을 찾았던 김정은의 형 김정철과의 뒷얘기를 털어놨다. 태 전 공사는 당시 주영 북한대사관에서 현학봉 대사에 이어 서열 2위였지만 직접 공연표를 알아보고 쇼핑에 동행하며 최근 거리에서 김정철을 수행했다. 그는 "김정철은 며칠 동안 영국 런던에 머물면서 평양과 정치 이야기는 거의 안 했다. 오로지 그의 관심은 기타와 음악뿐이었다."고 언급하였다.[27]

"하루는 갑자기 평양 노동당중앙위원회로부터 '매우 중요한 e메일이 전달 될 것'이라는 전화를 받았다. 메일함을 열어보니 서방 정보기관의 추적을 피하기 위한 '일회용 메일 주소'로 메일 한통이 와 있었다." 메일의 내용은 수수께끼 같았다. '알버트 홀(Albert Hall)로 가서 티켓 네 장을 살 것.' 태 전 공사는 런던의 유명 공연장인 로열 알버트 홀의 공연 일정을 인터넷 검색하다가 '에릭 클랩튼의 70번째 생일 기념 공연'란 타이틀을 보고는 바로 김정철이 온다는 것을 직감적으로 알았다. 김정철 말고는 이 공연을 보러 런던까지 올 북한 사람이 없기 때문이다.[28]

태 전 공사는 곁에서 지켜본 김정철의 인상을 "매우 자유로웠고, 예의 바른 보통의 젊은이"라고 표현했다. 클랩튼의 광팬으로 알려진 김정철은 수준급 기타 실력도 갖고 있었다. 당시 런던 행에 동행한 모란봉악단의 기타리스트 여성(강평희로 추정)과 정기적으로 즉흥 기타 연주를 펼쳤다고도 했다. 태 전 공사는 "여자 친구는 아니었다"고 덧붙였다.[29]

또한 당시 김정철은 런던의 유명한 악기거리인 '덴마크 거리'에 찾아가 페달보드와 믹서 등 전자기타 용품들을 구매했다. 한 매장에서 30분간 즉흥 연주를 펼치기도 했는데, 수준급 실력에 매장 직원들이 놀랄 정도였다고 태 전 공사는 전했다. 지나가던 행인들도 "이름의 뭐냐" "무슨 브랜드(기타)를 갖고 있냐"며 관심을 보이며 물었지만 김정철은 말없이 그저 미소만 지었다는 것이다.[30]

김정철은 2011년 2월 14일 싱가포르 실내 스타디움에서 열린 에릭 클랩튼의 공연을 또 관람한 것으로 알려졌다. KBS에 따르면 김정철은 검은색 바지와 라운드 반팔 티셔츠를 입고 경호원으로 추정되는 에릭 클랩튼이라는 글자가 새겨진 옷을 입은 건장한 남성과 장미꽃을 든 여성 등 수행원 20여 명과 공연장에 입장했다고 한다.

김정철은 2월 8일 싱가포르에 도착해 관광지를 돌아다니며 쇼핑몰에서 호화쇼핑을 즐기다 14일 에릭 클랩튼의 공연을 본 후 15일경 북한으로 귀국한 것으로 알려졌다. 항간에는 16일 김정일의 생일선물을 샀을 것이라는 추측이 있었다. 실제로 다이아몬드 등 귀금속과 명품을 샀던 것으로 알려졌다.

이러한 방식이 동생 김정은으로의 권력승계가 안정적임을 보여주기 위한 것일 수 있다는 견해도 있지만, 김정은이나 김정철이나 유럽에서 어린시절을 보냈기 때문에 북한체제에서는 일탈로 보일 수 있는 김정철의 행동을 크게 문제 삼지 않고 있는 것으로 보인다.

다. 김정은의 이복 누나 김설송

김정은보다 열 살 정도 위의 이복누나인 김설송은 김정일의 두 번째 부인이면서 본처로 인정받고 있는 김영숙과의 사이에서 태어났다. 나이에 대해선 1971년생이라는 주장부터 1973~1976년생까지 의견이 분분하다. 출신학교 역시 김일성종합대학을 졸업했다는 주장은 공통적이지만 정치경제학을 전공했을 것이란 추측과 생물학부 졸업이라는 전언도 있다.

정성장 세종연구소 수석연구위원에 따르면, 얼굴이 알려지지 않은 김설송은 이미 결혼을 했고 슬하에 아들을 두고 있으며 남편이 보위부 요원이라는 설이 있다. 김설송은 3월 김정은과 함께 판문점을 찾은 모습이 정부 당국에 의해 포착된 것으로 알려졌다. 당시 김설송으로 추정되는 여성이 판문점 행사 사진에서 발견됐는데 행사장 주변을 서성거리는 모습이 포착되었고 김정은체제에서 막후에서 일정한 임무를 맡고 있는 것으로 추정된다.

라. 김정은의 이복 누나 김춘송 – 김설송의 동복 여동생

김영숙이 낳은 김정일의 차녀다. 75년생으로 추정된다. 김춘송은 대외적으로 활동 사실이 드러나지 않아 인물정보가 없다.

마. 김정은의 처제 리설향

북한 리설주의 친동생이 모란봉악단[31]에서 활동하고 있는 것으로 알려졌다. 8일 자유아시아방송은 평양의 한 주민이 유튜브에 공개된 북한의 2013년 신년경축 공연에서 한 여가수를 리설주의 친동생이라고 밝혔다고 전했다.

그는 미모의 여가수를 지목하며 "이 가수가 리설주의 동생 리설향이다"라고 설명했다. 이어 "리설향은 평양의 최고 음악 인재양성소로 알려진 '김원균 음악대학' 출신이며 악단의 여성중창단 가운데 중음(메조

리설향

소프라노)을 맡고 있다"고 했다.32)

또 다른 평양 주민은 "리설향은 평양의 젊은 대학생들 사이에서 '언니보다 예쁘고 노래도 더 잘한다'는 반응과 '그래도 언니보다는 미모나 노래실력이 조금 못한 것 같다'는 반응이 있다"고 전했다. 그는 "리설향이 악단을 총괄 관리하고 있는 언니의 후광으로 악단가수로 뽑혔을 것이라는 점에는 이론이 없지만, 그렇다고 미모나 노래실력이 다른 가수에 뒤지는 것은 아니어서 단원으로서의 자격 시비는 없다"고 했다.

바. 김정은의 외가

■ 친모 고용희의 부친 고경택(高京澤)

일본 요미우리신문은 2006년 북한의 체육출판사가 출판한 『유술애국자』라는 책을 보도하며 책의 저자 고춘행이 바로 김정은의 어머니인 고용희라고 주장했다. 이 책은 재일교포 출신 유도선수 고태문의 일대

고경택

기를 다뤘는데, 고태문의 딸이 고용희라는 것이다. 국정원은 일본 언론들과 『월간조선』의 '고태문설'을 부인하였다. 국정원은 "역시 제주도 출신인 것은 맞지만 다른 사람인 고경택(高京澤, 1929년생이며 1999년에 사망)이 고용희의 아버지이며, '히로타(廣田) 재봉소'에서 일하다가 함경북도 명간군에 정착한 재일교포"라고 밝혔다.

고용희 부친 고경택이 북송선을 탄 것은 일본-제주 도간 밀항선을 운영하다가 체포되었기 때문만은 아니다. 일본 관계당국의 증언에 의하면 고경택은 본처 외에 애인이 4명 있었고 고용희의 생모 이맹인(李孟仁)이 낳은 아이들을 합해 파악된 자식만도 10명 이상 되는데 이 같은 복잡한 여성편력을 청산하기 위해 북한행을 택했을 것이라고 한다. 실제로 일본 측의 북송자 명단에는 강제퇴거로 기록되어 있다.

한편 "고용희는 고경택이 둔 2남 4녀 중 차녀(1952년생)로 일본에서 살았을 때 이름은 에이꼬(英子)였으며 김일성 주석이 왜색 배격을 이유로 여성 이름에 '자(子)'자를 못 붙이게 하면서 영희로 개명했다"는 것이 국정원의 설명이다. 그러나 이듬해 1월, 『월간조선』이 "고용희를 알고 있다"는 복수의 고위 탈북자들의 전언을 바탕으로 고용희의 아버지는 고태문이 맞다고 재차 주장했다. 이 논란은 현재 소강상태이지만, 김정일 사망 후 일부 언론은 "김정은 어머니 고용희는 유도선수인 아버지를 따라 일본에서 건너간 재일동포 출신"이라고 보도하는 등 여전히 논란이 종식되지 않은 모양새다.

조선화보에 소개된 당시의 고경택은 함경북도에 있는 '명강 화학공장'의 일개 노동자였다. 그러나 딸이 김정일과 동거하면서 평양의 '만경대기념품공장'의 고문지배인으로 발탁되어 윤택한 생활을 누렸다. 일본 군수공장에서 일한 과거경력도 문제가 되지 않았다. 그는 1999년에 86세로 사망했다. 그의 장남 동훈은 북한 내 일류대학인 김책공업종합대학에 진학하고, 3녀인 고용숙도 함흥약학대학에 진학하는 등 진로가 양양했다. 다만 고용숙은 2000년 전후 부부가 함께 미국으로 망명했다.

김정은의 어머니 고용희 고향인 제주시 봉개동의 '탐라 고씨 신성악파 흥상공계(興祥公系) 가족 묘지'에 북한 김정은의 외조부 고경택과 외증조부 고영옥 및 친족들의 묘 14기가 조성돼 있다. 평장(平葬) 묘 13기와 봉분이 있는 묘 1기로 구성돼 있는데, 북한에서 사망한 고경택의 묘는 시신이 없는 허총(虛塚)으로 만들어져 있다. 고용희의 아버지 고경택의 묘 옆에는 고용희의 큰아버지며 고경택의 형인 고경찬(高京贊·1903년생)과 고영희의 조부 고영옥(高永玉·1876년생) 등의 비석도 모셔져 있었다. 봉분이 있는 묘는 고영희의 사촌이자 고경찬의 넷째(막내) 아들인 승훈의 것으로 확인됐다.

이에 대해 친족이라고 밝힌 고 모(83·제주시) 씨는 "고경택이 북한으로 넘어간 뒤 그곳에서 죽었기 때문에 여기에는 허총(虛塚)을 만들었으며, 승훈의 묘에 봉분을 만든 것으로 봐 승훈의 아들이 현재 이 가족묘를 관리하고 있는 것으로 생각된다"고 말했다.

이러한 가족 내역은 제주 고(高)씨 종문회총본부가 보관하고 있는 제주 고씨 영곡공파 족보의 내용과 일치한다. 신성악파는 영곡공파의 한 갈래다. 이 족보(5권 337쪽)에 따르면 영곡공파 중시조 31세손인 고경택은 고영옥의 아들로 1913년 8월 14일에 태어났다. 정성장 세종연구소 수석연구위원은 "정부가 파악하고 있는 고경택의 생년월일과 족보에 적힌 고경택의 생년월일이 일치하므로 동일 인물로 봐야 한다"고 말했다. 족보에는 고경택의 부친 고영옥이 '종사랑(從仕郞)' 벼슬을 했고, 제주시 '조천읍 와흘리'에 묻힌 것으로 기록돼 있다. 종사랑은 요즘으로 보면 주사(主事)급인데 당시는 일제강점기이기 때문에 면장급 이상은 되는 중산층이었던 것으로 알려졌다.

■ 친모 고용희의 동생 고용숙

한국의 언론이 주목하지 않고 있는 고용희 관련 인사들은 또 있다. 바로 1998년 미국으로 망명한 것으로 알려진 5살 아래 친동생인 고용숙 부부다. 『주간경향』이 지난 2003년 입수해 보도한 미국 정보기관 측 정보에 따르면 고용숙의 남편은 김정일의 비자금을 관리하던 39호실 책임자 박건이다.[33] 이들 부부는 미국 정보기관에 김정철과 김정은 형제, 그리고 그들의 어머니 고용희에 대한 많은 비밀정보를 전한 것으로 알려져 있으나, 그 내용은 위에 언급한 본지 기사를 제외하곤 거의 국내에 알려져 있지 않았다. 지금까지 알려진 정보는 고용숙 부부가 김정일이 뉴욕과 스위스 증시 등에 투자한 자금정보를 제공해 미국이 동결 조치를 취했다는 정도다.

기사에 따르면 고용희는 일찍이 1991년께부터 자신의 아들 중에서 후계자를 만들려는 '공작'을 해왔으며, 그 과정에서 성혜림의 아들인 김정남 측과 심각한 갈등을 빚어 왔다. 일각에서는 고용희가 재일교포 출신인 점, 동생부부가 미국에 망명했다는 점 등을 들어 김정일이 자신의 어머니인 김정숙을 항일여장군으로 우상화하는 것과 같은 작업이 김정은 체제에서는 불가능할 것이라고 관측하고 있다.

■ **고경택(高京澤)의 친형 고경찬**

김정은의 외조부 고경택의 친형인 고경찬은 아들이 없는 큰아버지 고영호(高永浩·1867년생)에게 입양되었으며 조천면에서 '면장'을 지냈다고 알려졌다. 제주시 조천읍사무소에 확인한 결과, 고경택의 형 고경찬은 37세 때인 1940년 4월부터 일제가 패망한 1945년 8월까지 조천면장을 지냈다. 족보에는 고경택의 아들들 이름도 등재돼 있는데, 이 이름들도 가족 묘지 비석에 새겨진 내용과 일치한다.

하지만 고경택의 딸인 고용희의 이름은 족보와 비석에 올라있지 않다. 고시홍 제주 고씨 종문회총본부 회장은 "예전 족보에는 아들 이름만 기록하고 딸 이름은 올리지 않는 것이 관례였다"며 "1995년 족보 개정 작업을 했는데, 고경택의 아들 명단만 올라있고 그 밑 자손들이 기록되지 않은 것으로 봐서는 고경택 일가가 오래전부터 친족들과 왕래하지 않은 것으로 판단된다"고 말했다.

고씨 종문회에서는 고경택의 고향을 조천읍으로 파악하고 있다". 고경택의 고향으로 밝혀진 제주시 조천읍 북촌리에는 현재 고경택의 친족이라고 밝히고 있는 주민이 3가구가량 살고 있다.

주석〉

1) 김일성, 『세기와더불어』(평양: 노동당출판사, 1992), 4~5쪽.

2) 김일성, 『세기와더불어』(평양: 노동당출판사, 1992), 66쪽.

3) 와다 하루끼 저, 이종석 역, 『김일성과 만주 항쟁』(서울: 창작과 비평사, 1992), 27쪽.

4) 2006년 10월 국가정보원이 적발한 간첩사건을 말한다. 당시 북한의 지령을 받은 재미교포장민호가 주동자로, 최기영 민노당 전 사무부총장과 이정훈 전 민노당 중앙위원 등도 이 사건으로 북한에 정보를 제공한 간첩 혐의가 확정돼 복역 중이다. 일심회란 명칭은 장민호가 최기영·이정훈 등과의 관계를 명명한 은어로 386 출신 인사들 총 5명이 연루돼 '386간첩사건'으로 불리기도 했다. 민주노동당은 2008년 2월 3일 임시 당 대회에서 이 사건에 연루됐던 당원 2명에 대한 제명안을 부결시켰다. 일심회에 대한 북한지령은 '11월 부시(조지 W 부시 미국 대통령)가 에이펙 수뇌자 회의(부산 APEC 정상회의)에 참가하기 위해 방한하는 것과 때를 맞춰 광범위한 대중단체들과 군중을 조직 동원해 대규모 반미 투쟁을 벌이도록 해야 할 것이다.'(2005년 10월, 북한이 일심회로 보낸 지령문) '당직(민주노동당)선거와 관련한 우리의 립장(입장)은 ○○○만 한 인물이 없음으로 그를 당대표로 선출하도록 하는 것이 가장 바람직하다고 본다.'(2005년 12월, 북한 지령문) '위대한 장군님(김정일 국방위원장)의 선군사상이 얼마나 위력하며, 장군님의 영도만 믿고 따르면 이 세상 어떤 적도 물리칠 수 있습니다.'(일심회 총책 장민호씨의 대북보고문) '한 명 한 명을 수령을 결사옹위(決死擁衛), 결사관철하는 충직한 전사로 만들어 나가며….'(일심회 조직원 이진강의 신년 충성편지) 일심회를 배후 조정하던 인물들이 지금의 '경기동부연합'의 활동이며 이들 중 이석기 김재연 등이 2012년 국회에 입성하였다.

5) 연세대 출판부, 『조선예수교장노회상기』(서울: 연세대, 1968), 139쪽.

6) 최덕신의 아들 최건국도 독일에 거주하면서 북한을 왕래하고 있으며 최덕신의 처 유미영은 최덕신을 따라 월북하여 현재 북한 천도교 연맹에서 일하고 있다.

7) 와다 하루끼 저, 이종석 역, 『김일성과 만주항일전쟁』(서울: 창작과 비평사, 1992), 50쪽.

8) 안찬일(1997), 117~127쪽; 현성일, 『북한의 국가전략과 파워 엘리트』(서울: 선인, 2007), 224~225쪽.

9) 김일성, 『세기와더불어』 8 계승본(평양: 조선노동당출판사, 1992), 159쪽.

10) 강명도, 『평양은 망명을 꿈꾼다』(서울: 중앙일보사, 1995), 60~61쪽.

11) 전현준, 「인물탐구 김정일」, 『경향신문』 1994년 7월 18일.

12) 일본법무성 사상자료특집 41호, 1939년 6월.

13) 小林和子, 『재외방인 인양기록』(동경: 매일신문사, 1990), 119~122쪽.

14) http://blog.naver.com/hki405/20012882688

15) 1975년부터 1993년 당 중앙위원회 정치국 위원(현직)에 임명될 때까지 오랫동안 공식 석상에 모습을 보이지 않았기 때문에, 그 사이 숙청되어 자강도로 옮겨가 은둔 생활을 했다는 설이 있다. 1993년 복귀한 뒤로는 그해 말에 국가부주석으로 선출되었고, 김일성(1994), 오진우(1995), 이종옥(1999) 등이 사망했을 때 국가장의위원회 장의위원 명단에 이름을 올렸다.

16) 장용철, 『북한을 움직이는 사람들』(서울: 참세상닷컴, 2003), 24~33쪽.

17) 현성일, 『북한의 국가전략과 파워 엘리트』(서울: 선인, 2007), 224~225쪽.

18) 『시사저널』 2011년 11월. http://www.sisapress.com/journal/article/133452

19) 조영환, 『매우 특별한 인물』(서울: 지식공작소, 1996a), 117쪽.

20) 『내외통신』, 2003년 5월 6월 전북한외교관 고영환, 현성일, 전 김일성종합대 교수 조명철 진술증언 종합.

21) 황장엽, 『어둠의 편이 된 햇볕은 어둠을 밝힐 수 없다』(서울: 월간조선사, 2001), 91쪽.

22) 「매 들고 무릎 꿇리고, 김정은 실제로 키운 건 생모 아닌 김옥」, 『중앙선데이』 516호, 2017년 1월 27일.

23) 「매 들고 무릎 꿇리고, 김정은 실제로 키운 건 생모 아닌 김옥」, 『중앙선데이』 516호, 2017년 1월 27일.

24) 「매 들고 무릎 꿇리고, 김정은 실제로 키운 건 생모 아닌 김옥」, 『중앙선데이』 516호, 2017년 1월 27일.

25) 「매 들고 무릎 꿇리고, 김정은 실제로 키운 건 생모 아닌 김옥」, 『중앙선데이』 516호, 2017년 1월 27일.

26) 『데일리NK』 2015년 07월 20일.

27) 「김정철, 2년전 런던 악기상 들러 30분간 기타연주실력 뽐내」, 『문화일보』 2017년 2월 7일.

28) 「김정철, 2년전 런던 악기상 들러 30분간 기타연주실력 뽐내」,『문화일보』 2017년 2월 7일.

29) 「김정철, 2년전 런던 악기상 들러 30분간 기타연주실력 뽐내」,『문화일보』 2017년 2월 7일.

30) 「김정철, 2년전 런던 악기상 들러 30분간 기타연주실력 뽐내」,『문화일보』 2017년 2월 7일.

31) 모란봉악단은 김정은이 집권한 2012년 초 조직된 것으로 알려졌다. 지난해 7월 공연에서 노출이 심한 파격적인 무대의상과 미국의 만화 캐릭터인 미키 마우스를 등장시켜 주목을 받았다.

32) 『자유아시아방송』 2013년 3월 8일.

33) 「김정남 vs. 고영희 목숨 건 후계자 전쟁」,『주간경향』 553호.

제1절 당 핵심인물

■ 최룡해 당 정치국 상무위원, 당 중앙위 부위원장
　– 최현의 아들

최룡해

최룡해는 보천보전투에서 김일성과 함께 전투를 지휘한 최현의 아들로서 1950년 황해남도 신천군에서 태어났다. 어린 시절부터 북한의 최고 엘리트의 과정을 밟았는데, 특히 청·장년 기간 동안은 '청년동맹'에서 주요한 역할을 하면서 자신의 정치적 입지를 다졌다. 또한 1989년 세계청년학생축전을 성과적으로 기획하면서 김일성과 김정일로부터 신임을 얻기도 하였다.

그러나 1990년대 후반 청년동맹 산하의 무역회사의 부패사건으로 정치적으로 좌천되어 1998년부터 5년 간 혁명화 과정을 겪기도 하였다. 최룡해는 크고 작은 비리 및 스캔들 사건과 연관되어 왔지만 주변 원로들의 복권 운동 등에 힘입어 2003년에 복직하였고, 이후 황해도 당책임비서 등을 거치면서 김정일의 신임을 얻었고 김정은 후계체제 안착 과정에서 중요한 역할을 수행하였다.

장성택 숙청 이후 2015년은 최룡해에 대한 신병 이상설이 제기될 정도로 정치적 입지에 대한 논란이 많았고, 실제로 2015년 말에는 혁명화 과정을 다시 경험하기도 하였다. 하지만 2016년 1월을 경과하면서 공식 석상에서 재등장하였고 이전의 정치적 지위는 어느 정도 회복한 것으로 평가받고 있다.

최룡해의 현재 입지를 알기 위해서는 먼저 그의 부친인 최현에 대해 살펴봐야 한다. 최현과 김일성의 관계 등 혁명 1세대인 최현의 족적을 살펴보면 현재 최룡해의 정치적 기반이 매우 강할 수밖에 없다는 사실을 알게 된다.

※ 최현 일대기 요약

최현

최현(1907~1982.4)은 함경남도 혜산군에서 태어났다. 최득권이 원래 본명이었으나 1932년 출옥한 이후 최현으로 개명하였다. 10대시절인 1924년부터 고려공산청년회에 가입하여 항일운동을 시작하였다. 당시 대부분의 청소년 항일운동가들과 마찬가지로 자금모집과 격문 살포 등의 임무를 수행했다. 1926년 중국경찰에 체포되어 무기징역을 언도받았으나 당시 만주지역을 장악하고 있던 장쭤린(張作霖)에 의해 6년형으로 감형되었다.

이후 최현은 1936년 동북항일연군 제1단장이 되어 이듬해 6월 보천보전투에 참가하였으며, 1939년에는 일본군의 수배대상이 되어 현상금 1만 엔이 걸리기도 하였다. 1940년 1월 일본군의 추격을 벗어나기 위해 러시아 불라디보스토크로 이동하였으며, 1941년 러시아의 군관학교를 졸업하였다. 8·15광복 후인 1945년 9월 김일성·안길·김책 등과 함께 귀국하여 1948년 내무성 산하 제3여단장이 되었고, 6·25전쟁 중에는 1950년 소장으로 제2사단장, 1951년 중장으로 제2군단장이 되었다. 휴전 후 1955년 12월 민족보위성(현 인민무력성) 부상(副相), 이듬해 조선노동당중앙위원에 뽑혔다.

1956년 8월, 김일성 유일지도체제의 형성 과정에 나타난 첫 번째 큰 정치적 사건인 '8월 종파사건'이 발생했다. 당시 최현은 김일성의 편에 서서 권총을 뽑아 상대편의 기선을 제압함으로써 사건을 마무리했던 일화가 있다. '8월 종파사건'을 통해 김일성은 최창익·박창옥 등의 '연안파'와 일부 '소련파'가 김일성의 유일지배체제 형성에 집단으로 도전한 사건이다.

1957년 최현은 최고인민회의 제2기 대의원에 뽑히고, 이듬해 4월 제2차 내각개편 때 체신상이 되었다가 1962년 10월에 해임되었다. 그러나 1967년 공화국영웅 칭호를 받고 이듬해에는 민족보위상이 되어 건재를 과시하였으며, 1972년부터 1976년까지 인민무력부장(현 인민무력상)을 지냈다. 1980년 조선노동당 중앙위원·정치위원·군사위원으로 뽑혀 활동하던 중 1982년 4월 사망하였다.

최현의 어린 시절과 수감생활

최현의 부친인 최화심(崔化心)은 일찍이 홍범도 장군 밑에서 독립운동을 했고 1920년 경신참변 때 일찍이 모친이 사망했기 때문에 최현의 일제에 대한 반감은 남달랐다. 어릴때부터 접했던 독립군 부대 간부들과 아버지의 영향이 컸기 때문에 이후 최현이 걷게 되는 항일운동에서의 정신적 각오는 매우 투철했던 것으로 알려진다. 특히 김일성과 함께 빨치산 활동을 하게 된 인물들의 가계이력이 대부분 빈농출신이었고 최현만이 거의 유일하게 항일운동을 한 부친을 두고 있었다. 그런 만큼 김일성부대의 여타 빨치산들에 비해 최현이 유독 돋보였던 이유는 그 출신배경이 큰 이유로 작용했다.

최현은 다재다능할 뿐 아니라 맡은 바 임무를 묵묵히 수행하는 끈기를 가졌으면서도 불의를 보면 참지 못하는 성격을 가졌다. 그러한 그의 성격은 그가 연길감옥에 수감되어 있을 당시 일화에도 잘 나타나 있다. 물론, 이러한 최현에 대한 평가는 김일성의 회상기인 『세기와 더불어』에 잘 서술되어 있다.

　　최현은 연길감옥에 있을 때 옥내의 제화공장에서 제화공으로 일하고 석판인쇄공장에서 식자공으로도 일하였으며 피복공장에서 고급양복으로 짓는 재봉사로도 일하였다. 나중에는 목공장의 목수노릇도 하고 죄수들의 머리는 물론, 간수들과 간수장, 감옥장의 머리까지 깎는 리발사노릇도 하였는데 어디에서 무슨 일을 하든지 자기를 까닭없이 학대하고 구박하는 인간들에 대해서는 그가 누구건 절대로 용서하지 않고 맵짠 징벌을 가하군하였다. 어느날 최현은 책걸상제작에 쓰는 갈매나무로 장기쪽을 만들려다가 옥내공장감독에게 들켜 줄매를 맞은 일이 있다. 그 감독은 죄수들에게 매를 대는것쯤은 아무렇지도 않게 여겼다. 분격한 최현은 조립중에 있던 의자다리로 그를 호되게 답새겼다. 감옥당국은 그에게 한 주일동안의 영창처벌을 주었으나 이 사건을 계기로 하여 감독은 죄수들에게 더는 폭행을 가하지 못하였다.

　　최현의 옥내투쟁가운데서 가장 이채를 띤것은 탈옥투쟁이었다. 그는 윤창범을 비롯한 여러 동지들과 함께 독립군시절의 옛 상관인 임병국을 비롯하여 그 밖의 여러 혁명가들을 감옥밖으로 빼돌리는데 성공하였다. 정의로운 것을 옹호하고 고수하기 위해서라면 분신도 할 수 있고 천길낭 떠러지에 뛰어내릴 수도 있는 것이 바로 최현의 타고난 배짱이며 풍랑속에서 길들여진 그의 성격이었다.[1]

　최현이 공산주의 투쟁에 가담하기 시작한 시점도 다른 북한의 빨찌산 출신들과 마찬가지로 매우 빠르다. 최현은 1926년에 '동만청춘'이라는 조직에 가담하면서 공산주의 사상을 흡수하기 시작했다. 당시 최현의 임무는 전투보다는 주로 '경제모연'이라 불리는 자금마련책과 공산주의사상을 선전하는 삐라를 몰래 뿌리고 다니는 임무였다. 당시 최현의 활약상은『항일빨찌산 참가자들의 회상기 7』최현편에 상세히 기술되어 있다.

　최현은 그의 고향인 중국 훈춘현 홀루투거우에서 공산주의운동을 진행하다 체포되어 무기징역을 언도받고 연길감옥에 수감되었고 7년형으로 감형을 받아 나오게 되었다. 최현은 체포된 이후 감옥의 인쇄공장에 배치되어 일하게 되었는데 수완이 좋아서 그곳의 간수와 경리원 등과 짜고 공장 자재인 종이, 먹, 잉크 등을 밖에 팔고 돈을 벌었다. 연길감옥은 상대적으로 경비가 허술했기 때문에 인신통제만 했지 자재 등 물자 통제는 제대로 이루어지지 않고 있었다. 게다가 당시 그곳 지역은 아직 일제의 영향력이 강하게 미치지 않았기 때문에 최현 등 공산주의운동으로 잡혀온 사람들에 대한 감옥 내 인심이 나쁘지 않았던 것으로 알려진다. 그러한 분위기를 이용하여 최현은 자신 같은 공산주의운동 수감자인 윤창범과 함께 감옥 내에서 공산주의 사상교육을 진행했다. 이 둘은 감옥 밖의 공산주의운동조직과의 연계를 지속적으로 가지면서 조직적인 죄수들의 투쟁을 이끌었다. 이에 일제는 감옥 내 공산투쟁을 없애기 위해 첩자들을 죄수들 속에 투입하기 시작했으나 최현 등은 이들을 모수 찾아내 살해했다. 그리고 최현은 1932년 7월 감옥에서 사권 윤창범, 방정준 등과 함께 출소하게 되었고 동시에 원래의 이름인 최득권을 최현으로 고치게 된 것으로 전해진다.[2]

최현의 회상기 내용을 토대로 살펴보면 최현이 1926년 연길 감옥에 투옥되었고 김일성이 1929년에 투옥되었다는 점에서 공산주의운동으로 인한 옥고는 최현이 김일성보다 선배였던 셈이다. 게다가 최현은 19세에 전격적으로 공산주의운동에 가담했고 옥중에서도 공산주의 활동을 적극적으로 전개하여 많은 인원을 포섭했다는 점에서 초기 공산주의운동에 있어서 최현의 활약은 김일성의 그것보다 월등했다는 점은 확실해 보인다. 특히 최현이 감옥 내에서 '반제동맹' 지부에서 공산주의활동으로 투옥된 인물들을 탈옥시키기 위한 준비와 실행에서 주도적인 역할을 했다는 점은 그의 과단성이나 리더십이 김일성과 견주어 뒤지지 않았을 것이란 점을 쉽게 짐작할 수 있게 하는 대목이다. 당시 최현은 철공소, 목공소 등 공장을 다니면서 족쇄를 풀 수 있는 연장들을 감방에 넣어주며 탈옥작업을 주도했다.[3]

최현의 항일유격대 활동

북한의 양강도 무산지역은 김일성이 빨치산 주력부대를 이끌고 공격하여 일제에게 큰 정치군사적 손실을 입혔다고 선전하는 무산지구전투승리기념탑이 조성된 곳이다. 무산지역은 북한 내에 있는 유명한 항일 사적지 가운데 하나이며 지난 2009년에는 무산지구전투승리 기념중앙보고회를 진행할 정도로 정치적으로 중요시하는 지역가운데 하나다. 최현의 회고록에는 무산지구에서 벌어진 1937년과 1939년 두 차례의

전투를 소개하면서 당시 조선일보의 보도내용까지 상세하게 인용하고 있었다.4)

최현은 회고록을 통해 무산지구전투에서 김일성이 세운 전공에 대해 자세히 언급하고 있다. 최현은 1939년 5월의 전투를 소개하면서 김일성이 부대를 이끌고 장백현, 15도구, 반절구 등 일련의 전투를 통해 새벽녘에 압록강을 건너 청봉, 삼지연을 거쳐 무산지역에 도달하는 과정을 설명하고 있다. 그 과정에 많은 인민들을 해방시키고 지방민들을 상대로 정치사업을 벌였고 대홍단에 와서 일제 국경경비대와 경찰 수백 명에게 공격을 가해 심대한 피해를 준 것으로 묘사하고 있다.5)

실제로 전사로서 최현의 모습이 어떠했을지를 상상하기는 힘들지만 그의 기록을 토대로 봤을 때는 어떤 면에서는 김일성보다 뛰어난 모습과 전과를 보여주기도 했다. 1939년 10월의 한총구 전투와 얼청페 전투에서는 두 배가 넘는 1,500명의 일본군 토벌대를 상대로 부대원들을 이끌고 무훈을 세웠고 류경수부대에서의 활약으로도 7백여 명의 일본군을 사살 내지 포로로 잡고 많은 수의 무기를 노획한 것으로 적고 있다.6)

얼청페 전투에서는 일본군이 비행기까지 3대를 동원한 제법 큰 규모의 전투였는데 최현은 일본군의 폭격이 지나갈 때까지 매복하며 기다리다 허를 찔러 일본군 지상병력이 가까이 올 때 기습공격을 가해 큰 피해를 입힌 것으로 묘사하고 있다.7)

최현은 오진우, 오백룡과 함께 70년대 김정일이 삼촌 김영주와 후계경쟁을 할 때 김정일을 지지하며 기반을 다졌다.8) 최현은 1970년대 초반에 후계 문제가 부상할 때에도 김정일의 편에 서서 세습을 반대하는 인물들을 숙청하는 데 큰 공을 세웠다. 이런 공로로 최현은 지금도 북한에서 충신의 본보기로 선전되고 있으며 그를 주인공으로 한 영화도 여러 편 제작됐다.

최현에 대한 김일성의 평가

최현에 관한 이야기는 "무식한 전사형의 인간"이라는 평이 많은 편이지만 김일성의 회고록이나 탈북자들의 증언에 따르면 단지 무식한 투사가 아니라 인간적인 면모도 돋보이는 인물이라는 것이 중론이다. 우선, 김일성은 최현에 대해 군사작전에도 능하고 정치사업에도 뛰어난 인물이라고 평하고 있다. 김일성에 따르면 최현이 좋아하는 인간형은 솔직한 사람, 단순한 사람, 근면한 사람, 대담한 사람, 성실한 사람, 통이 큰 사람, 뒷소리를 하지 않는 사람 등이고 싫어하는 사람은 아첨쟁이, 비겁쟁이, 건달뱅이, 수다쟁이라고 적고 있다.9)

최현은 인간적인 부분에 있어서도 부하를 챙겨주는 따뜻한 면이 있는 사람이라고 전해지는데 북한에서 정치장교로 35년을 복무했던 장용철은 최현의 인간성을 알 수 있는 일화를 소개하고 있다.

> (중략) 최현은 6 · 25 전쟁 시기 후퇴길에 올라 김일성이 있는 자강도 땅으로 들어가면서 고생을 많이 했다. 밤중에 산 속에서 불도 피우지 못하고 새우잠을 잘 때에도 다른 대원들이 다 잠든 후에 조용히 일어나 자기가 덮고 있는 담요와 자기 외투까지 대원들에게 덮어 주고, 식량이 떨어져 먹을 음식이 없으면 자기 손으로 대원들과 함께 버섯과 산나물도 함께 뜯어먹은 사람이다.10)

최현에 대한 독살설

1970년대 당시 김정일과 오진우는 김일성 우상화에 이의를 제기하고 김정일 후계체제에 반대하던 남일(당시 63세, 6.25당시 인민군총참모장)을 1976년 3월 7일 교통사고로 위장해서 제거하였다. 아울러 이들은 김일성보다 12살이나 선배이자 우상화 걸림돌인 부주석 최용건(76세)을 연금하였다. 그리고 1976년 5월 14일에는 현직 인민무력부장 최현을 관저에서 체포하는 과정에 총격전까지 발생한 바 있다.

심각한 사실은 부주석 최용건을 1976년 9월 19일 병사했다고 발표했고, 최현 역시 1982년 4월 10일 병사한 것으로 발표했다는 점인데, 사실은 김정일에 의해 독살됐다는 소문이 일본 등 국내외 언론에 자세하게 보도됐다(1982.4.22~23. 동아일보 경향신문, 1984.3.15. 경향신문).[11]

최현의 독살설에 대한 국내 언론의 보도

▲ 1982년 4월 10일 북한이 최현(아들 최룡해)이 병사했다고 발표된 지 10일 만인, 4월 22-23일자 동아일보 및 경향신문에 일본 조총련 등을 통해 김정일과 오진우가 최현을 독살했다는 신문보도 내용.

최룡해의 청년동맹 활동

최룡해는 김일성과 가장 친했던 항일빨치산 전우로서 김일성 일인독
재체제 형성에 지대한 공헌을 했던 최현의 둘째 아들로 대표적인 혁명
1세대의 백두산줄기를 형성하고 있는 관계다. 어린 시절 최룡해는 김
일성을 사적으로 '큰아버지'라고 불렀고 김일성의 딸인 김경희와는 '누
나-동생'할 정도로 가까운 사이였다. 김정일의 이복형제인 김평일과도
남산중고등학교에서 같이 동문수학한 사이였다.12)

영민하였던 최룡해는 만경대 혁명학원 → 강건 군관학교 → 김일성종
합대학 정치경제학부 등 엘리트 코스를 거쳐 빨치산 2, 3세 및 당료(黨
僚)들과 친분관계를 형성하였다. 특히, 최룡해는 사회주의노동청년동
맹(줄여서 사로청, 1996년 1월에 '김일성사회주의청년동맹'으로 개칭,
2016년 '김일성-김정일주의 청년동맹으로 개칭)에 소속되어 간부로 승
진을 거듭하여 1986년 8월 위원장까지 올라갔다. 이 청년동맹은 원래
노동당을 이끌어갈 후비대를 양성하는 기관의 성격이 강하기 때문에
토대가 좋은 사람들만이 청년동맹의 중앙조직에서 일할 수 있다. 때문
에 현재 북한의 주요간부들은 청년시기에 대부분 청년동맹조직 경험을
갖고 있다. 최룡해의 경우는 시작부터 끝까지 청년동맹을 통해 자신의
입지를 넓혀온 대표적인 인물이다.13)

그렇기 때문에 최룡해는 1986년 위원장에 발탁되고 나서 무려 12년
간 위원장직을 수행해 왔다. 게다가 김정일과는 어린 시절을 같이 보낸
인연이 있었던 덕에 아버지인 최현의 후광이 아니더라도 개인적인 친
분으로 해결하기 어려운 문제도 직접 김정일을 찾아가 직보를 통해 해
결하는 능력을 보여줬기 때문에 주변에 사람도 많은 편이다.14) 김정은
체제에 들어서면서 주로 북한 국내에서만 활동해온 인물들이 대부분인

중앙당에서 청년동맹 위원장을 맡으며 50여 개국을 방문한 경험이 있는 최룡해는 김정은과 해외문물이나 돌아가는 사정을 터놓고 이야기할 수 있는 몇 안 되는 사람이다.15)

최룡해가 공식무대에서 그 이름을 알린 계기가 된 두 가지 사례가 있다. 하나는 1993년 2월 제8차 사로청대회에서 최룡해가 사로청과 소년단원들을 대표하여 충성맹세모임을 진행했다. 이 대회에서 최룡해는 김정일에 대한 충성의 노래를 함께 부르며 세습체제 분위기를 띄우는 데 큰 공헌을 했다.16)

다른 하나는 1989년 8월 평양에서 개최된 '제13차 세계청년학생축전'이다. 이 대회는 최룡해에게 자신의 능력을 알릴 기회로 작용하였다. 1989년 당시는 동구권의 몰락과 88서울올림픽 개최로 북한의 사기가 바닥을 치고 있던 시점이었다. 최룡해는 청년동맹을 중심으로 준비위원장으로 대회를 무사히 개최함으로써 능력을 인정받았던 계기로 작용했다. 물론 당시 무리한 대회 개최로 많은 외화를 낭비했고 무엇보다도 최룡해 개인의 사치와 향락문제가 도마 위에 오르기도 했다.17)

그럼에도 불구하고 당시 최룡해가 평양학생축전이 개최되기 직전에 모친상을 당했음에도 장례식을 찾지 않고 업무에 몰두했다는 점이 부각되면서 김일성의 칭찬을 듣기도 했다.18)

'은별회사'(사로청의 무역회사)의 부정부패와 최룡해의 좌천

한편 1990년대를 경과하면서 최룡해는 '혁명화 과정'이라는 큰 좌절을 경험하게 되는데, 이는 사로청 산하의 무역회사였던 '은별회사'의 부정부패 사건에서 기인한 것이었다. 이른바 '고난의 행군'이 한창이던 1995년 북·중 국경지대에는 수백 개의 무역회사들이 우후죽순처럼 생겨났다. 경제가 엉망이 되자, 당국에서는 자체로 식량을 해결하라고 지시했다. 관심은 일제히 중국과 가까운 신의주에 쏠렸다. 식량을 자체로 해결하려면 중국과 무역하는 방법밖에 없기 때문이다. 그 중에는 김일성사회주의청년동맹 소속 '은별회사'도 포함되어 있었다.[19]

알려진 바와 같이 제13차 세계청년학생축전은 1989년 평양에서 개최됐다. 축전의 관례대로 이전 개최국인 북한은 14차 축전 때는 맨 먼저 입장하게 되어있다. 그런데 돈이 없어 대표단을 파견하지 못하면 국제적인 망신이었다. 14차 축전 대표단 파견문제로 고심하던 김정일에게 최룡해의 제의는 아주 반가운 소식이었다. 김정일의 흔쾌한 허락을 받은 청년동맹은 무역회사 자리를 중국과 거래하기 편리한 신의주시 역전동 은덕원 옆에 잡았다. 최룡해는 평안북도 청년동맹 제1비서인 로석률을 불러 무역회사 건물을 지으라는 과업을 주었다.[20]

청년동맹 산하 무역회사인 '은별회사'는 1995년 영업을 개시했는데 당시 북한 내 상황이 좋지 않다보니 다른 무역회사와의 경쟁이 심해서 새로운 품목을 개발해야 하는 시점이었다. 당시 최룡해는 '은별회사' 사장 등 청년동맹 간부들과 이 문제를 집중적으로 논의했고 결국 부가가치가 높은 동과 알루미늄을 무역 품목으로 정했다.[21]

그러자 북한에서는 청년동맹 중앙위원회 명령으로 하부조직은 폐동(廢銅)수집을 위한 전쟁에 돌입했다. 청년동맹에 가입되어 있는 모든 학생은 졸지에 인당 5kg의 폐동(廢銅)을 할당받으면서 부산하게 움직였다. 지역별로 지도소조가 만들어지면서 할당량을 채우지 못한 지역의 책임자에게 책임을 추궁했다. 사실상 철보다 비싼 동이 고물로 버려질리 만무했다. 그러다보니 멀쩡한 기계나 부품을 뜯어서라도 할당량을 채웠다.[22]

당시 은별회사는 수집된 폐동(廢銅)을 중국에 팔아서 막대한 외화를

획득했다. 하지만 대부분의 돈은 최룡해와 간부들이 착복했고 이들은
북중국경지역에 위치한 압록강호텔에 머물며 청년예술단 소속 미녀들
과 향락파티를 벌였다.23)

　최룡해의 비행은 그리 오래 가지 못했다. 동을 팔아 번 돈으로 흥청
망청 놀던 최룡해의 비행이 발각된 계기는 1997년 7월 쿠바 아바나에
서 열린 제14차 세계청년축전이었다. 당시 최룡해는 600여 명의 대표
단을 이끌고 쿠바를 다녀왔는데 그 많은 인원을 데리고 가면서 손을
벌리지 않고 자체의 예산으로 다녀온 것을 기특하게 생각하면서도 의
구심을 가졌다. 마침 김정일의 신임을 얻고 있던 인민군 보위사령부의
원응희는 청년동맹이 국가통제 물품인 동을 해외에 팔아 뒷돈을 챙겼
고 거기에 남한의 안기부 자금이 있는 것 같다는 취지의 보고를 올렸
다. 이에 최룡해를 비롯한 청년동맹 간부들이 대거 체포되었고24) 청년
동맹 산하 기구인 '은별회사'의 업무를 정지시키고 관련자들을 모두 색
출해 냈다. 당시의 과오로 최룡해는 '혁명화'과정을 거치게 되었고 그의
오른팔이었던 '은별회사' 사장은 처형되었다.25)

　당시 최룡해와 청년동맹에 대한 검열이 대대적으로 진행되면서 당조
직지도부까지 최룡해의 비리에 대해 보고했고 청년동맹 내부적으로는
최룡해의 행적에 대해 비판투쟁하는 일들이 진행되었다.26) 당시 검열
결과 1998년 2월 최룡해는 자강도 임산사업소 노동자로 추방되었다.
하지만 수완이 좋은 최룡해는 혁명화과정에 김정일에게 10여 차례 충
성편지를 썼는데 그 내용에 자신의 부하들은 용서해 달라는 내용이 담
겨있었다. 이 내용을 보고 김정일은 오히려 최룡해의 남자다운 면모를
공개적으로 칭찬했다.27) 동시에 최룡해의 아버지인 최현의 빨치산 동
료출신인 황순희, 리을설 등 원로들은 김정일을 찾아가 사면해 줄 것을
간청했다. 당시 최룡해의 몰락을 두고 고위간부들 모두가 몸을 사렸지

만 연형묵 자강도당 책임비서만 최룡해가 다시 사면될 것을 예상하고 많은 도움을 준 것으로 알려진다.[28]

최룡해의 복직과 정치적 위상의 강화

혁명화 과정을 겪고 있는 최룡해에 대한 황순희 등 빨치산 원로들의 계속된 간청이 통하여 최룡해는 2003년 8월 노동당 총무부 부부장으로 복직하였다. 그가 주변을 의식하고 조용히 견디어 낸 것은 얼마 안 있어 새로운 자신의 무대가 열릴 것이라고 믿었을 것이며 과거 청년동맹 수장(首長)으로서 김정일과 독대하던 시기를 회상하며 더 큰 야심을 가졌을 것이다. 무엇보다도 권력가도에서의 좌절과 복직 그리고 새로운 승진과정은 정치가 및 권력가로서의 최룡해를 더욱 노련하게 만들었다고 볼 수 있다.[29]

2006년 2월 김정일은 혁명화기간으로 고생이 심했던 최룡해를 불러 식사를 하고 그동안의 노고를 위로해주며 황해북도 책임비서로 발령을 냈다. 도 당책임비서는 당적으로 도(道)를 책임지는 고위직이다.[30] 최룡해가 부임한 황해북도는 90년대 고난의 행군시기에도 가장 많은 아사자가 나올 정도로 낙후된 지역이었다. 대부분의 산업이 농업이었기 때문에 자연재해의 피해를 가장 많이 받았다. 김정일은 다시 신임을 받게 된 최룡해에게 모든 사업에 대한 특권을 주었다.[31]

당시 최룡해는 중앙의 도움이 없으면 불가능한 사업들을 척척 해내는 사업수완을 발휘했다. 사리원 민속촌과 발전소 건설이 그것이다. 당시 낙후되어 있던 황해북도 지역은 최룡해의 활약으로 눈에 띄게 발전하는 모습을 보였고 이에 고무된 김정일은 수시로 찾아가 최룡해를 격려해 주었다.[32]

이후 최룡해는 제2의 전성기를 맞이하게 되었다. 김정일의 신임이 두터워진 최룡해는 지난 2007년 남북정상회담 시 방북한 노무현 전 대통령 일행을 직접 마중하는 임무를 부여받았다. 이때부터 최룡해는 이미 중앙당에 진입하기 위한 수순을 밟고 있었다. 2009년 11월에는 당시 북한에서 단행된 화폐개혁의 여파로 경제상황이 더욱 어려워졌다는 점을 아무도 직언하고 있지 않은 상황에서 김정일에게 보고하여 실태조사가 추진되었고 김정일의 마음속에는 다시 최룡해를 중앙당직으로 복귀시켜야 한다는 마음이 굳어지기 시작했다. 게다가 당시 건강이 좋지 않았던 김정일은 마음이 급해졌기 때문에 후계구도를 완성해 가는 과정에 최룡해를 더욱 신임하게 되었다.[33]

김정은 후계체제에서의 최룡해

김정일은 생전에 최룡해를 불러 당시 후계자 신분이던 김정은의 손을 직접 잡아주면서 아들을 잘 보좌할 것을 지시했다고 한다. 김정일이 김정은에게도 "최룡해를 아저씨처럼 여기고 의지하라"고 했다는 얘기도 있다.[34]

보다 구체적으로 살펴보자면, 2008년에 들어서면서 김정은은 김정일을 수행하고 보위부대학을 방문하는 등 후계자로서의 베일을 벗기 시작하였다. 이때부터 김정은을 보필해 줄 충신들이 필요했는데, 김정일의 특명을 받고 김정은을 보좌해 온 조직지도부 리제강과 리용철은 당시 80세가 넘은 고령이었으며 당비서들과 기관장들도 대부분 70~80대였다. 그런 상황에서 중후하고 노련미가 넘치는 60대 전후의 최룡해는 어디를 따져봐도 후계자 보필을 맡길 최고의 적임자였다고 한다. 더욱이 김정일이 볼 때 최룡해는 대를 이어 김 씨 일가에 충성하는 북한 내

최고 충신가문의 자손으로서 김씨 일족과 운명을 함께할 수 있는 인물
로 다양한 권력 경험과 정치 연륜이 있고 조직 장악력도 충분한 인물
이었다.[35]

　일례로 2009년 1월 '105 탱크사단(6.25 전쟁 시 최초 서울 입성부대)'
방문 시 김정은의 지시로 최룡해는 김정은이 운전한 전차(戰車)에 동승
하기도 하였다. 나아가 김정일은 2010년 9월 당대표자회의에서 김정은
을 후계자로 선포하면서 최룡해를 당근로단체 비서로 승진시키고 군
직책을 맡기도 전에 인민군 대장 계급장을 부여받는 등 최룡해는 김정
일에 의해 김정은의 후견인으로 공식 발탁되었다.[36]

　이렇듯 최룡해는 김정은으로 권력이 승계되는 과정에서 북한정치에
등장한 '혁명 2세대' 중의 핵심인물이었다. '혁명 2세대'는 2010년 9월 3
차 당 대표자회를 통해 대거 입성했다. 최현 전 인민무력부장의 아들인
최룡해는 오진우 전 인민무력부장의 아들 오일정과 함께 당 중앙위원
에 올랐다.[37] 특히 최룡해는 2010년 조선인민군 대장, 2012년 4월 제4
차 당대표자회에서 당정치국 상무위원 겸 당중앙군사위원회 부위원장
에 선출되어 김정은 시대 군부를 대표하는 인물로 성장했다.

　김정은은 김정일 사망 후 2012년 4월 최룡해를 인민군 총정치국장으
로 임명하고 당정치국 상무위원으로 내세우면서 3대세습 굳히기의 최
고 책임자로 만들어 주었다. 더군다나 최룡해는 과거 건설분야 이외에
도 예술(사로청 과외교양 부위원장)·체육 방면에서도 경력과 능력을
쌓았다는 점에서, 현재 이러한 분야에 집중 투자하고 있는 김정은의 보
여주기식(式) 정책추진에 핵심적 역할이 가능하다고 여겨진다. 이러한
과정을 통해 최룡해는 명실상부한 김정은 정권시대 권력의 핵심으로
급부상하였다고 볼 수 있다.[38]

　특히, 장성택 처형 사건 이후 최룡해는 명실상부한 북한의 새로운 2

인자로 부상했다. 2013년 12월 17일 중앙추모대회에서 김정은 노동당 제1비서의 바로 왼편에 앉아 있던 모습은 북한 권력 내부에서 갖는 그의 위상을 여실히 보여줬다. 하지만 최룡해는 2인자임을 내세우며 적극적인 행보를 보이기보다는 몸을 극도로 낮출 가능성이 높다는 분석도 우세하였다. 장성택 처형 이후 김정은 체제에 도전할 경우 인척이나 권력자라 할지라도 살아남을 수 없다는 '공포 정치' 분위기가 북한 사회에 팽배하기 때문이다. 실제 최룡해는 17일 중앙추모대회 결의연설에서 김정은에 대한 충성맹세를 하며 납작 엎드리는 모습을 취했다. 최룡해가 2인자로 올라섰지만 장성택에 비해선 역할이 축소될 수밖에 없을 것으로 보인다.[39]

최룡해는 2012년 4월 총정치국장에 임명되면 새로운 실세로 승승장구했지만 2013년에 신분의 변화가 감지되기도 했다. 2013년 12월 3일 김정은이 강원도 원산의 송도원국제소년단 야영소 준공식 참석행사에 최룡해가 노동당 중앙위원회 비서로 소개되면 준공사를 했다. 당시 최룡해의 직책변경을 두고 설왕설래했지만 결국 최룡해의 친정인 당 근로단체로 돌아간 것으로 추측되었다. 최룡해의 노동당 복귀를 두고 좌천으로 보는 시각과 김정은의 군부 직접통치의 틀이 마련되었기 때문이라는 시각이 있는데 중요한 것은 최룡해의 정치적 영향력이 약화되었다기 보다는 당기능 복원과 관련하여 원래의 직책으로 복귀되었다고 보는 것이 설득력 있다.[40]

북한 내부에서도 최룡해의 신분변화에 대해 의아해 하는 것으로 알려졌다. 즉 최룡해가 동해에 있는 1월 8일 수산사업소에 파견된 것이 문책성 인사인지 잠시 상황파악을 위해 임시로 나가있는지에 대해 확실치 않은 풍문이 돌았다고 한다. 그래도 1월 8일 수산사업소는 김정은의 생일이 명칭에 부여된 만큼 김정은이 중요하게 생각하고 있는 사업소

가운데 하나이기 때문에 최룡해를 가볍게 내치는 목적으로 보내지는 않았을 것이란 추측이 지배적이었다. 특히 이 수산사업소가 전국의 육아원, 애육원(고아원), 소학교와 중학교 등 학생들이 대규모로 급식을 받는 시설에 물고기를 보내주는 역할을 맡고 있다는 점에서 청년동맹과 근로단체를 책임지는 최룡해가 그 식량을 보장해 주는 사업소를 직접 파악하는 것은 당연한 업무의 일부분으로 볼 수 있었기 때문이다.[41]

김정은체제에서의 혁명화

2015년에 접어들어 최룡해의 정치적 지위를 둘러싼 여러 사건과 논란이 잇달았다. 이미 2014년 4월에 이와 관련한 사건이 발생하기도 하였다. 2014년 4월 15일 태양절을 맞아 김정은이 군인 축구경기를 관람하기로 예정돼 있었다. 그런데 행사 시간이 2시인데 김정은은 5시에 나타났다. 당시 행사에 총정치국 행사과장의 실책으로 동원된 군인들이 12시부터 오후 5시까지 대기하는 사태가 벌어졌다고 한다. 이에 김정은은 행사과장을 처형시켰고 그 직속상관인 최룡해는 군부 사상투쟁회의에서 집중성토를 받고 울면서 자아비판을 하는 것으로 더 이상의 처벌을 면했고 다만 총정치국장 옷을 벗는 것으로 마무리되었다고 한다.[42]

2015년에는 북한의 공식적인 정치 행사에서 최룡해의 서열이 뒤로 밀려나는 모습이 나타나기 시작하였다. 조선중앙통신은 6월 18일 김정일 당사업 시작 51주년 중앙보고대회 소식을 전하며 김영남 최고인민회의 상임위원장과 황병서 군 총정치국장에 이어 박봉주 내각 총리, 최룡해 당 비서 순으로 고위 간부 참석자를 호명했다. 공식 서열에서 박봉주 총리보다 앞서던 최룡해 당 비서는 지난 4월 9일 최고인민회의 제13기 3차회의를 계기로 밀리기 시작했다. 한때 공식 서열에서 황병서

총정치국장과 박봉주 총리 모두를 제치고 김정은 정권의 명실상부한 '2
인자'였던 그가 이들 모두에게 뒤진 셈이다.[43]

　　이러한 최룡해의 신병에 대한 이상설은 2015년 11월 7일 사망한 빨
치산 1세 리을설 원수의 국가장의위원회 170명 명단에서 누락되면서
신빙성이 더해졌다. 특히 빨치산 혁명 2세들 가운데 대표주자이자 과
거 김정일시기에 혁명화과정에 적극 변호해 주었던 빨치산 1세대인 리
을설 사망 장의위원회 포함되지 못하자 그의 신변에 이상이 생긴 것으
로 관측되었다. 사실상 최룡해의 공식활동은 2015년 10월 이후 감지되
지 않았다.[44]

　　최룡해가 공식석상에서 사라지면서 여러 추측들이 난무하는 가운데
함경남도 덕성군 장흥협동농장에서 혁명화과정에 있다는 소식이 전해
졌다. 최룡해가 2015년 11월 9일부로 장흥협동농장에 일반 농장원으로
좌천되어 농장원 생활을 시작했다는 소식이었다.[45] 최룡해의 이러한
혁명화 조치는 김정은체제에서 대대적으로 추진하던 양강도 백두산선
군청년발전소의 부실공사 문제가 불거지면서 내려진 조치로 전해졌다.
최룡해의 혁명화 조치는 당시 양강도는 물론 함경도 지역까지 널리 소
문이 퍼졌던 것으로 알려졌다.[46]

　　최룡해의 혁명화조치는 빠른 시일 내에 발전소를 건설하려는 의욕에
서 부실공사가 이루어진 것이란 관측 속에서 부실하게 건설된 댐에서
물이 누수되는 등 중대한 하자가 발생하면서 이루어진 조치라는 소식
이다.[47]

2016년, 최룡해의 재등장

　　2016년 1월을 경과하면서 최룡해는 '당 비서'의 직함으로 활동을 재

개하는 모습을 보였다. 북한 조선중앙통신은 1월 14일 인민문화궁전에서 진행된 '김일성사회주의청년동맹 창립 70돌 경축행사 대표증 수여' 행사 소식을 전하며 "조선노동당 중앙위원회 비서 최룡해 동지가 연설하였다"고 15일 보도했다.[48)]

한편 다시 등장한 최룡해의 건강이 이전과는 다르다는 평가가 나오기도 하였다. 북한 조선중앙TV는 최룡해가 1월 15일 청년중앙회관에서 열린 김일성사회주의청년동맹(청년동맹) 창립 70돌 기념 청년중앙예술선전대 공연을 관람하는 모습을 지난 16일 방영했다. 영상 속에서 최 비서의 오른쪽 다리는 왼쪽 다리와 비교해 절반 수준으로 보일 정도로 크게 가늘어진 모습이었다.[49)]

이러한 최룡해는 북한의 국가급 행사에서 대중연설을 하기도 했다. 북한 조선중앙통신은 청년운동사적관 개관식이 열렸다고 21일 보도했다. 이어 "조선노동당 중앙위원회 정치국 위원이며 당중앙위원회 비서인 최룡해동지가 개관사를 했다"고 전했다. 석 달여 만에 모습을 드러낸 최룡해가 김정은의 동선을 따라 움직이며 대중연설까지 하며, 일단 북한 권부 안으로 완연하게 복귀한 것으로 평가되었다.[50)]

2016년 제7차 당대회를 기점으로 최룡해의 신분은 당 정치국 상무위원, 당 근로단체담당 부위원장, 국무위원회 부위원장 등 핵심엘리트로서 자리 잡은 모양새를 보이고 있다.

최룡해의 부인[51)]

최룡해의 복귀와 관련, 김정은의 부인인 리설주가 '2인자' 복귀에 지대한 영향을 미쳤다는 주장이 제기되기도 했다. 최룡해의 부인인 강경실과 리설주의 친분이 인사(人事)에 크게 작용했다는 것이다.

마키노 요시히로 미국 존스홉킨스대 국제관계대학원 연구원은 "지금 평양에서 고위층 부인들을 둘러싼 소문이 점차 확산되고 있다"며 "강경실이 고용희(김정은의 생모)를 통해 맺은 '로얄 패밀리'와의 친분도 이용했다"고 전했다. 그에 따르면 강경실은 피바다가극단 출신으로, 당시 만수대예술단 소속이던 고영희와 친분을 쌓았다. 그 배경을 이용해 김정은-리설주 부부와도 친밀한 관계를 맺었고 최룡해의 복권(復權)에도 관여할 수 있었다는 것이다. 즉 최룡해의 부인인 강경실은 리설주는 물론 북한 고위층 부인들 간 친목모임을 주도하고 있다는 것이다.

최룡해의 부인으로 알려진 강경실은 큰 정치적 사건으로 인해 죽을 뻔한 인물이었다. 북한체제에서 가장 큰 쿠데타 사건으로 회자되고 있는 6군단 사건의 주모자 가운데 한명인 군단 정치위원의 친동생이 바로 강경실이었던 것이다. 당시 6군단 사건에 연루된 모든 사람들이 처형되거나 수용소로 끌려갔지만 최룡해에 대한 김정은의 신임이 매우 두터웠기 때문에 김정은의 특별한 배려에 따라 목숨을 붙인 것으로 알려졌다. 당시 강경실은 오빠인 정치위원의 처형소식을 접하면서 자신에게 닥쳐올 불행을 예감하고 자살을 결심했으나 최룡해가 적극 만류했고 후일 김정일에게 충성맹세문을 받치는 것으로 일단락 된 것으로 전해졌다.

당시 강경실은 남편인 최룡해 덕분에 목숨을 건졌지만 반대로 최근 최룡해가 총정치국장에서 해임되고 다시 당으로 복귀해서 승승장구하는 배경에는 강경실 덕이 컸다는 소식이 있다. 과거 1997년 혁명화시절에는 형수의 덕으로 풀려나기도 했다. 1997년 최룡해는 청년동맹의 비리와 부화방탕죄로 보위사령부의 집중검열을 받고 출당조치가 취해졌다. 당시 최룡해는 청년동맹 사업을 진행하면서 동을 팔아 막대한 외화를 벌어들였고 그 돈으로 청년동맹 주요간부들과 방탕한 생활을 하다

보위부의 적발로 혁명화과정을 겪게 되었다. 그 기간은 무려 5년간이나 지속되었는데 당시 최룡해의 형수는 최룡해가 자강도 오지에서 거의 삶을 포기하면서 살고 있을 때 격려해주면서 매일 김일성 동상 청소를 해보라는 팁을 알려주었고 최룡해의 행동은 곧 중앙당에 보고되어 중앙무대로 복귀할 수 있는 토대자료가 만들어졌다.[52]

■ 조연준 당 중앙 검열위원장, 전 당 조직지도부 제1부부장
   – 나는 새도 떨어뜨리는 '저승사자'(1937년생)

북한을 움직이는 기구는 조선노동당이고 노동당의 핵심에는 조직지도부가 있다. 조직지도부의 권한이 워낙 막강하다보니 과거 김정일은 별도로 조직지도부장을 두지 않고 본인이 직접 겸직했을 정도다. 대부분 조직지도부의 최고직책은 제1부부장이다. 김정은체제에서 나는 새도 떨어뜨린다는 저승사자 조직지도부 제1부부장은 누구일까? 바로 조연준이다.

조연준

조연준은 김정은체제에서 발생한 각종 처벌과 숙청의 뒤에서 그림을 그렸다. 1937년생으로 매우 노회한 정치인이다. 그래서 조직지도부에서 총정치국 국장으로 자리를 옮긴 황병서도 그의 손안에 있다는 말이 있다. 날고 기어도 조직지도부의 손아귀를 벗어날 수 없기 때문이다. 거기서 김정은도 예외가 아니라는 말까지 있다. 결국 김정은의 가장 믿을 수 있는 후견인이 조연준이란 이야기다.

이러한 조연준의 문고리정치를 통해 막강한 2인자의 자리에 있던 장성택이 날아갔다. 그리고 장성택이 거머쥐었던 권력과 경제적 이권도 조직지도부가 빠르게 접수하여 배분하고 있는 것으로 알려진다. 소위 '삼지연 모임'에 참가했던 다른 실세들도 조연준의 손안에서 놀아났다는 말까지 있다.

조연준은 조직지도부 검열지도과를 오랫동안 이끌어온 베테랑이다. 일반 정보기관인 국가보위성과 함께 북한체제의 정점에서 모든 것을 컨트롤할 수 있는 능력과 권한을 갖고 있다. 이 검열지도과는 필요에 따라 중앙검찰소와 최고재판소, 보위성과 보안성 등 모든 기관을 동원할 수 있는 권한이 있다.

특히 간부들의 경우 그들의 사돈의 8촌까지 탈탈 털어내는 일을 하는 것이 검열지도과다. 그래서 조연준을 일컬어 '저승사자'라고 부르며 한 번 걸리면 죽는다는 말까지 나왔다.

조연준은 함경남도 고원 출신으로 김일성종합대학 정치경제학과를 졸업했다. 이후 조직지도부 과학교육 담당지도원, 함경남도 조직지도부 책임지도원을 거쳐 함경남도 도당 조직비서에 올랐다. 중앙무대로 진출하게 된 것은 1990년대 중반으로 이 때 당 조직지도부 검열지도과를 이끌면서 북한의 이너서클로 진입했다. 결국 김정은체제가 본격적으로 시작되던 2012년에 조직지도부 제1부부장으로 승진하면서 날개를 달았다.

조연준이 대외적으로 이름을 알리게 된 것은 2012년 4월 최고인민회의 제12기 제5차 회의에서 대의원으로 등장하면서 부터다. 이듬해인 2013년 김정일 사망 2주기 행사에서는 드디어 주석단 맴버로 참여하면서 본격적인 위상을 과시했다. 하지만 조연준은 노령이기 때문에 이러한 일인지하 만인지상의 자리에서 활동할 날도 그리 많이 남지 않았다. 다만, 조연준에 이어 조직지도부 출신의 젊은 야심가들이 하나둘씩 그 모습을 보이고 있기 때문에 이들의 움직임을 예의주시해야 한다. 지난 2017년 당 제7기 제2차 전원회의에서 당 중앙 검열위원장에 내정되었는데 당 조직지도부를 떠난 것인지 겸직하고 있는지는 아직 확인되지 않았다.

■ 조용원 당 조직지도부 부부장(1957년생)
－조직지도부의 떠오르는 실세

조용원

현재 북한의 조직지도부 최고의 실세로 조연준을 꼽는다면 차기 실세는 단연 조용원과 박태성을 꼽는다. 박태성은 현재 평안남도 당책임비서로 내려가 지방정치를 공부하는 중이지만 조용원은 여전히 중앙당에 있으면서 2015년에는 황병서에 이어 두 번째로 많은 김정은 현지지도 수행 회수를 기록하기도 했다. 조용원의 위치가 확인된 것은 지난 2016년 5월의 당 중앙위원회 사업총화 보고에서다. 당시 주석단에는 김정은을 포함 39명의 실세들이 앉아있었는데 조용원이 김정은의 바로 뒷줄에 자리 잡고 앉아있었다. 그가 앉은 두 번째 줄은 주로 장관급인 상이 앉는 자리였다. 그의 오른쪽에 최부일 인민보안상이 자리를 잡았다. 회의 중에도 김정은이 불러 귓속말로 지시를 내리는 모습도 포착되었다.

　조용원은 비교적 최근에 그 모습을 드러냈다. 2014년 말 김정은의 현지지도에서 처음으로 모습을 보였다. 갑자기 등장한 인물이기 때문에 별로 알려진 바가 없다. 대략적으로 나이가 50대이고 조직지도부 지도원부터 부부장까지 올라간 인물이라는 사실 정도만 알려졌다. 2012년 김일성 100회 생일 기념으로 김일성훈장을 받은 것으로 볼 때 김정은체제의 등장과 함께 발탁된 인물임은 분명해 보인다.

　이와 같이 비교적 젊은 인사들을 앞에 내세우는 것은 김정은의 통치 스타일과도 연관이 있다. 김정은은 기존의 나이 많은 인물들을 별로 달가워하지 않으면서 새로운 젊은 인재를 발탁하려는 의지가 강했다. 현재까지는 조연준이 조직지도부의 실세로 군림하고 있지만 머지않아 조용원이 그 자리를 대신할 가능성이 높다.

■ 태종수 당 정치국 위원, 당 중앙위원회 부위원장

　　　　　　1936년생의 고령인 태종수는 김정일 통치시기인 2000년대에 주로 활동한 인물이다. 소위 구시대 인물임에도 불구하고 지난 2017년 10월 당 제7기 제2차 전원회의를 통해 다시 현역으로 복귀되었다. 세대교체를 단행하던 그동안의 김정은 통치방식에 비추어 봤을 때 매우 이례적인 인사였다.

태종수

　　　　　　태종수는 만경대혁명학원 출신인 것으로 알려진 이후 주로 중공업 분야에서 활동해 왔다. 체코 유학생 출신이기 때문에 테크노크라트라 불릴 만한 인물이다. 1970년대 희천정밀기계공장 지배인을 맡았고, 2003년엔 대안중기계연합기계소 책임비서를 지냈다. 이후 김정일의 총애를 받으며 내각 부총리까지 올랐다.

업무와 관련해서는 매우 고지식하고 고집이 센 인물로 알려졌다. 과거 연형묵과 유사하게 맡은 임무를 우직하게 추진하는 스타일이고 충성심이 매우 강한 것으로 전해진다. 때문에 김정은의 태종수 발탁은 그동안 핵-경제 병진 노선에서 경제분야의 개선이 미미하기 때문에 경제분야에 힘을 넣겠다는 의도로 풀이된다.

태종수는 말년을 함경남도 책임비서로 지냈고 지난 2016년 김성일로 교체된 이후 뚜렷한 직책을 맡지 않다가 2017년 당 제7기 제2차 전원회의를 통해 중앙무대로 복귀했다.

■ 박광호 당 정치국 위원, 당 중앙위원회 부위원장

박광호

박광호는 2017년 10월 노동당 제7기 2차 전원회의를 통해 바람처럼 등장한 인물이다. 그동안 베일에 가려져있던 인물의 첫 등장치고는 고위직으로 입성했다. 박광호는 2차 전원회의에서 정치국 위원과 당 중앙위원회 부위원장에 임명되었다. 이어 2017년 10월 8일 평양 김일성광장에서 열린 김정일 당 총비서 추대 20주년 중앙경축대회에서는 개회선언 및 사회를 맡았다. 앞으로 중심적인 인물로 활약할 것이 예측되는 대목이다. 박광호는 그동안 평안남도 당 선전부위원장으로 활동한 것으로 알려지며 이후 곧바로 당 중앙위원회 선전부위원장에 고속승진한 것으로 전해진다.

■ 박태덕 정치국 후보위원, 당 총무부장

박태덕

1955년생인 박태덕의 신상은 지난 2007년 평안남도 안주시 당위원회 책임비서에 발탁되면서부터 알려지게 되었다. 이후 박태덕은 2010년 최룡해의 후임으로 황해남도 당책임비서에 임명되었다. 박태덕의 활동은 눈에 띄게 부각된 적이 없었는데 지난 2017년 10월 당 제7기 제2차 전원회의를 통해 중앙무대로 진출했다. 당 제7기 제2차 전원회의를 통해 당 정치국 후보위원과 당 총무부장에 전격 발탁되면서 향후 활동이 주목되는 인물이다. 현재 박태덕이 임명된 당 총무부는 중요한 권력기관은 아니지만 최룡해가 부부장을 거쳐간 기관이기도 하기 때문에 박태덕이 최룡해 계열 인맥이라는 점에서 주목된다.

■ 김병호 선전선동부 부부장
  - 김정은시대의 선전선동 전문가

최근 김정은체제에서 기존과 다른 형태의 방영패턴이 보이는데 그 가운데 하나가 현지지도 직후에 거의 영상물도 같이 내보낸다는 점이다. 이와 같은 패턴의 변화와 연관 있는 부서는 선전선동부다. 선전선동부 부부장으로 활동하고 있는 김병호가 김정은의 대외활동과 관련한 이미지 연출을 담당하는 역할을 맡고 있는 것으로 알려진다. 김정은의 현지지도에서 거의 빠짐없이 동행한다는 것이다.

2011년 6월
북한 조선중앙통
신 대표 자격으로
미국 뉴욕의 AP
통신을 방문한
김병호(아래 사진)

　김병호는 김정은체제에서 선전선동부 부부장에 임명되었는데 김정
은 관련 기록영화의 제작 및 방송 등 선전활동을 총지휘하고 있는 것
으로 알려진다. 현재 김병호의 역할은 과거 선전선동 담당비서였던 김
기남의 역할에 견줄만 하다. 김병호는 2009년 조선중앙통신 사장에 임
명되면서 서방언론으론 처음으로 미국 통신사인 AP의 평양지국 개설
도 주도했던 것으로 알려진다. 2012년 7월에는 조선통신사 대표단 단
장으로 러시아를 방문하였다. 이어 동년 8월에는 중국공산당 대외연락
부 대표단을 김정은과 함께 접견하였으며 김정은을 빈번 수행하였다.
1960년생으로 젊기 때문에 일정부분 선전선동 방식에서 김정은과 코드

가 맞는 것으로 보인다. 김정은시대의 선전선동부를 이끌어나갈 인물
로 평가된다.

■ 김영일 전 당 국제담당 비서
 - 전문섭(전 호위사령관)의 사위

김영일

김영일은 전형적인 북한의 외교관 이력을 갖
고 있는 인물이다. 현재 1945년생으로 평양외국
어대학 불어과를 졸업했으며 1975년 당 국제부
지도원으로 활동을 시작한 후 외교부(현 외무
성) 부부장, 리비아와 튀니지 대사를 지내는 등
외교 분야에서 커 온 인물이다. 원래 제3세계
외교를 담당하는 '아프리카통'이었으나 2000년
도 들어서면서 중국 및 아시아 담당 부상으로
임명되었고 2003년에는 북핵 6자회담 1차 회의에 북측 수석대표로 나
왔다. 2010년 1월 노동당 국제부가 주북 중국 대사관 관계자들을 초청
해 신년 연회를 개최한 소식을 전하면서 김영일이 당 국제부장에 오른
것으로 확인되었다. 원래 김양건이 2007년 초에 통일전선부장으로 자
리를 옮긴 후 당 국제부장 자리가 공석으로 있던 것으로 알려졌다.

김영일이 당 국제부장에 낙점된 데는 당내에서 '중국통'이라는 점이
크게 작용한 것으로 보인다. 북한의 외교는 일반적으로 외무성이 담당
하고 있지만 중국 등 공산권 외교는 여전히 당에서 전담하기 때문이다.

김영일이 계속 외교 쪽에서 중요한 업무를 담당할 수 있었던 이유
가운데 하나는 그의 좋은 집안 배경이다. 김영일의 장인이 김일성과 항

일빨치산활동을 함께 한 전문섭(1998년 사망) 전 호위사령관이었기 때문이다. 김정일이 김영일의 결혼식장을 직접 찾기도 할 정도로 당시 전문섭에 대한 김정일의 신임도가 높았다.

김영일은 국제통답게 매너가 몸에 배어있어서 항상 웃는 얼굴로 사람을 대하는 스타일로 알려졌으며 대학전공이 불어지만 독학으로 공부한 영어 실력도 상당한 것으로 전해졌다. 건강문제로 2005년경에는 심장병 치료를 위해 중국 등에 머물며 치료를 받았던 것으로 알려진다.

하지만 김영일은 2014년 4월 당 국제비서에서 해임되어 외무성 중국담당 부서로 좌천된 것으로 알려졌다. 김영일의 좌천이 과거 장성택과의 인연 때문이라는 설이 있으나 다른 인사들이 기사회생을 할 수 없을 정도의 가혹한 처벌을 받은 것에 비해 상대적으로 미약한 수준이다. 사실 한 탈북인사의 증언에 따르면 2015년 7월 평양에서 진행된 제43차 대사회의에도 김영일이 참석해서 김정은과 사진을 찍었다고 한다. 과거 머리가 좋아 외국어 능력이 뛰어난 김영일을 김정일이 아끼면서 당 국제비서까지 올라갔지만 김정은체제에서 그의 역할이 상대적으로 축소된 것으로 보인다. 김정은체제가 가동되면서 강석주에게 국제비서의 자리를 내주고 외무성으로 내려갔다고 한다.

■ 안정수 당 정치국 위원, 당 경공업부장

안정수 역시 김정일체제에서 비교적 안정적으로 승승장구한 인물이다. 1951년생인 안정수는 2010년 6월 최고인민회의 제12기 대의원을 시작으로 2010년 9월 조선노동당 중앙위원회 위원, 2010년 11월 조명록 국가장의위원회 위원, 2011년 12월 김정일 국가장의위원회 위원, 2012

년 11월 국가체육지도위원회 위원, 2014년 3월 최고인민회의 제13기 대의원을 맡은 인물이다. 2010년 6월에는 경공업상에 임명됐고 2012년 3월에는 김일성훈장을 받는 등 김정은 체제의 경제 관료로 건재를 과시해왔다.

　안정수는 2014년 최고인민회의 제13기 대의원에 선출되지 못한 전임자인 백계룡 당 경공업부장의 후임자로 보인다. 북한은 최고인민

안정수

회의 제13기 1차 회의에서 내각 상(장관급) 명단을 발표하면서 경공업상의 이름은 뺐었다. 이에 따라 일각에서는 김경희의 라인을 없애는 작업이 진행 중일 것이란 관측이 나오기도 했다. 하지만 안정수는 내각 산하의 경공업성에서 당 경공업부장으로 오히려 영전하는 셈이 되었고 2017년 당 제7기 2차전원회의를 통해 당 정치국 위원에 임명되었다.

2016년 1월 새로 개건된 '금컵체육인종합식료공장'을 시찰하는 김정은을 수행 중인 안정수(우측 두 번째)

■ 오일정 전 당 민방위부장
　 – 전 인민무력부장 오진우의 아들

오일정

오일정은 북한 군부의 대표적 인물이었던 오진우 전 인민무력부장의 아들이다. 오진우가 인민무력부장을 맡을 당시는 인민무력부의 위상이 지금과 같이 총정치국, 총참모부보다 아래 급으로 취급되지 않았을 시기였다. 오진우는 김일성이 만주에서 항일빨치산 활동을 할 시기에 전령병으로 활약했던 이력이 있었기에 절대적인 신임을 바탕으로 자신의 입지를 굳건히 다져온 인물이었다. 북한은 이러한 오진우의 충성을 표본으로 하여 충성 '따라배우기' 선전을 목적으로 지난 2014년 오진우의 일생을 담은 예술영화 〈백옥〉을 제작 상영하기도 했다.

그러한 집안의 배경을 바탕으로 오일정은 현재 당 민방위 부장으로 활동 중이다. 오일정은 김정은체제에서 승승장구가 점쳐지던 인물이었다. 2014년까지만 해도 김정은의 각종 현지지도에 참여하여 모습을 드러내곤 했다. 하지만 2015년 오일정의 군사칭호가 상장(우리의 중장)에서 소장(우리의 준장)으로 두 단계나 곤두박질 친 사실이 확인되었다. 2015년 김정은 최고사령관 추대 4주년 기념식에서 소장계급을 달고 있는 모습이 화면에 포착된 것이다.

오일정은 김일성군사종합대학을 졸업하고 2010년 9월 28일 제3차 당대표자회를 앞두고 당 민방위부장에 올랐다. 당 민방위부는 노농적위군, 붉은청년근위대, 교도대 등 민간 예비병력을 총괄적으로 지휘하는

오일정

부서다. 당 민방위부장은 400만 명의 노농적위군을 포함, 현역보다 병
력수가 많은 북한 예비전력 대부분(500만 이상)을 총지휘하는 요직이
다. 2011년 9월 9일 조선중앙TV로 생중계된 정권 수립 63주년 열병식에
서 노농적위대 사령관 자격으로 김정일에게 열병 보고를 해 존재감을
드러내기도 했다. 하지만 오일정의 기세는 2015년을 기점으로 급락하
는 모양새다.

　같은 빨치산 2세인 오금철도 2016년 7차 당대회에서 당중앙위 후보
위원으로 강등되었고 오금철의 동생 오철산은 아예 후보위원에서도 탈
락했다. 이들은 2011년에 4월 김일성 생일(태양절)을 기해 나란히 상장
(우리의 중장)계급으로 승진하여 김정은체제의 중심인물로 성장할 것
으로 기대되었으나 2015년부터 조금씩 하락하는 모습을 보이고 있다.
당시 자료화면에 등장하는 오일정이 굳은 얼굴로 비추어졌던 것으로
볼 때 이들이 김정은체제의 새로운 불만세력으로 작용할 가능성도 조
심스럽게 점쳐진다.

■ 김기남 전 당 선전선동 비서 – 북한의 괴벨스

김기남

김기남은 북한체제에서 선전선동부를 오랫동안 이끌어온 인물로 평가된다. 그래서 흔히 북한의 '괴벨스'란 닉네임이 붙는다. 나치독일의 선전부장이었던 괴벨스의 명성을 빗대어 붙인 이름인데 그만큼 북한에서 김씨 세습체제 형성에 가장 혁혁한 공을 세운 인물이라 할 수 있다. 한 언론사에서 김정일의 측근 그룹 가운데 최고의 '마당발'을 김기남 노동당 비서로 지목했었다. 사회연결망분석(SNA) 기법으로 북한 지배엘리트 그룹의 네트워크를 분석한 결과였다. 황장엽 씨는 생전에 북한의 엘리트그룹에서 제일 아첨을 잘하는 사람을 고르라면 김영남과 김기남이라고 할 정도로 김정일의 마음을 샀던 인물이다.[53] 1929년생이다. 북한체제에 생존해 있는 인물 정치인 가운데 최고령자들이다.

김기남이 활발히 활동했던 2004~2008년간 김기남의 사회관계 네트워크 지수가 북한 주요인사들 가운데 가장 높은 것으로 조사되기도 했다. 즉 수행횟수로는 3위였지만 다양한 성격의 행사에 고르게 참여한 비율이 매우 높게 나왔다. 2005년 8.15 민족대축전에 참가하기 위해 서울을 방문해 국립현충원을 깜짝 방문하는 파격행보를 보였으며, 2009년 8월 김대중 대통령 조문단으로 서울을 방문해서도 훤칠한 외모와 사교력으로 분위기를 잘 이끌었다는 후문이다.

김기남은 만경대혁명유자녀학원과 김일성종합대학을 졸업하고 모스크바국제대학에서 유학하는 등 엘리트 코스를 밟으며 무난하게 살아온 인물이다. 1952년 외무성 참사를 시작으로 외교부에서 일하다 1961년 조선노동당으로 진출했다. 1974년부터 전공인 선전분야로 오면서 당 기관지인 『근로자』 부주필, 주필로 활동했다. 1976~1985년 『노동신문』 책임주필을 거쳐 1985년부터 본격적으로 노동당 선전선동부 부장, 1992년부터 노동당 선전선동담당 비서를 맡아 오고 있다.

김기남

하지만 김정은체제가 안착하는 과정에 김기남의 신변에 이상 조짐이 보이고 있다. 주요 행사에 불참하거나 주석단에 오르지 못하는 일이 발생하고 있는 것이다. 2015년 최고인민회의 제13기 3차 회의에서 김기남이 주석단이 아닌 방청석 세 번째 줄에 리재일 당 선전선동부 제1부부장, 김경옥 당 조직지도부 제1부부장과 나란히 앉아있는 모습이 포착된 것이다. 이어 개최된 김일성 103회 생일 기념 중앙보고대회에서도 모습이 보이지 않

2015년 4월 9일 최고인민회의 제13기 3차 회의에서 방청석에 앉아있는 김기남

았다.

김기남은 누구보다도 북한의 김씨 3대세습에 앞장서온 장본인자 우상화의 신화를 만들어낸 인물이기 때문에 이러한 퇴조가 의아스러울 수밖에 없다. 사실 김기남은 김정은의 생모인 고영희와도 각별한 인연이 있는 것으로 알려진다. 때문에 그러한 동향이 김기남의 실각으로 연결시키는 것은 성급하다는 의견이 있다. 이미 90에 가까운 고령이기 때문에 실제 활동하는 것보다는 천천히 2선으로 물러나는 모양새라는 것이다. 실제로 현재 선전선동부는 김기남보다는 리재일 선전선동부 제1부부장이 맡아서 총괄하고 있는 것으로 알려진다.

■ 리재일 당 선전선동부 제1부부장
　－김기남의 대를 잇는 선전선동일군

리재일

현재 노쇠한 김기남을 대신해서 북한의 선전선동부를 이끌고 있는 인물이 리재일이다. 리재일을 평양신문사 부주필을 지낸 언론통이다. 1990년대 이후 당 선전선동부활동을 한 것으로 알려지며 그가 당 선전선동부 제1부부장에 임명된 것은 지난 2004년 인민군 제7차 군인가족 예술소조경연에서 선전선동부 제1부부장으로 호칭되면서 확인되었다. 리재일은 2004년부터 지금까지 당 선전선동부 제1부부장으로 활동한 것으로 알려진다. 리재일 역시 1935년생으로 고령이지만 부장 겸 비서인 김기남보다는 10여 년 연하다.

리재일은 드러나는 활동을 거의 하지 않기 때문에 활동사항에 대한 부분이 공개된 바가 별로 없다. 다만, 리재일은 2017년 6월 2일 대북제재결의 '2356호'에 의해 자산동결과 국외여행에 제한을 가하는 블랙리스트 명단에 포함됨으로써 막후에서 여전히 중요한 활동을 하고 있는 것으로 추정된다. 김기남이 연로하여 실질적으로 당 선전선동부를 이끌지 못하기 때문에 리재일이 실질적으로 관할하고 있는 것으로 알려졌다.

■ 정하철과 최춘황 – 당 선전선동부 두 기둥의 몰락[54]

북한 노동당의 두 기둥인 조직지도부와 선전선동부 간에는 미묘한 긴장관계가 형성되어 있지만 그래도 조직을 담당하는 조직지도부가 한 단계 위의 군력기관임에는 틀림없다. 그렇더라도 북한지도자 선전을 담당하고 있는 선전선동부의 위세도 만만치 않다. 특히, 북한이 1990년대 '고난의 행군'을 겪으면서 체제이완을 막고 인민들을 동원하기 위해 선전선동의 역할이 중요해지면서 선전선동부의 실세들은 자신들의 위세를 제대로 세우기 위해 기세를 올렸다. 하지만 2000년대 중반에 한 사건을 계기로 선전선동부 실력자들이 줄줄이 실각하는 사태가 발생했다.

사건의 발단은 이랬다. 2005년 중순에 김정일 지시로 당 조직지도부에서 조선중앙방송위원회를 집중검열하는 사건이 발생했다. 당시 검열은 조직지도부 간부담당 제1부부장이었으며 중앙당 본부 당 책임비서이었던 이제강 지휘하에 진행되었다. 조선중앙방송위원회는 북한의 TV 방송프로그램을 기획제작하는 당 선전선동부의 주요기관으로 노동신문과 함께 매우 비중 있는 기관 가운데 하나다.

검열의 시작은 당시 조선중앙방송위원회 위원장으로 약 8년 재직하다 당 선전선동부 부장으로 자리를 옮긴 정하철이 방송위원회 내에 자기 소왕국을 꾸렸다는 정보에 따른 것이다. 정하철은 나름 능력을 인정

받아 승승장구하던 중이었다. 때문에 처음에는 김정일도 크게 문제 삼지 않았지만 같은 내용이 당 조직지도부를 통해 보고가 들어왔는데 그 내용인즉슨, 당 선전선동부문 돌격대인 6.18돌격대 책임자였던 최춘황과 정하철이 당시 선전선동비서였던 김기남을 무시하고 자신들만의 사람

정하철

으로 종파를 형성하고 있다는 내용이었다.

당시 6.18 돌격대는 전국적으로 당위원회 선전선동부문에서 일하던 사람들로 돌격대를 편성하여 '혁명의 성지'인 양강도 백두산지구의 현대식 확장 공사를 진행하면서 량강도 삼수군에 건설되는 삼수청년발전소 건설에 동원됐다. 그런데 문제는 정하철과 최춘황이 자기사람들을 모으고 김정일처럼 파티를 자주 열면서 돈을 건설자금을 탕진했다는 것이었다. 이에 김정은이 노발대발하면서 관련자들을 모두 처벌하라는 지시를 내렸다. 이에 따라 두 사람의 철직이 시행되었다. 실제로 정하철은 2005년 10월 당 창건 60돌 중앙보고대회에 참석한 이후 공개석상에 등장하지 않고 있다.

김정일은 1999년 '고난의 행군'을 마치는 상징적인 쇼를 준비하려고 하던 중에 양강도지역 삼지연 건설에 대한 지시를 내렸고 그 과업을 선전선동부가 맡았다. 이 때 '당 사상 선전일군 돌격대'(약칭 6·18돌격대)가 조직됐다. 6·18돌격대는 2001년 4월 15일 정식 발족식을 가졌고

연 5만 명 이상이 동원되었다.

당시 선전선동부의 실세였던 최춘황은 삼지연 1호 도로 건설을 마치고 김정일의 마음을 얻기 위해 새로운 방법을 모색하던 중 삼수발전소 건설을 생각해 냈다. 안 그래도 선전선동부 간부들이 김정일의 총애를 받는 것이 고까웠던 조직지도부에서는 꼬투리를 잡기 위해 혈안을 올렸다. 그래서 삼수발전소 건설문제에 제동을 걸고 나왔다. 건설공법을 놓고 옥신각신 이견이 오갔으나 결국 김정일은 선전선동부의 의견을 따르기로 했다.

그리고 반격의 기회는 우연히 2004년 최춘황 딸의 결혼식에서 발생했다. 당시 김정일의 총애를 받고 있는 최춘황에게 잘 보이기 위해 많은 간부들이 거액의 부조금(미화 1,000달러)을 내놓았다. 당시 중앙당 실세라면 당연한 정도의 결혼식이었음에도 불구하고 조직지도부는 이 사실을 김정일에게 보고해서 당시 참가한 하객들을 전원 조사하여 철직과 혁명화 등 중징계를 내렸다. 결국 조직지도부가 걸어놓은 죄목에 걸려든 최춘황은 내부질서를 위반하고 세력을 규합했다는 이유로 철직되었고 정하철 역시 2005년에 정치사건으로 엮여서 정치범수용소에 수감되었다. 최춘황과 정하철의 몰락과 함께 6.18돌격대의 실권 역시 조직지도부로 완전히 넘어가게 되었다.

■ 김창선 서기실장 – 김정은의 수족

북한에 많은 권력기관이 있지만 실상 가장 큰 권력이 김정은으로부터 나온다는 사실을 인식한다면 단연 서기실의 파워가 가장 세다. 서기실은 공식적인 활동을 통해 그 모습이 잘 드러나지 않지만 실질적으로

김창선

최고지도자의 일거수일투족을 챙기기 때문에 어떤 기관도 서기실의 활동에 제동을 걸기 힘들다. '서기실 = 지도자'인 까닭이다.

　서기실은 우리의 대통령비서실에 해당하고 과거 조선시대에 비유하자면 승정원이다. 현지지도를 수행하는 서기실 인물들은 대부분 조직지도부 소속을 겸하고 있다. 서기실은 보고문건과 자료를 접수 분류하여 김정은에게 보고55)하며 결재된 문서를 하달하는 등 문서처리 기능과 경호, 의전 측근행사 계획 준비, 김정은의 사생활과 관련한 지원, 비자금 등의 관리를 담당한다. 서기실 인원은 김정은이 직접 발탁한 인물들로 구성되어 김정은 1인만을 위해 활동한다. 이들은 각 기관에서 보고되는 사항을 정리하여 보고하고 각 기관에 내리는 지시문건도 작성한다. 서기실은 기쁨조, 향응조 등을 관리하며 초대소 관리 등 김정은의 사생활을 일일이 챙기며 김정은의 사금고인 39호실도

2000년 제주를 방문한 김창선(좌측), 김용순 대남비서(중앙), 임동원 대통령 특보(우측)

실질적으로 서기실에서 관리한다고 한다.

서기실은 서기실장과 부부장, 과장, 지도원 등 중앙당 조직과 유사하게 구성되어 있는데 이들 실장과 부부장은 모두 조직지도부 부부장이나 과장 등의 직함을 사용한다. 이들은 김정은의 수족들로 김정은을 그림자처럼 따라 다니는 인물들이다. 과거 선전부문에서 김정일과 함께 해왔던 리명제가 조직지도부와 선전선동부에 등용되어 주요역할을 해왔었다.56) 특히 리용호 외무성 부상은 조직지도부 부부장을 역임한 리명제의 아들이다. 김정은체제를 떠받치는 인물 역시 권력을 세습받은 고위층 2세 출신 인사들이다.

리명제 후임으로 발탁된 리성복은 과거 노동 신문사에 근무했던 인물이나 이 역시 2001년 5월 간암으로 사망하여 서기실장직은 한때 공석이었다. 서기실에는 부부장이 여러 명 있는데 강상춘, 김창선 등으로 알려졌다. 강상춘은 호위사령부 경호군관 출신으로 1980년대 초부터 김정일의 의전과 경호를 담당하였다. 1990년 후반부터는 마카오 주재 조광무역 대표를 역임하는 등 비자금 관리를 담당했던 것으로 알려져 있다.

김창선은 인민무력부 대외사업국 출신으로 서기실에 발탁된 것은 처 류춘옥이 김일성과 김정숙의 빨찌산 동료였던 전 105탱크부대 여단장 류경수와 조선혁명박물관 관장 황순희 부부의 딸이기 때문이었다고 한다. 류춘옥은 당국제부 과장 시절부터 김정일의 동생 김경희와 가까운 사이로 이를 배경으로 김창선이 고속 승진하였으며 처 류춘옥이 알콜중독으로 사망한 후에도 김창선을 신임해 김정일 자신의 전속 간호사를 김창선의 후처로 소개해줄 정도로 신임하였다고 한다.

서기실장을 맡고 있는 것으로 알려진 김창선은57) 1944년생으로 함경북도 명천군 출신으로 김일성종합대학 러시아과를 졸업하고 인민무력부 대외사업국에서 지도원, 부부장, 부장, 부국장 등을 역임했고 1970

년대 구 소련 주재 북한대사관 부무관을 지냈으며 당 행정부 부부장과 서기실 부부장 등으로 일했다.

서기실장 자리는 2001년 5월 리성복 실장의 사망 이후 공석이었던 만큼 김창선은 사실상 김정은체제에서 첫 서기실장이다. 김창선의 후견인은 장성택 전 국방위원회 부위원장이었던 것으로 알려진다. 때문에 장성택 처형 이후 김창선은 아직도 서기실장직에 계속 남아있는지는 불분명하다. 한편, 김창선은 지난 2000년 제주도를 방문했고 2018년에는 김여정을 수행해서 평창과 서울을 방문했다.

■ 박태성 당 정치국 위원, 당 중앙위 부위원장
  - 당 조직지도부 실세

박태성

박태성은 잘 알려지지 않은 인물임에도 불구하고 최근 탈북한 태영호 전 영국공사의 증언에 따르면 북한을 움직이는 실세 가운데 한 명이다. 김정은이 2013년 12월 장성택을 숙청하기 직전 백두산 인근 삼지연(양강도)에 머물렀을 때 동행한 이른바 '삼지연 실세' 그룹에도 속한 인물이다. 당 중앙위원회 위원을 거쳐 당 정치국 후보위원이 되었고 2012년 8월에는 조선노동당 중앙위원회 부부장에 임명되었다. 2014년 5월 김정은의 1월18일 기계종합공장 방문 소식을 전하면서 김정은을 현지에서 영접한 박태성을 "조선노동당 평안남도위원회 책임비서"로 소개하면서 박태성이 평안남도 당위원회 책임비서에 임명된 것으로 확인되었다.

　박태성의 평안남도 당책임비서 임명은 앞서 같은 해 5월 9일 김정은이 평안남도 온천비행장에서 열린 항공 및 반항공군 비행지휘관전투비행기술 경기대회를 관람할 때와 한 달 전인 4월 16일 평안남도 소년단 연합단체대회에 참석한 모습이 나온 점으로 볼 때 평안남도 당책임비서 임명은 4월 8일 열린 노동당 정치국 회의에서 결정된 것으로 파악된다. 조선로동당 조직지도부의 핵심 간부 출신으로 지방당에서 경험을 쌓은 후 조직지도부로 다시 돌아올 가능성이 큰 것으로 점쳐졌었는데 2017년 10월 당 7기 2차전원회의를 통해 당 정치국 후보위원과 당 중앙위 부위원장으로 중앙무대로 롤백했다.

　박태성이 공개적으로 최초로 모습을 보인 것은 김정은 체제가 공식 출범한 2012년이다. 당시 박태성은 8월 김정은 부부가 개업을 앞둔 해맞이식당을 방문했을 때 수행하면서 첫 선을 보였다. 이후 북한보도는 김정은의 현지지도 수행자들을 소개하며 박태성을 당 부부장 중에서 제일 먼저 호명하면서 박태성이 조직지도부 소속일 것으로 예측되었다.

　박태성이 당 위원장을 맡았던 평안남도는 평양과 가장 인접한 지역으로 중앙당의 실력자들을 배출한 곳이다. 리근모, 서윤석 등 전임자들은 정치국 후보위원 등 고위층 인사들이었다. 박태성의 전임자인 홍인범 역시 당 조직지도부 부부장으로 일하다가 2010년에 평안남도 당 책임비서를 맡았고 현재 당 검열위원장을 맡고 있다. 박태성은 아직 나이가 50대 중후반 정도로 젊고 김정은의 신임이 두텁기 때문에 현재 당 정치국 후보위원에서 더욱 중심인물로 부각될 가능성이 높다. 게다가 당 중앙위 부위원장에 임명되었기 때문에 당 조직지도부나 당 행정부 등 핵심기관을 책임지고 있는 것으로 추정된다.

■ 최휘 당 정치국 후보위원, 당 중앙위 부위원장
– 당 선전선동부의 실세

　　지난 2016년 북한 제7차 당대회에서 한 인물이 나와 전체 노동당원을 대표해 김정은을 집행부에 추대하는 발언으로 주목을 받았다. 바로 당 선전선동부 제1부부장을 맡고 있는 최휘였다. 최휘는 "전체 당원들과 인민군 장병들, 인민들의 한결같은 의사와 염원을 담아 조선노동당 제1비서 동지를 조선노동당 제7차 대회 집행부에 높이 모실 것을 정중히 제의합니다."라며 김정은을 집행부에 추대 제의했다.

　　최휘는 과거 김일성의 신임을 많이 받았던 최재하 전 건설상의 아들이다. 최재하는 6·25전쟁으로 폐허가 됐던 평양시 복구건설을 진두지휘한 인물이었다. 최휘는 김정은체제에서 당 선전선동부 제1부부장으로 승진하면서 김정은체제 선전을 묵묵히 수행하는 것으로 보인다. 지난 2015년 12월 모란봉악단의 베이징 공연을 위해 중국을 방문했을 때는 대표단장을 맡았다. 당시 최휘는 김정은의 '자존심'을 지키기 위해 중국 공연을 취소하는 모습을 보임으로써 많은 점수를 딴 것으로 전해진다.

최휘

최휘는 2002년 8.15민족통일대회 개막식에서 모습을 보였고 이후 2013년 7.27 전승절 경축공연에도 김정은을 수행하며 존재감을 과시했다. 최휘는 범민련과 청년동맹을 거쳐 2004년 당 조직지도부 당생활지도담당 부부장으로 활동한 것으로 알려졌다. 하지만 2013년 이후 최휘가 등장하는 행사의 성격상 조직지도부가 아니라 당 선전선동부로 자리를 옮겼다는 관측이 나왔다. 당 선전선동부 제1부부장으로 활동해온 리재일은 1934년생으로 매우 고령이기 때문에 비교적 젊은 1954년생의 최휘로 교체되었을 것이란 전망이 우세하다.

최휘가 공개석상에 등장하는 경우는 매우 드물다. 2012년 4월 10일 김일성 100회 생일 기념 김일성 훈장 수훈자 중 1명으로 거명된 적 외에는 거의 등장하고 있지 않다. 청년동맹 간부생활을 했었기 때문에 2000년 5월 평양학생소년예술단을 이끌고 서울을 방문했었으며 2002년 8·15민족통일대회 북측 대표단원으로 서울을 다녀가기도 했다.

최휘는 부친인 최재하 사망 후에도 김일성의 지시로 차관급 이상 고위간부 자녀 전용이던 남산고등중학교를 다닐 수 있었고 이어 김일성종합대학을 졸업하면서 청년동맹에서 근무했다. 이후 중앙당으로 적을

2002년 8.15민족통일대회 개막식에서 공동호소문을 발표하는 최휘

옮겨 활동해 왔다. 2017년 당 7기 2차전원회의에서 박태성과 함께 당 정치국 후보위원에 오르면서 김정은체제에서 가장 주목받는 인물로 떠오르고 있다. 2018년 평창동계올림픽에 북측 대표단의 일원으로 김영남, 김여정 등과 평창과 서울을 방문했다.

■ 최익규 전 당 선전선동부장
- 김정은 후계체제 선전의 1등 공신

최익규

북한의 당-국가체제를 지탱하는 노동당의 실세 기관을 꼽으라면 단연 조직지도부와 선전선동부다. 인사를 담당하는 조직지도부의 위상이야 말할 것도 없지만 선전선동부의 역할은 독재시스템의 특성상 끊임없이 주민들을 세뇌하는 역할을 맞고 있기 때문에 중요하다.

최익규는 1933년생으로 매우 고령이기 때문에 앞으로의 활동여부는 불투명한 상태다. 원래 영화가 전공인 인물로 1957년 당 선전선동부 영화과장을 시작으로 당 선전선동부 부부장을 거쳐 2009년 당 선전선동부 부장에 임명되었다. 선전선동부 토박이다. 일생동안 북한 주민에 대한 사상교양과 체제 선전을 맡아왔다.

2009년 10월에는 김정일이 북중 '친선의 해'를 맞아 '피바다가극단'에서 제작하고 있던 가극 '홍루몽'을 현지지도했다는 보도에서 장성택, 김양건 등 당 부장들과 함께 김정일을 영접하면서 극예술 전문가로서 모습을 드러내기도 했다. 선전선동부장으로 임명되기 전인 2003년 9월 최고인민회의 제11기 1차회의에서 문화상으로 임명됐으나 2005년 10월 당뇨 등 지병으로 은퇴했다가 다시 선전선동부를 맡게 된 데에는 당시 김정일의 후계자로 내정된 김정은의 후계체제 구축과 연관이 있는 것으로 알려졌다.

최익규와 김정일과의 인연은 1960년대로 거슬러 올라간다. 당시 조선예술영화촬영소 감독으로 일하던 최익규는 영화에 심취해 있던 김정은이 자주 영화부문을 찾아오면서 인연이 되었다. 게다가 당 선전선동부에서 일하면서 김정은의 생모이자 만수대예술단 무용수였던 고영희와도 절친했던 것으로 알려진다. 때문에 비리혐의로 처벌받는 기간에도 김정일의 특별지시에 의해 독일에서 수개월간 병치료를 받는 등 김정일의 신임이 남달랐다. 그럴 수밖에 없는 것이 북한에서 명작으로 내세우고 있는 '꽃파는 처녀'(1972), '유격대 오형제'(1968), 김일성의 항일활동을 소재로 한 '조선의 별'(1-10부, 1980~87), '민족과 운명'(1-50부) 등의 작품제작을 직접 지휘해서 만들어냈기 때문이다.

지난 2000년 1차 남북정상회담 이후 화답차원에서, 같은 해 8월 북한 국립교향악단 고문으로 '최상근'이란 가명을 사용하여 서울을 방문한 적이 있다.

■ 최승호 당 중앙검사위원회 위원장
- 최영림(전 총리)의 아들

최영림 전 총리의 아들인 최승호의 공개된 신상자료는 거의 없다. 다만, 그가 중앙통계국 부국장과 2014년 중앙통계국 국장 겸 당 중앙검사위원회 위원장을 맡고 있다는 사실만 확인되고 있다. 최승호는 2016년 제7차 당대회에서 당 중앙검사위원회 사업 총화 보고를 하면서 처

음으로 얼굴을 알렸다. 당 중앙검사위원회는 당의 재정사업을 감사하는 기관으로 당의 예산집행에 대한 감사를 통해 부정을 밝히기보다는 주로 당의 예산 집행사항을 추인하는 역할을 맡는다. 최승호가 중앙통계국 국장을 겸하고 있다는 점에서 정책심의보다는 통계전문가다. 당 예산의 정책적 판단보다는 기술적 보조나 자문의 역할을 맡고 있다.

최승호

■ 김평해 당 정치국 위원, 당 간부부 부장

김평해는 자강도 출신으로 당 조직지도부 보조지도원으로 시작했다. 1989년 평양시 당 조직비서를 시작으로 1997년 평안북도 당위원회 책임비서에 올랐다. 전형적인 당료출신인 김평해는 큰 정치적 과오 없이 진급해서 2017년 현재 당 정치국 위원, 당 중앙위원회 위원, 당 중앙위원회 간부부 부장, 당 중앙위원회 부위원장을 맡고 있다.

김평해

김평해가 맡고 있는 당 간부부장 자리는 2013년 사망한 김국태가 오랫동안 재직하던 자리로 북한의 중하급 간부 인사에 있어서 조직지도부 만큼이나 중요한 역할을 담당하는 부서다. 김국태가 김책의 아들이라는 신분적 배경으로 인해 중책을 맡았던 만큼 김평해의 신임이 그에 못지않게 크다는 것을 반증한다.

실제로 김평해는 1997년 평안북도 조직비서에서 책임비서로 승진한

이후 13년간이나 평안북도를 맡아왔다. 그리고 2010년 드디어 중앙무
대로 진출하여 당 간부부장과 정치국 후보위원에 올랐다. 고위급 탈북
자들은 김평해의 부각이 이미 예견된 사실이라고 입을 모은다. 이미 김
정일과의 인연이 예사롭지 않다고 한다. 김정일이 당 조직지도부 지도
원으로 공식적인 직책을 수행할 때 바로 옆에서 업무보조를 한 인물이
김평해라는 것이다. 김정일과 비슷한 시기에 대학을 졸업했고 조직지
도부 보조지도원으로 당에 들어왔기 때문이다.[58]

　김정은 체제 들어오면서 나타나는 인사정책의 특성 가운데 하나가 기
존에 지방당에서 근무하던 인물들을 대거 중앙으로 진입시킨 것인데 이
것은 김정일이 후계구도를 염두에 두고 경험이 부족한 김정은을 보좌하
기 위한 방편으로 준비해둔 인사비책일 가능성이 높은 것으로 보인다.

■ 오수용 당 경제부 부장

　　　　　　　　　　1944년생인 오수용은 김책공업종합대학을
졸업한 엔지니어 출신으로 1999년 전자공업상
에 오르면서 주목받기 시작한 인물이다. 전형
적인 전자공학 전문가로 10년간 전자공업성을
이끌다가 2009년 내각 부총리로 승진했다. 전형
적인 공학자이지만 그 능력을 인정받아 2010
년 함경북도 당 책임비서에 임명되면서 내각
에서 당으로 소속을 전환해서 당 정치국 위원
오수용
의 자리까지 올랐다. 오수용의 당 정치국 위원 임명은 2015년 2월 정치
국 확대회의에서 결정된 것으로 추정된다.

2016년 5월 김 정은과 함께 북 한 소백수 남자 농구팀과 중국 올림픽 남자 농 구팀 간 친선 경 기를 관람하는 오수용

당 정치국 위원은 북한의 모든 의전서열에서 가장 높은 등급에 해당 하며 북한 권력순위의 바로미터이기도 하다. 과거 김일성 시기에는 정 치국회의가 활성화되어서 당의 주요정책은 거의 정치국 회의를 통해 이루어졌지만 김정일체제가 들어서고 당 정치국이 형해화되면서 유명 무실해졌었다. 최근 김정은체제에서는 당의 기능을 복원하면서 당 정 치국 멤버를 모두 충원하는 등 당 기능을 강화하고 있는 추세다.

■ 로두철 당 정치국 위원, 내각 부총리

로두철은 2016년 제7차 당대회에서 당 정치국 위원에 깜짝 발탁되면 서 주목을 받았다. 1950년생 함흥출신인 로두철은 국가계획위원회와 자재공급위원회 위원장을 거쳐 2003년 내각 부총리에 전격 발탁되었 다. 로두철이 내각 부총리를 맡으면서 치른 최고의 업적은 룡천 폭발사 고 현장 복구 총책임자로 활동한 것이다. 당시 사고현장의 수습을 총괄 했던 로두철은 주특기가 조달 및 운송 업무인 것으로 알려졌다. 로두철

로두철

은 2015년 4월 '북러 우정의 해' 행사 참석차 러시아를 방문하여 양국관계가 높은 수준의 협력관계로 발전하기 위한 과제를 수행하겠다는 요지의 연설을 했다.

한때 장성택계열 인사로 분류되기도 하면서 정치적 위기에 대한 우려가 있었으나 장성택 처형 이후 별다른 처벌 없이 오히려 승승장구하고 있는 인물이다. 로두철은 2003년 경제개혁을 주도했던 박봉주, 전승훈, 곽범기 등과 경제개혁 4인방으로 불리기도 했던 인물이다.

■ 노광철 인민무력상

1956년생이며 남포시에서 태어났다. 북한군에서 경력을 쌓았으며, 북한 내 공식석상에서 처음 모습을 보인건 제7차 당대표대회에서 태종수와 함께 경제 분야에서 적임자로 임명되며 조선노동당 2경제위원장이라는 직함을 갖게 되었다.

조선노동당 제2경제위원장직을 맡다가 2018년 5월 대장으로 진급,인

노광철

민무력상직을 수행하게 되면서 김정은의 신임을 받는 것이 확인되었다. 한때 '로광철'로 알려져 있었지만 북미정상회담 관련 로동신문 기사 등을 통해 북한에서도 '노광철'이라고 부르고 있다는 것이 확인됐다. 또한 북미정상회담에 북한측 수행단 중 한명으로 싱가포르를 방문하였다. 조선노동당 중앙위원회 후보위원, 2003. 10 최고인민회의 제11~13기 대의원, 2012. 12 인민군 총참모부 부총참모장 인민군 중장, 2013. 07 인민군 상장, 2015. 07 인민무력부 제1부부장, 2016. 05 조선노동당 중앙위원회 위원 조선노동당 정치국 후보위원, 2018. 05월 인민군 대장, 인민군 인민무력상이 되었다. 2018년 9월 19일 남북한 수뇌가 지켜보는 가운데 북한의 백화원 영빈관에서 남측 송영무 국방부 장관과 북측의 노광철 인민무력상이 판문점선언 이행을 위한 군사분야 합의문에 서명을 하였다.

2018년 북미정상회담에서 트럼프에게 거수경례를 하였다. 이에 트럼프도 거수경례를 하였는데 독재국가 인무력상에 대해 이러한 행동 모습은 대국인 미국의 모습이 아니라고 비판을 받았다.

■ 김능오 평안북도 당위원회 위원장

김능오는 2014년 중앙당 부부장으로 소개되기 이전의 공개활동으로 드러난 것이 전혀 없는 인물이다. 2015년 리만건의 후임으로 평안북도 당책임비서로 내정되면서 주목을 받았다. 이듬해인 2016년 7차 당대회에서 당 정치국 후보위원에 임명되었다. 김능오의 활동이 공식적으로

알려진 것은 2012년 4월 김일성훈장 수여, 2014년 11월과 4월 두 차례 김정은의 평양국제비행장 제2청사 현지지도를 수행한 정도 밖에 없다.[59] 전임자인 리만건의 중량감과 당 정치국 후보위원에 임명된 것으로 볼 때 김능오 역시 당 중앙부서에서 비공개로 활동해온 실력자 가운데 한 명일 것으로 추정된다.

김능오

■ 홍인범 전 당 검열위원회 위원장

홍인범은 지난 2016년 7차 당대회를 통해 당 검열위원장에 오르면서 주목을 받았다. 홍인범은 1993년 당 조직지도부 부부장의 직책을 갖고 있던 것으로 알려졌고 이후 2010년부터 2014년까지 평안남도 당책임비서로 일했다. 홍인범은 공식적인 활동이 거의 드러나지 않는 인물로 평안남도 당책임비서 후임인 박태성의 위치를 통해 유추할 때 당 조직지도부에서 잔

홍인범

뼈가 굵은 인물로 추정된다.

홍인범은 2010년 9월 평안남도 당대표회를 통해 김정은을 당대표자회 대표로 추대하는 대회를 이끌었다. 이 자리에서 홍인범은 추대사를 통해 김정은을 당 대표자회 대표로 추대할 것을 제의했다. 1997년 평안남도 당책임비서였던 서윤석이 당시 김정일을 당총비서로 추대했던 것을 연상시키는 부분이다.

■ 김경옥 당 조직지도부 제1부부장, 당 중앙군사위원회 위원

김경옥

김경옥 역시 그 나이에 비해 알려진 바가 별로 없는 인물이다. 공식활동을 극히 자제해 온 탓이다. 당 조직지도부의 특성상 소속원들의 활동상이 드러난 경우가 거의 없다. 김경옥이 대외활동으로 얼굴을 알리기 시작한 것은 지난 2010년이다. 9월 제3차 당 대표자회에서 당 중앙군사위원회 위원으로 이름을 올리면서 부터다. 그동안 김경옥이 조직지도부 부부장이라는 추측만 있었을 뿐이었다. 그리고 제3차 당 대표자회 하루 전인 9월 27일 '인민군 지휘성원들의 군사칭호를 올려줄데 대한 명령 제0051호'에 따라 인민군 대장 계급이 수여되었다. 당시 대장계급을 수여받은 인물이 김정은 김경희, 최룡해, 현영철, 최부일, 김경옥이다. 김정일이 아직 살아있던 시기에 진행된 명령으로 김경옥은 김정은과 대장진급 동기생인 셈이다. 당시 진급한 인물 가운데 김경희, 장성택, 현영철은 권력전면에서 사라졌다.

2010년에 대장계급을 받은 인물 가운데 현영철, 최부일을 제외하면 군부인사들이 아니다. 당직을 갖고 있지만 상징적 차원에서 군계급을 수여한 것이다. 물론 최룡해는 후에 인민군 총정치국장에 임명되었기 때문에 그에 따른 수순으로 볼 수 있지만 민간인의 신분으로 김정은과 나란히 대장계급을 수여받으면서 김경옥의 존재가 유독 부각된 것만은 사실이다. 김경옥의 대장계급 수여는 그가 조직지도부에서 군사담당 부부장 직책에 있다는 관측을 어느 정도 뒷받침해 준다.

김경옥의 나이 및 학력 등 기본적인 사항은 알려지지 않았지만 70대

의 고령이라는 사실과 조직지도부에서 잔뼈가 굵은 인물이지만 김정은
체제에서 활동사항이 별로 없는 등 숙청설도 나오고 있다.

■ 김정임 전 당 역사연구소 소장

김정임

김정임은 공식활동을 거의 하지 않았다. 다만,
북한 주요인물의 사망과 관련한 국가장의위원
에는 빠지지 않고 이름을 올리고 있는 인물이
다. 가장 최근의 활동은 2017년 3월 조선혁명역
사박물관 개관식에도 참여한 정도다.

역대 당 역사연구소장은 강석숭이 1975년부터
무려 25년간 역임했고 2003년부터 김기남 당 선
전비서가 겸임해 온 것으로 알려졌다. 김정임은
1985년부터 16년간 이 연구소의 부소장으로 일해 왔으며 2009년에 당
역사연구소장으로 임명된 것이 확인되었다.

제2절 군 핵심인물

■ 김락겸 전략군사령관

김락겸은 김정은의 미사일발사 도발이 잦아지면서 자주 등장하고 있
는 인물 가운데 한 명이다. 김락겸은 김정은체제가 공식출범한 2012년

김락겸

3월 전략로켓트군 사령관에 임명되고 한 달 뒤에는 당 중앙군사위원에 임명되면서 2014년 에는 대장으로 진급하는 등 승승장구 중이다. 그러나 무수단 미사일 발사를 3차례나 실패한 것으로 알려지면서 김락겸의 승승장구가 잠 시 주춤하는 모습을 보이기도 했다. 2015년 당 중앙군사위원회 위원에서 배제되는가 하 면 2017년 2월 7일 인민무력성 보고대회에서 모습을 보이지 않았기 때 문이다. 하지만 전략무기 책임자이기 때문 에 미사일발사 준비로 불참했었을 가능성 이 높게 점쳐지고 있다. 김정은체제가 핵 및 미사일 개발에 열을 올리고 있기 때문 에 김락겸의 중요성은 줄어들지 않을 전망 이다. 2017년 화성 14형 미사일 발사관련 행사에도 참가하여 꾸준히 얼굴을 드러내 고 있고 2017년 8월 10일에는 로동신문 1면 을 통해 전략군사령관 명의의 대미 위협 발표문이 보도되었다.

김락겸

■ 김명식 총참모부 부총참모장, 전 해군사령관

김명식은 초기 김정은체제에서 주목받던 인물 가운데 하나로 김정은 체제 출범 후 승진을 거듭하며 탄탄대로를 걸었다. 2009년 7월 동해함 대사령관에 임명된 김명식은 김정은이 처음 공식 등장했던 2010년 9월

제3차 당대표자회에서 노동당 중앙위원회 후
보위원에 선출됐다. 2011년 8월 중국 해군 훈
련함대가 원산항에 정박했을 때는 동해함대사
령관 자격으로 이들을 맞이했고 동년 10월에
는 러시아 극동 블라디보스토크와 캄차카 등
을 방문해 러시아 태평양함대 시설들을 둘러봤
다. 이때 김명식은 구축함 '아드미랄 트리부츠'
와 잠수함 '바르샤뱐카'를 비롯, 러시아 해군육

김명식

전대(해병대)를 방문해 무기와 군사장비 등을 살펴 본 것으로 알려졌
다.[60]

동해함대 사령관에 임명된 후인 2012년 2월 15일에는 중장(우리의
소장)으로 진급했고 2013년 초에는 소장(우리의 준장)으로 일시 강등되
었으나 2013년 4월 다시 중장으로 복권되면서 해군사령관에 임명되었
다. 이듬해인 2014년 3월에는 최고인민회의 제13기 대의원 선출에 이
어, 5월 김정은의 전투비행기술 경기대회 관람 보도에서 상장(우리의
중장) 승진이 확인되었다. 상장진급은 한 달 전에 열린 당 중앙군사회
원회 확대회의에서 결정된 것으로 전해진다.

승승장구할 것 같았던 김명식은 2015년 1월 해군사령관에서 해임되
면서 리용주에게 자리를 내주었다. 해군사령관 교체사실은 2015년 4월
4일 김정은의 해군 제164군부대 시찰 모습에서 확인되었다. 당시 김명
식의 해임은 어뢰함 분실사건 때문인 것으로 전해진다. 이후 김명식은
모습을 보이지 않다가 이듬해인 2016년 3월에 총참모부 부총참모장으
로 다시 모습을 나타냈다.

■ 김수길 총정치국장

김수길

2016년 7차 당대회에서 당 정치국 후보위원으로 이름을 올린 김수길은 인민군 총정치국 조직부국장에서 평양시 당위원회로 자리를 옮긴 인물이다. 전임자인 문경덕은 장성택의 측근으로 분류되면서 해임된 것으로 알려졌다. 김수길의 평양시 당위원장 임명은 2014년 김일성광장에서 개최된 김정은 국방위원회 제1위원장 재추대 평양시 경축대회에서 확인되었고 지난 2014년 4월 8일 개최된 당 중앙위원회 정치국 회의에서 임명된 것으로 전해졌다. 김수길은 인민군 중장(우리의 소장) 출신으로 최룡해가 총정치국장으로 재직하던 시절 인연이 된 인물로 최룡해 계열로 분류되는 인물이다.61)

■ 김정각 전 총정치국장

김정각은 북한 고위군인들 가운데 공식적으로 잘 알려진 인물로 정규코스를 밟아온 엘리트 군인이다. 그의 이력은 비교적 자세히 알려져 있다. 1998년부터 2007년까지 인민무력부 부부장을 지내다 군 총정치국 제1부국장으로 자리를 옮겼다. 2009년 2월에는 총정치국 제1부총국장으로서 이미 건강이 쇠약해진 조명록 총정치국장의 업무를 상당부분 대리하면서 활동한 것으로 추정된다. 2012년 2월 인민군 차수로 승진하고 곧바로 인민무력부장으로 1년여 활동한 후 2013년 4월 김일성군

김정각

사종합대학 총장으로 전보되었다. 갑자기 한직으로 물러난데 대해 건
강상의 이유라는 의견이 지배적이지만 김정각 아들의 탈북사건에 의한
영향일 수 있다는 보도가 있었다. 고위층 엘리트 자제 10여 명이 집단
으로 탈북했는데 이 가운데 2명이 체포되었고 4명이 베트남 주재 미국
대사관으로 들어갔다는 소식이다. 이들 10명 가운데 김정각의 아들이
포함되면서 전격 경질되었다고 전해진다.[62]

김정각은 2011년 김정일 장례식의 운구 7인방 가운데 한 명으로 등
장했고 김정일 추모 중앙추도대회에서는 군을 대표해 연설을 하면서
실세 중에 실세로 자리매김했었다. 하지만 7개월의 짧은 인민무력부장
직을 끝으로 중앙무대에서 사라지고 말았다. 이후 2013년 4월 김정은
의 김일성군사종합대학과 김일성정치대학 간 체육경기 관람소식을 전
하는 보도에서 여전히 차수계급장을 달고 있는 모습이 비춰졌다. 당시
김정각은 이미 김일성군사종합대학 총장으로 임명된 뒤라 행사주관자
의 입장에서 김정은 영접행사에 모습을 드러낸 것이었다.

김정각은 북한 고위군 인사 가운데 강성인물로 꼽히며 성격이 깐깐
하고 사생활이 깨끗한 편이라 김정은체제의 출범과 함께 중요한 역할

을 할 것으로 주목받았으나 현재 건강과 아들 문제 등으로 다시 재기하기는 어려운 것으로 알려졌었다. 하지만 황병서 총정치국장의 퇴장과 함께 2018년 총정치국장으로 롤백하는 저력을 보여주었고 같은해 당중앙위 제7기 제3차 전원회의에서 정치국 위원으로 진입하면서 김정은 정권초기 운구 7인방 가운데 유일하게 고위직에 몸담고 있는 인물로 부각되고 있다.

■ 렴철성 전 총정치국 선전부국장

렴철성

2017년까지 총정치국 선전부국장을 맡았던 렴철성의 군사계급은 1997년 중장(우리의 소장)으로 확인된 이후 지금까지 소장→중장(2013.4)→소장(2014.2)→중장(2014.7)을 반복하다 2017년 4월 북한 육군, 해군, 항공 및 반항공군(공군) 장병들의 '김정은 충성맹세' 예식에서 상장(우리의 중장)으로 진급한 것이 확인되었다.

과거 김정일체제에서는 리명수, 현철해, 박재경 3명이 트로이카 체제로 김정일의 현지지도 때마다 항상 그림자처럼 따라다니는 수행원이었다. 그에 반해 김정은체제에서는 총정치국 선전부국장이 찬밥신세로 전락한 모양새다. 총정치국 선전부국장이 주요행사 때 모습을 드러내는 비중이 김정일시대에 비해 현저히 줄어들었고 2018년에는 황병서 총정치국장의 경질과 함께 물러난 것으로 알려졌다.

2013년 10월 10일 당창건 기념일 금수산태양궁전 참배. 가운데가 렴철성

■ 리명수 총참모장

리명수

리명수는 전형적인 군작전통이다. 정치장교
와는 거리가 멀다. 1937년생으로 알려졌으며
매우 고령임에도 불구하고 총참모장직을 수행
하고 있다. 리명수는 우리에게 알려진 공식적
인 경력은 군단 작전부장부터다. 1993년 12월
에 인민군 3군단 참모장을 거쳐 1995년 10월
인민군 상장(우리의 중장)으로 승진했다. 이후
쭉 총참모부에서 근무한 것으로 나타난다.
1996년 11월 인민군 총참모부 부총장모장에 임명된 후, 1997년 총참모
부 제1부총참모장 겸 작전국장에 오르고 2000년 10월에 인민군 대장으
로 진급했다. 이후 김정일이 국방위원회를 강화하면서 2007년 10월에

는 국방위원회 행정국장에 이름을 올렸고 당직은 2010년 9월에 열린 조선로동당 제3차 당대표자회에서 당중앙위원회 위원에 선임되면서 맡게 된 것으로 파악된다.

전형적인 야전군인 스타일의 리명수는 2011년 4월에는 보직을 완전 전환하여 인민보안부장으로 임명되었다. 당시 인민보안부 내의 인민내무군 무력이 확대개편되는 과정에 있었기 때문에 군 작전통인 리명수의 전문성이 필요했었을 것으로 추정된다. 특별한 과오나 혁명화과정을 거치지 않은 리명수는 2012년 4월 11일 제4차 당대표자회에서 당정치국 위원 겸 조선민주주의인민공화국 국방위원회 위원에 선출되면서 두각을 나타내기 시작했고 2016년 2월 21일 북한 조선중앙통신이 김정은의 쌍방기동훈련 참관 소식을 전하면서 총참모장으로 승진한 것으로 확인되었다. 총참모장은 우리의 합참의장에 해당하는 직책으로 군령권을 행사하는 큰 권한을 갖고 있는 직책이다. 리명수는 이미 총참모부에서 잔뼈가 굵은 작전통이지만 잠시 인민보안부를 맡아 인민보안부를 군대와 같이 만들라는 김정일의 지시를 충실히 수행하던 중이었다.

리명수는 김정일체제가 공식출범한 1996년부터 김정일의 군부대 방문 등 공개활동에 박재경, 현철해와 함께 늘 옆에서 수행하는 측근중의

측근이었다. 리명수는 북한군 내 고위장령 가운데서도 손꼽히는 작전통으로 총참모장 직책을 맡고 나서인 2016년 4월 14일 조선노동당 중앙위원회, 중앙군사위원회, 조선민주주의인민공화국 국방위원회 공동명의로 된 결정을 통해 차수로 승진했다.

리명수는 인민군 훈련관련 보도에서 빠지지 않고 얼굴을 드러내는 북한군의 대표적인 군부

현철해

파 인사다. 김정은체제에서 리영호-현영철-김격식-리영길에 이은 5번째 총참모장이다. 김정은체제에서 유독 총참모장들의 생명이 짧고 사형, 숙청 등으로 이어졌는데 리명수가 그 바톤을 이어받았다. 리명수의 마지막 군생활이 시험대에 올랐다.

■ 리영길 총참모부장

리영길

리영길은 1955년생으로 현재 당 중앙위원회 위원이며, 최고인민회의 제12기 대의원이다. 한 때 인민군 총참모장에 임명되면서 주목을 받았다가 어느 날 갑자기 중앙무대에서 사라졌다가 다시 나타난 인물이다.

리영길은 지난 2016년 2월 숙청설과 함께 사라졌다 2017년 4월 재등장했다. 리영길은 2017년 4월 김일성 생일 즈음에 '조선인민군 최고사령관 명령 제00136호'에 따라 대장계급으로 승진했다고 보도되었다. 이러한 리영길의 승진은 현재 그가 맡고 있는 것으로 알려진 작전총국의 훈련성과와 연관이 있는 것으로 전해진다. 그는 현재 총참모부 작전총국(525군부대)을 맡으면서 김정은이 참관한 직속 특수작전대대의 '타격경기대회'에서 청와대 모형건물에 대한 타격훈련을 진행했고 특수전부대 '타격경기대회'에서도 우승한 것으로 알려진다. 리영길의 승진은 이러한 성과에 대한 김정은의 화답 성격이란 이야기다. 현재 리영길이 맡고 있는 총참모부 작전총국은 기존의 총참모부 작전국을 확대개편한 것으로 보인다.

리영길은 4월 15일 김일성 생일과 인연이 많은 인물이다. 우선 그가 중앙무대에 얼굴을 알린 것도 지난 2002년 4월 15일이고 다시 총참모부 작전총국장으로 롤백한 것도 2017년 4월 김일성 생일행사를 통해서다. 2002년 당시 김일성 90회 생일을 기해 대대적인 군 인사개편이 진행되었는데 숙청된 리영호 등과 함께 인민군 중장(우리의 소장)으로 진급했다. 그리고 2010년 9월 조선로동당 당대표자회의에서 당 중앙위원회 정치국 위원에 선출되었다. 2013년 2월경에는 총참모부 작전국장에 오른 것으로 알려진다. 인민군의 여러 보직 가운데 군사관련 가장 핵심적인 보직이 총참모부 작전국장인데 리영길이 그 자리에 올랐다는 것은 상당한 군사적 지식이 있었다는 것을 말해준다. 보통 총참모부 작전국장은 부총참모장이나 전방 군단의 군단장을 겸하기도 하는데 리영길의 경우 중부전선의 5군단장을 역임하고 중앙무대로 빠르게 진입한 케이스다.

리명길은 전임 총참모장이었던 김격식이 건강문제로 더 이상 총참모직 직책을 수행할 수 없게 되자 2013년 9월 말에 전격적으로 인민군 총참모장에 임명되었는데 공개적인 리영길의 총참모장 임명은 2013년 9월 9일 당창건 68주년 기념식에서 대장으로 소개되면서부터다.[63]

잘 나가던 리영길은 지난 2016년 2월 좌초하게 된다. 당시 리영길 숙청 사실은 국내 언론보도를 통해 '사형'으로 오보되면서 순식간에 퍼져나갔다. 리영호, 장성택, 현영철에 이은 4번째 고위직 처형사례로 소개되었다. 당시 리영길의 숙청은 2016년 2월 노동당 중앙위원회 및 군당위원회 연합회의를 전후로 진행된 것으로 알려진다. 죄목은 '종파분자 및 세도·비리' 혐의다. 리영길은 총참모장에 오른 후 이듬해인 2014년 당 정치국 후보위원에도 선출되는 등 승승장구했다. 그러나 2016년 '당 중앙위원회·군당위원회 연합회의'와 '지구관측 위성 광명성 4호 발사 성공' 축하 평양시 군민경축대회에 모습을 드러내지 않았다. 군민경축대회 주석단에는 리영길이 있어야 할 자리에 리명수가 자리잡고 있었다. 이미 이 때 총참모장은 리명수로 교체된 상태였다.

당시 리영길의 숙청과 관련, 북한체제의 고질적인 당군(黨軍) 갈등에 의한 것으로 알려졌다. 리영길의 숙청은 평양 4.25문화회관에서 개최된 '당 중앙위원회 인민군당 위원회 확대회의'에서 발생했다. 회의가 진행 중인 과정에 '창광 보안서'(김정은 친위대) 요원들의 들이닥쳐 리영길을 비롯한 몇 명의 장성들을 끌어냈다는 전언이다.[64] 당시 리영길은 '당의 유일적 영도체계'와 '유일적 영군체계'에 배치되는 '군벌관료주의'가 죄목으로 지적되었다. 전형적인 북한군의 정치-군사 갈등상황이 재현된 것이다. 평소 리영길은 최룡해, 황병서 등의 당 간부들이 군복을 입고 다니는 것을 달가워하지 않았던 터였다. 또 다른 주장도 있다. 김정은이 야간순찰을 하다가 만수대거리 고급아파트촌을 지나면서 소유자들의 신상을 알아보라고 지시했는데 60% 이상이 군 간부였다는 사실에 놀라 군 간부들의 축재를 조사하는 과정에 리영길의 개인비리가 드러나면서 숙청됐다는 것이다.[65] 여기에는 당시 리영길의 벼락출세를 달가워하지 않은 군 원로들의 입김도 작용했다는 소식이다. 리영길의 숙청과 함께 군 보위사령부에도 불똥이 떨어지면서 보위국으로 강등되는 결과를 초래했다고 전해졌다.

■ 리용무 전 국방위원회 부위원장
 - 김일성 사촌여동생의 부군

리용무는 1925년생으로 북한군에서는 최고참 군원로다. 그의 처 김정순이 김일성의 사촌여동생으로 김일성-김정일과는 친인척 관계다.

때문에 군복을 입고 시작할 때부터 막강한 권력을 누렸다. 일찌감치 1970년대 군의 핵심 요직인 인민군 총정치국장을 역임했다.

고령이라 최근 유럽의 한 국가에서 암 수술을 받은 것으로 알려졌다. 김정은체제에서는 2018년 2월 8일 70회 창군절을 맞아 진행된 열병식에서 주석단 특별석에 자리를 잡고 앉아 오랜만에 모습을 드러냈다. 김정일체제에서

리용무

국방위원회 부위원장직책에 차수계급을 받았지만 고령(高齡) 등 건강문제로 실제 활동은 거의 없는 인물이다.

■ 리용주 해군사령관

리용주는 지난 2015년 1월까지 총참모부 부총참모장으로 소개되었는데 불과 3개월만인 동년 3월 4일 김정은의 해군 제164군부대 시찰 모습에서 해군사령관으로 소개되었다. 당시 해군사령관에 임명되면서 중장(우리의 소장)에서 상장(우리의 중장)으로 승진했는데 또 다시 불과

리용주

4개월만인 동년 8월 김정은의 해방 70돌 기념 금수산태양궁전 참배를
수행하면서 대장계급으로 진급한 사진이 소개되었다. 리용주도 김정은
체제에서 고속승진한 대표적 케이스 가운데 하나로 김정은의 신임이
매우 두터운 것으로 알려진다. 전임자인 김명식과 해군사령관-총참모
부 부총참모장 자리를 바꿔 앉았다.

■ 박영식 인민무력상

박영식은 총정치국 조직부국장을 거친 정치장교 출신이다. 지난 2015
년 6월 15일 김정은의 군부대 예술선전대 공연 관람 보도에 황병서 다
음으로 호명되면서 신임 인민무력상에 낙점된 것으로 알려졌다. 보다
확실한 보도는 동년 7월 북한 군사대표단과 라오스 고위군사대표단간
회담 소식을 통해서다. 이 보도를 통해 박영식이 현영철의 뒤를 이어
인민무력상에 임명된 것이 확인되었다. 박영식은 실질적으로 총정치국
의 2인자 소리를 듣던 인물로 총정치국 출신이 인민무력성을 담당하게

박영식

됨으로써 인민무력성에서도 정치군인출신들이 득세할 것으로 전망된다.

지난 2015년 7월에는 김정은의 금수산태양궁전 참배행사에서는 황병서 군 총정치국장과 나란히 서서 참배에 나섬으로써 높아진 지위를 보여줬다. 통상적으로 인민무력성이 인민군의 행정과 후방사업을 담당하기 때문에 총정치국이나 총참모부에 비해 상대적으로 약한 기관이란 평가를 받아왔기 때문이다. 과거 김일성시기에는 김일성의 신임도에 따라 이들 군부 트로이카 총정치국장-총참모장-인민무력부장의 지위가 오르내리기도 했으나 김정일체제에서 현재와 같은 총정치국장-총참모장-인민무력부장체제가 굳어지는 모습을 보이고 있다.

■ 박정천 총참모부 포병국장

박정천

박정천은 총참모부 부총참모장, 최고사령부 화력지휘국 국장 등을 역임한 정통 포병출신 군인이다. 김정은의 계급장 정치에서 가장 큰 부침을 보여준 인물이다. 2012년 김정은 체제 출범 시 중장(우리의 소장) 계급이었다가 2013년 4월 상장(우리의 중장)으로 진급했으나, 이후 중장(2014.4) → 소장(2015.2)으로 계급이 하락하다 영관급인 대좌(우리의 대령)(2015.8)까지 떨어졌다. 바로 2015년 8월 김정은이 긴급 소집한 노동당 중앙군사위 비상확대회의에서다. 박정천이 맡았던 화력지휘국이나 포병국 등은 북한의 미사일 개발과 사드에 대응한 포병전략 등을 담당하는 것으로 추정된다.

박정천은 2016년 3월까지는 중장(우리의 소장)계급을 유지하고 있던 것으로 확인되었는데 불과 6개월만인 9월 북한정권 수립 68주년 중앙 보고대회에서 소장(우리의 준장)계급으로 등장했다. 그리고 2017년 4월 북한 육군, 해군, 항공 및 반항공군(공군) 장병들의 '김정은 충성맹세' 예식 장면에서 다시 상장(우리의 중장)계급을 달고 등장했다.

2015년 2월 노동당 중앙 군사위원회 확대회의에 참석한 박정천

■ 변인선 전 총참모부 제1부총참모장

변인선은 1946년생이고 공식적으로 1992년 중장진급(우리의 소장)과 동시에 모습을 나타냈다. 이후 7군단장, 인민무력부 부부장, 4군단장을 역임했고 총참모부 작전국장과 총참모부 제1부총참모장을 거쳤다. 김 정일 국가장의위원에 이름을 올리기도 했다. 변인선은 지난 2012년 연 평도 포격사건 3주년에 즈음하여 북한 조선중앙방송에 출연해 "우리 군단 장병들의 심장마다에는 이명박 역적패당에 대한 치솟는 증오와 복수의 일념이 펄펄 끓어번지고 있다"며 "청와대이건 인천이건 다 불바

변인선

다에 잠기고 역적패당은 단 한 놈도 살아남지 못할 것"이라고 강한 위협발언을 했다. 변인선이 담당하던 4군단 지역은 서부지역의 요충지로 대체적으로 김격식 등 강성인사들이 맡아왔다.

변인선은 북한군의 요직 중의 요직인 총참모부 작전국장을 거치고 제1부총참모장까지 올랐지만 2014년 11월 '인민군 제3차 대대장·대대정치지지도원대회'를 마지막으로 중앙무대에서 사라졌다. 변인선의 경질 이유는 김정은의 지시를 어겼기 때문이라고 전해진다.[66] 말하자면 직언을 한 괘씸죄라고 전해진다. 변인선이 김정은으로부터 북한 내 중국무기 수입을 담당하는 담당자 몇 명을 교체하라는 지시를 받았으나 북중관계를 고려해서 그렇게 해서는 안 된다는 직언을 올렸다는 것이다. 이후 모든 공직을 박탈당한 상태지만 처형당하지는 않은 것으로 알려진다.

■ 서홍찬 인민무력부 제1부상 겸 후방총국장

서홍찬은 지난 2017년 4월 15일 김일성 생일에 즈음하여 발표된 '조선인민군 최고사령관 명령 제00136호'에 의해 인민군 대장으로 승진보도가 나오면서 주목받기 시작했다. 현재 서홍찬은 북한군의 식생활 문제를 비롯한 보급물자를 책임지고 있다. 서홍찬의 대장진급은 2013년부터 인민군 후방총국을 맡아 운영하면서 산하의 수산사업소와 각종 식품공장의 생산증대를 통해 인민군 보급을 원활하게 개선했다는 평가에 따른 것으로 풀이된다. 그만큼 북한 군당국이 북한군의 보급문제를

서홍찬

중요하게 보고 있다는 반증이다.

　서홍찬은 북한군의 보급을 책임지는 직책을 맡고 있다 보니 그동안 상대적으로 덜 부각된 측면이 있었다. 하지만 먹는 문제가 북한체제의 중요한 과제로 떠오르면서 보급책임자의 역할이 커졌고 그 역할을 충실히 수행한 덕에 최근 출세가도를 달리는 중이다. 2007년 4월 첫 장성급 승진을 시작으로 10년 만에 대장으로 승진했으니 말이다. 서홍찬은 작전이나 정치계통 군인이 아니기 때문에 더 이상의 진급은 한계가 있을 수 있으나 북한에서 먹는 문제의 중요성이 사라지지 않는 한 현 직책을 유지할 가능성이 높은 것으로 평가된다.

■ 오극렬 전 노동당 작전부장(1930년생)

오극렬

　북한체제에서 그동안 많은 실력자들이 숙청되고 그 맥이 끊겼지만 유일하게 뒤에서 여전히 건재함을 유지하고 있는 군부 원로가 있다. 바로 오극렬이다. 오극렬은 그동안 장성택의 견제 등으로 위축된 상태였다. 북한 독재체제의 특성상 2인자는 존재하지 않고 더구나 자신의 세력을 거느리는 것은 엄격히 제한되어 왔지만 장성택과 오극렬만 예외로 인정받아 온 것으로 알려진다.[67]

오극렬은 중국 길림성 출신으로 과거 1930년대 김일성과 함께 항일 빨치산 활동을 한 오중성의 아들이다. 오극렬의 집안은 '오중흡 7연대 칭호 쟁취 운동'의 주인공으로 당시 오씨 집안에서는 생존해서 귀환한 것이 오극렬 한 명뿐이었다고 전해진다. 오극렬의 부친인 오중성은 김일성 부대 정치 간부출신이고 그의 5촌 당숙인 오중흡은 김일성 부대 7연대장으로 있으면서 김일성의 지휘부를 지키기 위해 자신이 지휘부로 위장해서 퇴각하다 결국 전사했다.

오극렬은 한번 결정한 일은 끝까지 밀어붙이는 성격의 소유자로 알려졌으며 젊은 시절에는 선배들도 함부로 하지 못할 정도의 카리스마도 겸비한 것으로 전해진다. 오극렬은 좋은 집안을 배경삼아 해방 후 북한지역에 김일성정권이 들어서고 나서 빨치산출신 우대정책에 따라 만경대혁명학원과 김일성종합대학을 졸업하고 1962년에는 소련의 프룬제 군사대학에서 2년 동안 유학했다. 이후 오극렬은 출세코스를 밟으며 공군소속의 비행사로 근무했고 김책공군대학 학장, 공군사령관 등을 역임했다. 비교적 이른 시기인 1979년에는 인민군 총참모장에 임명되었다. 좋은 집안과 배경을 갖고 초기부터 출셋길을 달렸지만 그 이후 실상 20여 년 동안 존재감이 별로 드러난 적이 없었다.

하지만 오극렬에게도 한 가지 시련이 있었던 것으로 전해진다. 1980년대 초 당시 총정치국장이었던 리봉원과의 갈등이었다. 총참모장인 오극렬은 군대의 사명이 전투에 있다고 보고 정치군인들이 지나치게 군을 통제해서 군이 제구실을 할 수 없다고 판단하고 당시 총정치국장인 리봉원과 마찰을 빚었다. 이후 김일성이 당의 역할을 무시할 수는 없다며 리봉원의 손을 들어주자 총참모장에서 물러났고 김정일이 오극렬을 챙겨주기 위해 당 작전부장직으로 자리를 옮겨 주었다.[68]

오극렬은 그 이후로 거의 20년 동안 존재감이 없이 지내왔지만 2009

년 2월에 국방위원회 부위원장에 선출되면서 다시 부각되기 시작했다. 사실 아직까지도 오극렬은 최고인민회의나 당중앙위원회 등에 항상 명단이 남아있을 정도로 정치적 생명이 사라지지는 않은 상태다. 김정은체제가 들어선 이후인 2012년 3월 8일에는 국제 여성의 날 기념 은하수관현악단 음악회에서 오극렬의 온 가족이 무대로 나와 노래를 부르면서 주목을 받았는데 당시 부축을 받으며 나왔다는 점으로 보아 고령이라 건강이 썩 좋지 않은 것으로 보인다.

오극렬은 해방 후 김일성의 손에 의해 키워지면서 김정일과 같이 생활했고 김정일은 자신을 챙겨주는 손위의 오극렬과 의형제까지 맺었을 정도로 각별한 관계였다. 이런 배경이 있었기에 불과 36세에 공군사령관, 48세엔 총참모장에 오를 수 있었다. 오극렬이 오랫동안 맡아왔던 당 작전부는 위조화폐와 마약, 무기 수출 등으로 막대한 부를 벌어들였으나 김정은체제가 들어서면서 작전부 산하의 연락소 등 핵심 조직이 정찰총국으로 이관한 것으로 알려진다. 김정은체제에서 오극렬의 입지가 많이 좁아졌지만 현재 오극렬의 아들 오세원이 북한식 태자당인 '봉화조'의 리더인 것으로 알려지고 있다.69)

■ 오금철 총참모부 부총참모장 - 빨치산 오백룡의 장남

오금철도 전형적인 북한판 금수저 혈통의 후예다. 그의 아버지가 김일성과 함께 항일빨치산 활동을 했던 인물 오백룡이다. 오백룡은 일자무식하지만 대범함이 타의 추종을 불허하는 인물로 올곧음 하나로 살아온 인물로 알려졌다. 그는 7군단장과 민족보위성 부상을 역임했는데 과거 김일성에 의해 진정한 군인으로 '장군' 칭호를 듣는 몇 안 되는 북

오금철

한 인물 중 하나로 거론되기도 했다.[70]

오금철도 다른 빨치산 출신 자제처럼 만경대혁명학원을 졸업했으며 바로 인민군에 입대하여 공군 비행사로 복무했다. 김책공군대학 그리고 소련공군아카데미를 졸업했다. 평생을 공군에서 복무한 오금철은 공군 제7사단 참모장을 거쳐 1991년부터 1992년까지는 공군 및 반항공사령부 제1전단장으로 복무했고 1995년 10월 상장(우리의 중장)으로 진급하면서 공군사령관에 임명되었다. 2008년 4월부로 공군사령관직에서 물러났고 2017년 현재 인민군 총참모부 부총참모장(공군담당)이다.

다른 빨치산 출신들에 비해 비교적 덜 알려진 오금철은 지난 2017년 1월 20일 북한이 공개한 영상 〈경애하는 최고령도자 김정은 동지께서 인민군대사업을 현지에서 지도〉에 등장해서 김정은에게 악수하고 리설주에게 거수경례하는 모습을 등장해서 눈길을 끌었다. 그의 친동생인 오철산은 해군사령부 정치위원으로 근무했었는데 자세한 활동내역은 알려진 바가 없다.

한편, 탈북 귀순한 태영호 공사의 부인 오혜선은 오백룡의 동생 오백

록의 손녀라고 알려졌다. 오금철과는 5촌 당숙부 간이다. 태영호 공사
의 귀순소식과 함께 그의 부인이 북한의 중요한 집안의 친척이라고 알
려졌는데 그 가문이 바로 오백룡 가문이었던 것이다.

■ **오철산 전 해군사령부 정치위원**
  — 오백룡(전 민족보위상)의 차남

 오백룡의 차남인 오철산은 해군사령부 정치위원으로 알려졌고 2010
년 4월 김일성 생일(태양절)에 단행된 장성 승진 인사를 통해 상장으로
진급했다. 당시 진급자들은 대부분 김정은 후계자 체제를 사수하기 위
한 충성맹세를 했던 것으로 알려지는데 대부분 아버지에 이어 김씨 체
제에 충성하는 혁명 2세대들이었다. 하지만 막상 김정은체제가 정식
출범한 2012년 이후 오철산의 공식활동은 거의 없는 편이고 형인 오금
철의 활동 역시 미미한 편이다.

2011년 7월
김정일의 해군사
령부 방문에서 현
지 영접하고 있는
오철산(좌측 두
번째)

※ 오백룡

오백룡(우측)

오백룡은 김일성과 함께 만주에서 빨치산 활동을 했던 혁명 1세대 가운데 별다른 굴곡 없이 김일성에게 충성하는 것으로 일생을 마감한 인물이다. 1914년에 길림성(吉林省) 연길현(延吉縣) 출생으로 청년시절 대부분을 김일성과 함께 동북항일연군 제1로군 제6사에서 활동했다.

광복 후 북한에서 김일성중심의 권력체제가 서는데 기여한 인물이다. 한국전쟁에서는 인민군 제8사단장으로 참전했고 종전 후인 1956년 4월에는 호위국장에 임명되었고, 1961년 내무성 부상(副相) 겸 호위총국장으로 승진했다. 1963년에 민족보위성 부상을 거쳐 1968년 12월 당 군사부장에 올랐다. 이듬해 12월 노농적위대 사령관, 1972년 12월에는 중앙인민위원회 산하 국방위원회 부위원장에 임명됐다. 1977년 3월에 당 정치위원회 후보위원을 거쳐서 그 해 10월에 당 정치위원회 정위원이 되었으며 1984년 4월 6일 사망하였다.[71]

오백룡은 일자무식한 인물이었으나 김일성에 의해 글을 깨치게 된 것으로 알려지며 매우 용감하고 단순한 인물로 거짓이 없었기에 김일성이 매우 아꼈던 인물로 전해진다. 평생 아부를 모르고 살았기 때문에 다른 동료들처럼 인민군 차수까지 오르지는 못했으나 자기 분수에 만족하면서 생을 마무리했다.[72]

오백룡에 대한 북한당국의 평가는 후한 편이다. 그래서 2014년에는

김정일과 오백룡(좌측)

최현에 이어서 두 번째로 100회 생일 기념보고회를 성대히 개최하여 국가적으로 오백룡을 추모하였다. 그해 4월에는 〈수령결사옹위로 빛나는 삶, 항일혁명투사 오백룡〉이라는 제목의 추모영상물을 제작하여 6여 차례 방영했고, 주요 시기마다 매년 방영하여 오백룡의 수령에 대한 충성심을 고취하고 있다. 북한체제성립 과정에서 오백룡의 역할을 비중 있게 다루고 있는 반면 그의 아들인 오금철, 오철산에 대한 북한 당국의 대접은 영 신통치 않다.

■ 장정남 전 인민무력부부장(1958년생)

장정남

김정은식 군부길들이기, 혹은 충동식 군부인사의 대표적 사례가 장정남이다. 1년 동안 무려 5번의 강등과 진급이 진행되었기 때문이다. 장정남은 2013년 5월 인민무력부장으로 혜성처럼 등장하며 주목을 받았다. 당시만 해도 장정남은 그다지 알려지지 않은, 우리에게는 매우 생소한 인물이었다. 전임 인민무력부장인 김격식이 총참모장으로 보직이동하면서 등장했지만 상대적으로 무게감이 김격식에 비해 현저히 못미치는 인사였다.

장정남은 인민무력부장에 임명되기 전에 전방부대인 1군단장을 역임한 것으로 알려졌는데 당시 대장계급이 아닌 상장(우리군 중장)이었기 때문에 상장이 인민무력부장에 임명되는 파격 인사였다. 한동안 상장계급으로 인민무력부를 이끌다가 대장진급이 확인된 것은 2013년 8월이다. 8월 28일 김일성경기장에서 열린 '횃불컵 1급 남자축구 결승전'을 소개하는 영상에서 대장 계급장이 확인됐다. 5월에 인민무력부장으로 진급하고 급히 대장으로 진급시킨 것이다.

장정남의 존재가 최초 관측된 것은 2002년이다. 2002년 4월 13일 최고사령관 명령에 의해 대좌에서 소장으로 승진했고 소장(우리의 준장)에서 중장(우리의 소장)으로 승진한 시기는 2011년경이다. 다시 중장에서 상장(우리의 중장)으로 승진하는 데는 2013년 5월까지 꼬박 2년이 소요됐다. 장정남은 비교적 온건파로 알려졌으며 나이는 50대 후반 내지 60 초반으로 추정되는 젊은 세대에 해당한다.

장정남은 인민무력부장에 임명된 지 채 1년도 안돼서 대장에서 상장으로 1계급 강등되는 수모를 겪기도 했다. 이 같은 사실은 2014년 최고인민회의 제13기 대의원 후보자로 추대하는 제111호 백두산 선거구 선거자대회 영상을 통해 드러났다. 이후 2014년 9월 이후 공개석상에서 자취를 감추면서 숙청이 아니냐는 등 여러 관측이 나왔지만 2015년 2월 당 중앙군사위원회 확대회의에서 앞줄에 앉아있는 것이 확인되면서 건재함을 과시했다. 당시 상장(우리의 중장) 계급장을 달고 있었고 당 중앙군사위원회에 참가한 것으로 볼 때 군부 내에서 여전히 중요한 직책을 맡고 있을 것으로 추정되었는데 2017년 현재 북한 전방군단인 5군단장 직책을 수행하고 있는 것으로 알려진다. 장정남의 인민무력부장 경질은 2014년 4월 당시 평양의 4.25문화회관 화재가 원인이라는 지적도 있다.

■ 조남진 전 총정치국 조직부국장

조남진

지난 2017년 4월 15일 김일성 105세 생일 기념 18명의 장성 승진인사에서 조남진 총정치국 조직부국장이 상장(우리의 중장)으로 진급했다고 보도되었다. '조선인민군 최고사령관 명령 제00136호'에 의해 18명 장성들의 진급이 발표되었는데 여기에는 김정은체제 들어서면서 주목받기 시작한 신진급 인사들이 대다수 포진되었다.

조남진은 총정치국 조직부를 통해 군 내부의 당 정치사업을 담당하는데 군 간부들의 사상성 등을 평가하고 인사에 직접 관여하기 때문에 실질적인 총정치국의 최고실세다. 과거 현철해가 김정일체제에서 김정일의 현지지도에 항상 동행하면서 실세로 군림했던 사실을 비교하면 조남진의 위치를 가늠할 수 있을 것이다. 현재 총정치국장인 황병서가 고령임을 감안하면 실질적으로 조남진이 총정치국의 거의 모든 권한을

2017년 6월 김정은의 전투비행술경기대회 참관 수행. 좌측에서 두 번째가 조남진

갖고 있다고 해도 무방할 것이다. 이와 관련 김정은의 군부 길들이기나 막가파식 대량살상무기 개발 등의 추진과정에 조남진 등 신진 군부실세들의 조언이나 입김이 작용했을 것이란 추측도 나오고 있다. 아직까지 조남진의 자세한 경력이나 신상에 대한 내역은 별로 알려진 바가 없다.

■ 최경성 전 11군단장(폭풍군단)

최경성이 모습이 드러낸 것은 비교적 최근이다. 그만큼 베일에 가려져 있던 인물이었다. 일선 군단장으로는 유일하게 2010년 당 중앙군사위원회 위원으로 선임되었다. 최경성은 2010년 4월 15일(김일성 생일) 즈음의 장성인사를 통해 중장(우리의 소장)에서 상장(우리의 중장)으로 진급했고 같은 해 9월 28일 제3차 당대표자회를 통해 최고 군

최경성

사지도기구인 당중앙군사위원회 위원에 오르며 주목받았다. 당시 군간부 인사는 김정은 시대를 맞이하여 신구교체를 알리는 시초로 평가됐다.

최경성이 맡고 있는 '폭풍군단'은 인민군 11군단으로 1969년 창설된 우리에게도 익숙한 '특수8군단'의 후신이다. 북한은 1983년 특수8군단을 경보교도지도국으로 확대개편했다. 특수부대는 김일성이나 김정일이 애지중지했던 우리의 비대칭 위협 가운데 하나로 과거 김정일도 수시로 특수부대를 방문하여 사기를 진작했고 고난의 행군시기에도 특수부대만큼은 배급을 철저히 보장했던 것으로 알려진다.[73]

김일성, 김정일이 중요하게 생각했던 만큼 11군단의 존재는 철저히
감추어졌었고 그 책임자 역시 공개되지 않았다. 현재 11군단의 병력은
4~8만 명으로 추정되고 전시에 우리지역 후방을 교란시킬 목적으로 항
공기와 잠수정 등을 통해 침투하는 임무를 맡고 있다. 최경성은 2015년
까지 폭풍군단을 맡았고 현재 후임은 김영복인 것으로 알려진다. 공개
행사에 참석한 것도 2015년 11월 리을설 국가장의위원으로 참석한 것
이 마지막인 것으로 확인되고 있으며 현재는 총참모부 연구원 신분인
것으로 알려져 있다.

■ 최영호 전 항공 · 반항공군사령관

2014년 12월
김정은의 조선인
민군 항공 및 반
항공군 제458군
부대 시찰 현지
영접하는 최영호
(우측 인물)

공식적으로 최영호가 공군사령관으로 알려진 것은 지난 2014년 12월
8일 김정은의 인민군 항공 · 반항공군 제458군부대를 시찰 소식이 전해
지면서 부터다. 전임자는 리병철이었다. 당시 전임 공군사령관인 리병

철은 당 중앙위원회 책임일꾼으로 소개되었고 현재 북한의 미사일 개발분야에서 핵심적인 역할을 하면서 '미사일 3인방'에 속해 있다. 최영호는 2015년 7월 30일 김정은의 전투비행술 경기대회 현지지도 보도에서 상장에서 대장으로 진급한 사실이 확인되었다.

하지만 2017년 4월 열병식에서 김책항공군대학 학장으로 확인된 최영호는 보직 이동과 함께 대장에서 상장으로 내려앉았다. 사령관 해임은 그에 앞서 2016년 12월 김정은의 야간습격 전투비행 훈련 참관에서 항공·반항공군사령관으로 김광혁이 소개되면서 경질된 사실이 미리 알려졌다.

■ 한창순 정찰총국장

한창순

한창순은 지난 2014년 7월 김정은의 동해 전방 화도방어대 시찰에 등장하여 김정은을 현지에서 영접했다. 화도방어대는 인민군 제324대연합부대 소속으로 동해의 관문으로 알려졌으며 인민군 7군단을 지칭하는 단대호로 알려졌다. 7군단장으로 알려졌던 한창순은 2010년 4월 14일 김일성 생일을 하루 앞두고 상장(우리의 중장)으로 진급했고 2010년 9월에 열린 제3차 당대표자회에서 조선로동당 중앙위원회 정치국 후보위원으로 선출되었다. 2011년 김정일 장의위원에 뽑혔으며 제7차 당대회에서 당 중앙위원으로 선출되었다.

북한은 지난 2009년 노동당의 작전부와 대외연락부, 군의 정찰국의 기능을 통합하여 정찰총국을 출범한 바 있다. 당시 정찰총국장은 우리에게 잘 알려진 김영철이다. 정찰총국은 김영철이 2016년 노동당 통일전선부장에 임명되면서 잠시 동안 후임 없이 대행체제로 운영되다가 곧바로 김정은의 눈에 띈 한창순이 발탁되었다고 전해진다. 한창순은 지금까지 잘 알려지지 않은 야전군 출신으로 그다지 중앙무대에서 활약한 경력이 없는 인물이고 김정은체제가 들어서면서 중앙무대로 진입한 신진인물 가운데 한 명이다.

■ 황병서 전 총정치국장

황병서

황병서는 현재 북한 국무위원회 부위원장으로 위원장인 김정은에 이어 서열상 북한의 제2인자 그룹이다. 물론 폐쇄적인 북한체제의 특성상 공식적인 모양새에서 2인자일 뿐 실질적인 부분에서는 또 다른 인물이 도사리고 있을 수 있다. 황병서는 다양한 직책을 겸하고 있다. 인민군 총정치국장, 중앙군사위원회 위원, 조선로동당 정치국 상무위원을 겸하고 있다. 과거 김정일체제에서의 조명록에 비견할만한 인물이다.

황병서는 우리에게 두 가지 사건을 통해 많이 알려진 인물이다. 지난 2014년 10월 4일, 인천 아시안게임 폐막식에 최룡해, 김양건과 함께 전격적으로 방한하면서 그 모습을 직접 드러냈고 지난 2015년 8월 22일

목함지뢰도발 사건으로 긴장이 고조되면서 남북고위급이 회담이 개최되었는데 이 때 북한 대표 두 명중 한 명으로 나오면서 또 얼굴을 알렸다. 당시 김양건만 나오기로 했으나 우리 측의 강력한 주문으로 같이 나오게 되었다는 후문이다. 당시 황병서는 8.25합의를 이끌어낸 공로로 북한 최고 훈장인 공화국영웅 훈장을 받는 등 2인자라는 칭호가 아깝지 않은 인물이다.

황병서의 주가가 올라간 결정적 계기가 된 사건은 2013년 12월 장성택 처형사건으로 알려진다. 실질적으로 김정은에 이어 2인자이자 확실한 김정은의 후견인으로 인정받던 장성택이 하루 만에 형장의 이슬로 사라진 사건이다. 이 사건은 사실상 김정은체제가 들어선 이후 가장 큰 사건으로 기록될 만한 충격적인 소식이었다. 막강한 2인자가 사라지자 사람들의 시선은 차기 2인자를 찾아 주목하게 되었고 장성택 처형사건 당시만 해도 총정치국장인 최룡해의 입지가 탄탄하다는 평가가 주류를 이루고 있었다. 하지만 장성택 처형 이듬해인 2014년 5월 초 최룡해가 총정치국장 자리를 황병서에게 넘겨주면서 사람들의 시선은 황병서에게 쏠렸다. 1949년생인 황병서는 원래 당 조직지도부 출신이었다. 당 조직지도부는 북한 내 모든 조직의 인사권을 쥐고 있는 최고의 권력기관이고 조직지도부장은 워낙 권한이 막강해서 과거 김정일도 본인이 직접 조직지도부장 자리를 겸직했을 정도다.

황병서는 2005년부터 당 조직지도부에서 근무한 것으로 알려지는데 당 조직지도부 부부장에서 제1부부장으로 빠르게 승진한 데 이어, 인민군으로 소속을 바꾸면서 차수 계급까지 초고속 승진했다. 황병서가 김정일 사망 이전에 조직지도부에서 제1부부장의 자리에 오르고 인민군 계급을 수여받은 것으로 볼 때 이미 김정일에 의해 발탁된 최측근 가운데 한 명임은 분명해 보인다. 얼마전까지도 김정은의 현지지도 수행 횟수도 1, 2위를 다투고 있는 상황이다.

황병서는 조직지도부에서 오래 근무했기 때문인지 성격이 매우 조심 스럽다. 지난 2012년 당시 실세였던 리영호 총참모장의 숙청을 두고 여러 가지 설들이 오갔는데 그 가운데 하나가 바로 '불경죄'였다. 금수산 태양궁전 참배 시 김정은보다 앞줄에 섰다는 이유였다. 이러한 이유 때문인지 2015년 4월 30일 인민군 제5차 훈련일꾼대회에서 김정은보다 한 걸음 앞서 걸으며 수행하다가 순간 화들짝 놀라 뒤로 물러서는 모습을 보이기도 했다.

또한 황병서는 김정은체제에서 주목받고 있는 여러 실세들과 갈등 및 긴장관계인 것으로 알려진다. 먼저 국가안전보위부(현 국가보위성) 부장이었던 김원홍과는 앙숙인 것으로 알려진다. 사실상 북한체제를 지탱하는 두 인물간의 알력관계는 2012년으로 거슬러 올라간다. 이들의 갈등은 김원홍이 국가안전보위부장에 임명되면서 시작됐다. 김원홍은 당시 조직지도부에 있던 황병서를 뇌물혐의로 연행 조사했고 그 과정에 황병서의 부인이 취조 중 사망했다는 것이다. 이에 앙심을 품은 황병서는 2014년 4월 김원홍의 아들 김철을 외화횡령혐의로 조사하면서 복수를 시작했고 2015년에는 김원홍의 부하 4명을 김정은 행사에 참석하지 않았다는 불경죄를 물어 처형시켰다. 당시 이들 4명에게는 행사에 대한 내용이 사전에 전달되지 않았던 것으로 알려졌다.[74] 2016년 말에는 김원홍이 조선노동당 조직지도부의 검열을 받고 전격 해임되면서 군사칭호(계급) 역시 대장에서 중장(별 두개)으로 강등된 것으로 알려졌다. 2인자의 자리를 놓고 황병서, 김원홍이 서로 장군멍군을 주고받는 모양새다.

이밖에 황병서와 갈등관계에 있는 실세는 전임 총정치국장인 최룡해와 노동당 통일전선부장에 임명된 김영철을 들 수 있다. 최룡해는 직접적으로 황병서의 공격을 받아 좌천되고 자리를 빼앗긴 것으로 알려진다. 2014년 5월 최룡해의 해임이 당시 조직지도부 제1부부장이었던 황병서가 "최룡해가 군부 내에 자신의 인맥을 구축해 세력화할 조짐이 있다"는 직보에 따른 것으로 전해진다. 이에 최룡해는 해임되고 2개월간의 '혁명화'를 받았다. 물론 이후 최룡해가 군복을 입고 인민군으로 복직되지못하고 본인의 친정이나 다름없는 청년동맹의 상위부서인 당 근로단체를 맡게 되었다. 현재 최룡해는 절치부심하며 황병서에게 반격할 기회를 노리고 있다는 소식이다.

황병서와 또 다른 갈등관계에 있는 김영철 통전부장은 지난 2016년 7월 권한남용을 이유로 한 달간의 혁명화 과정을 밟은 것으로 알려진다. 당시 김영철의 혁명화 과정에는 황병서와 김원홍의 공작이 먹혔다는 이야기가 있다. 즉 황병서는 김영철이 정찰총국장에서 통전부장으로 자리를 옮기면서 정찰총국 산하의 청봉무역회사도 통전부로 가져가려고 하자 발끈했다는 것이다. 이에 황병서는 김영철이 개인권력을 조장한다는 보고를 했다고 한다. 마찬가지로 김원홍도 비슷한 시기에 김영철 통전부장이 보위부가 갖고 있던 대남공작업무까지 관여하려는 것에 반감을 품고 불륜설 등을 직보한 것으로 알려진다.[75] 아이러니한 것은 갈등의 매개체가 된 청봉무역회사는 사실상 김원홍의 아들인 김철이 사장으로 재직하고 있다는 점이다.

황병서는 총정치국장에 임명되기 전에 북한 최고의 핵심 조직인 노동당 조직지도부 제1부부장의 직책을 맡고 있었다. 조직지도부에는 총 4~5명의 제1부부장이 있는 것으로 알려지는데 황병서는 군부(軍部)를 담당하는 제1부부장이었고 2010년에 사망한 전 제1부부장인 리용철의 후임이었다. 대체적으로 조직지도부 간부의 성향은 조용하고 치밀한 성격의 소유자들이다. 황병서가 장성택 처형을 계기로 실세로 얼굴이 알려지기 시작했으나 김정일이 사망하기 전부터 상당한 신뢰와 권한을 갖고 있었던 것으로 파악된다. 김정은이 장성택의 처형을 결심한 것으로 알려진 삼지연 방문 때에도 동행한 사실은 그에 대한 신뢰도가 매우 높았다는 것을 말해 준다.

그런 만큼 황병서의 군부 내 승진속도는 가위 기록적이었다. 2010년 9월 28일 제3차 당대표자회의에서 인민군 중장(우리 군 소장)에 임명됐다가 이듬해인 2011년 상장(우리 군 중장)으로 승진했다. 그리고 2014년 4월 28일 조선중앙통신은 황병서의 차수 승진을 보도했다. 북한 인민군 역사상 유례가 없는 고속승진이다. 황병서는 동년 4월 15일 평양에서 열린 제1차 비행사대회 때 대장계급이 확인된 이후 10여일 만에 차수가 됐다. 황병서의 정확한 대장진급 시기는 보도되지 않아서 알 수 없지만 한 달 전인 3월 중순 당 중앙군사위원회 확대회의에서 진급했을 가능성이 가장 높다. 그렇게 계산해도 대장승진 1달 조금 넘어 차수로 승진한 기록을 세운 셈이다. 보통 군 최고계급은 대장이지만 북한은 대장위에 차수, 원수(元帥) 계급이 있다. 김정은은 2012년 7월 공화국 원수 칭호를 수여받았다.

아직까지 황병서의 출신지나 정확한 나이는 알려지지 않았다. 다만 통일부는 1949년생으로 보고 있다. 현재 고령인 만큼 건강상태가 그다지 좋지는 않은 것으로 보인다. 지난 2015년 11월경에는 약 3주 동안 공식행사에 모습을 보이지 않아 이목이 집중되었는데 고질적인 척추질환 치료를 위해 중국을 방문한 것으로 알려졌다. 최근에는 총정치국장은 물론 당적에서도 제명되는 숙청에 준하는 조치가 취해진 것으로 알려졌다.

■ 손철주 총정치국 조직부국장

손철주 총정치국 조직부국장 역시 김정일체제의 특징 가운데 하나인 '견장 정치'를 통해 계급의 등락을 겪었던 인물 가운데 하나다. 손철주는 공식적으로 북한 공군 정치위원으로 활동해 왔다. 그는 지난 2013년까지 상장계급으로 등장했으나 2015년 1월 중장으로 강등되었고 약 5개월 동안 중장계급으로 활동하다 다시 상장으로 원계급을 찾았다.

손철주

지난 2015년 김정은의 인민군 서부전선 반항공부대의 '고사로켓' 사격훈련장 참관장에 나와 김정은을 수행하는 모습을 보이면서 상장으로 소개되었다. 손철주는 야전군 출신이 아니라 정치군 출신으로 공군사령부 정치위원을 맡기 전에는 총정치국 부국장을 지낸 것으로 알려졌다. 2018년에는 다시 총정치국 조직부국장으로 영전했다.

■ 방두섭 인민군 2군단장

방두섭은 2017년 4월 14일 조선인민군 최고사령관 명령 제00136호에 따라 상장으로 진급했다. 방두섭은 2014년 8월 말 북한의 목함지뢰도발을 지휘한 것으로 알려진 김상룡이 후방부대인 9군단장으로 자리를 옮기면서 방두섭이 전방부대인 2군단장으로 부임한 것으로 알려진다.

■ 김성찬 인민군 제1군단장

김정은체제가 들어서면서 2012년 전체 일선군단장 70% 이상을 교체한 것으로 알려진 가운데 젊은 군인들로 군단장 자리가 교체되고 있는 것으로 알려졌다. 김성찬도 그러한 정책의 일환으로 군단장의 지위에 오른 인물로 정확한 경력은 알려진 바가 없다. 전임 장정남이 2013년 인민무력부장으로 전격 발탁되면서 그 후임으로 임명된 것으로 파악된다.

■ 최두영 인민군 제3군단장(중장)

인민군 3군단 지역은 평양을 방어하는 1선 방어부대로 남포에 본부를 두고 있다. 과거 장성택의 친형으로 알려진 장성우가 군단장으로 근무했을 정도로 매우 중요한 부대로 알려진다.

■ 이성국 인민군 제4군단장(상장)

2017년 4월 14일 조선인민군 최고사령관 명령 제 00136호에 따라 진급. 4군단은 남한수도권 전방군단이다.

■ 양동훈 인민군 제5군단장(상장)

2017년 4월 14일 조선인민군 최고사령관 명령 제 00136호에 따라 진급.

- 리태섭 인민군 제7군단장(중장)

- 박수일 인민군 제8군단장(중장)

- 김상영 인민군 제9군단장(중장)

- 김금철 인민군 제10군단장(중장)

- 김영복 인민군 제11군단(특수작전군단)(상장)

2017년 4월 14일 조선인민군 최고사령관 명령 제 00136호에 따라 진급.

2017년 4월
김정은의
특수작전부대
타격경기대회
참관을 수행
하는 김영복

- 리봉춘 인민군 제12군단장(중장)

- 송영건 인민군 제108기계화군단(제108 훈련소, 중장)

- 주성남 인민군 제425기계화군단(제425 훈련소, 중장)

- 호성일 인민군 제806기계화군단장(중장)

- 고명수 인민군 제815기계화군단(제815 훈련소, 중장)

- 김광수 인민군 제518포병군단(제518 훈련소, 중장)

- 김명남 인민군 평양방어사령관(제91 훈련소, 상장)

2017년 4월 14일 조선인민군 최고사령관 명령 제 00136호에 따라 진급.

- 한창순 김일성군사종합대학장(상장) 전 7군단장

- 차경일 김일성정치대학장(중장)

제3절 정(政) 핵심인물

■ 김영남 최고인민회의 상임위원장
  - 김형록(김일성 삼촌) 둘째딸 사위

김영남

　　권불십년이요 화무실일홍이라 했지만 그러한 말은 김영남에게 통용되지 않는 듯싶다. 1998년 최고인민회의 상임위원회 위원장의 지위에 오른 후 거의 20년간 공식적으로 조선민주주의 인민공화국(북한)을 대표하는 자리에 앉아있기 때문이다. 여기에는 그의 무던한 성격이 작용하기도 했지만 중요한 것은 그가 김일성의 삼촌인 김형록의 둘째딸 김선숙의 남편이라는 점이 작용했다. 김영남은 이러한 친족관계로 인해 일찍이 김일성의 생일잔치에도 참석해서 김일성과 사담을 나눴고 김정일 역시 어린 시절 김영남과 손잡고 놀던 일을 추억했다고 전해진다.76)

　　김영남은 1928년 2월 4일 평양출신으로 사망한 주석궁 군사무관이자 인민무력부 부부장이었던 인민군 대장인 김두남의 친형이다. 동생 김두남은 김영남과는 달리 매우 괄괄한 성격의 소유자로 알려졌고 김일성-김정일의 신임이 매우 높았으나 2009년에 사망했다.

　　전형적인 학자타입의 김영남은 김일성종합대학을 거쳐 모스크바대학에서 외교학을 전공했다. 국제통인 김영남은 1956년 조선노동당 중앙위원회 국제부 과장을 시작으로 주로 외무성과 당 국제부를 오가며 근무했고 1974년 당 정치국 후보위원과 1978년 당 정치국 위원이 되면서 중앙무대로 진입했다. 그리고 김정일의 3년 탈상이 끝나고 김정일체제가 출범하면서 최고인민회의 상임위원장에 선출되어 현재까지 헌법상 북한을 대표하는 자리를 유지해 오고 있다.[77]

　　김영남은 대외적으로 북한을 대표하는 인물이자 얼굴마담이다. 주로 제3세계국가 정상들을 만날 때 얼굴을 보이고 북한의 주요행사에서도 개회사 등을 낭독하는 역할을 맡고 있다. 실권은 없지만 공식적인 자리에서 얼굴을 내세우는 대역인 것이다. 실제 성격도 유순하고 복종적이며 젠틀한 것으로 알려졌다. 이것이 김영남이 북한체제에서 롱런할 수 있는 비결이라 할 수 있다. 2014년 최고인민회의 13기 때 직책에서 물러날 것으로 점쳐지기도 했으나 유임되었다. 이미 고령으로 말이 어눌하고 이동할 때 수행원의 도움이 반드시 필요한 정도로 노쇠한 것으로 알려졌다. 그의 아들인 김충일이 당 서기실에서 근무했던 것으로 알려진다.

■ 김충일 - 전 김정일 서기실 부부장

김충일

　　김영남의 아들인 김충일은 아버지가 고령인 만큼 그도 1948년생이다. 함경남도 장진 출생으로 김정일 서기실 서기, 당 중앙위 위원, 국제문제연구소 부소장을 역임했다. 평양 외국어대를 졸업하고 중국 북경대에서 유학했다. 1973년 주 UN 옵저버 대표부 1등서기관을 시작으로 외교 업무에 몸을 담았다. 1988년 당 선전선동부 제1부부장을 거쳐 1992년 김정일 서기실 부부장에 임명된 것으로 알려진다. 차분하고 치밀하면서도 사교적, 개방적 성격으로 김정일이 매우 마음에 들어했으며 김정일 측근파티 고정멤버다.

1988년 김정일이 김충일의 아버지인 김영남 외교부장에게 "이 사람은 내가 직접 쓰겠다"고 하여 선전선동부 대외선전담당 제1부부장에 임명했고 이후 서기실로 소속을 옮겼다.[78] 하지만 김정일 서기실 근무 이후 김충일의 활동사항에 대해 알려진 바가 없다.

■ 최태복 최고인민회의 의장

최태복

　　김정은체제 초기에 운구차 7인방의 행보가 주목을 받았었다. 이들은 향후 김정은체제를 이끌어갈 상징적인 인물들로 비추어졌다. 그러나 2017년 현재 남아있는 인물은 김기남과 최태복밖에 없다. 전부 숙청 또는 은퇴로 이어졌다. 최태복 역시 김영남과 마찬가지로 북한을 상징하는 인물 가운데 하나로 정치생명이 길다는 공통점을 갖고 있다.

　　1930년생인 최태복은 남포출신으로 만경대혁명학원과 김일성종합대학을 졸업하고 김책공업대학에서 교편을 잡은 것으로 알려졌다. 최태복의 전공분야는 주로 교육분야에 한정되어 있다. 당 교육부, 정무원 고등교육부 등을 거쳤고 1993년 당 교육담당 비서에 내정되었다. 그리고 2009년 평생직장인 최고인민회의 의장에 낙점되면서 현재까지 롱런하고 있다.

　　최고인민회의 의장직을 맡고 있다 보니 우리 쪽의 국회의장과 국회분야 회담의 카운터 파트너로 인식되고 있는 인물이다. 형식상 최고인민회의가 북한의 입법기관이기 때문이다. 하지만 최태복 역시 김영남과 마찬가지로 형식적으로 의전서열만 입법부의 수장이지 실제로는 실권이 거의 없는 인물이다.

■ 양형섭 최고인민회의 상임위원회 부위원장
  - 김형록(김일성 삼촌)의 셋째 딸 사위

양형섭

양형섭은 최고인민회의 상임위원회 위원장인 김영남과 동서지간이다. 양형섭은 김일성의 삼촌인 김형록의 셋째 딸 김신숙의 사위다. 김신숙과 양형섭은 캠퍼스 커플 출신으로 평소 금슬이 매우 좋았던 것으로 알려진다. 양형섭은 성격이 온순하고 침착해서 실수를 거의 하지 않는 편이지만 다른 일에 관심이 별로 없고 욕심도 없다보니 주변에 사람이 많지 않다.

양형섭은 1925년생으로 고령이다. 김일성종합대학을 나와 모스크바대학에서 유학생활을 했고 인민경제대학, 당 중앙당학교, 내각 고등교육상 등을 역임했다. 최태복과 마찬가지로 교육전문가다. 그러다가 1970년 당 비서, 1974년 당 정치국 위원 등 중앙무대로 진출했고 사회과학원 원장, 김일성방송대학 학장 등을 거쳐 1998년 최고인민회의 상임위원회 부위원장직을 맡았다. 양형섭 역시 김영남과 마찬가지로 집안 배경이 좋은 상징적인 인물로 큰 과오없이 고위직까지 올랐다.

하지만 자신이 크게 출세하지 못한 것을 후회하여 그의 아들인 양수일이 클 수 있도록 노력했지만 양수일은 김정일의 이복동생은 김평일과 군대 동기로 입대했고 부대 정치부 부장까지 일사천리로 승진에 승진을 거듭했지만 결국 김평일의 곁가지가 제거될 때 김평일과 같이 찍은 사진을 소각하지 못하고 보관하던 것이 발각되어 처벌받고 중앙무대에서 쫓겨난 것으로 알려진다.[79]

■ 박봉주 내각총리 – 북한경제의 사령탑

박봉주

　　박봉주는 요즘 심심치 않게 북한 로동신문의 지면에 각 경제생산단위를 '현지료해'라는 형식의 시찰을 다니는 인물로 등장하고 있다. 사실 박봉주는 바닥에서 총리까지 올라간 입지전적의 인물로 생산현장의 세세한 노하우가 남다르다고 전해진다.

　　1939년생인 그는 함경북도 김책시 출신으로 덕천공업대학을 졸업한 것으로 알려졌다. 비교적 북한에서 유명대학 출신이 아니라는 점이 특징이다. 오로지 실력 하나로 지금의 총리자리에 오른 인물이다. 1962년에 룡천식료공장 지배인으로 이름을 알렸고 그의 행적을 주제로 한 영화 〈군당책임비서〉가 제작되기도 했다. 김일성, 김정일이 아니라 사망하지 않은 일반인을 주제로 한 영화가 만들어졌다는 점은 박봉주에 대한 북한정권의 신뢰도를 가늠할 수 있는 부분이다.

　　하지만 시련도 있었다. 김정일이 2001년 중국 상해를 방문하고 와서 감명을 받고는 경제시찰단을 꾸려 우리나라를 포함한 동남아시아 국가를 순방했다. 당시 장성택과 박봉주가 한 팀이 되어 움직였다. 결과물로 나온 것이 2002년 '7.1경제관리개선조치'였다. 이 정책은 개인에게 어느 정도 사유재산을 인정하고 기업의 자율성을 일정 부분 인정한다는 것을 골자로 하고 있었다. 박봉주는 당시 7.1조치를 진두지휘하는 입장에 있었다. 2003년 내각총리에 임명되면서 '내각상무조'를 편성해서 새 정책의 개혁 드라이브를 강력하게 걸었다. 그 파장으로 반대파들의 반발에 부딪히면서 2007년 평안남도 순천비날론연합기업소 지배인으로 좌천하게 된 것이다.

당시 7.1조치는 사회주의제도를 유지하고 있던 북한에겐 굉장히 급진적인 개혁조치였다. 결과적으로 기존의 보수적 스텐스에 있던 당군 인사들의 반발을 불러왔다. 사실상 이것은 제도자체에 대한 반발이 아니라 박봉주가 경제를 내각중심으로 움직이자 그동안 당경제, 군경제의 젖줄을 먹고 있던 기득권 세력에게 가던 '떡고물'이 작아지는 결과를 낳았기 때문에 발생한 일종의 반발이었다. 즉 밥그릇 싸움에서 아무런 배경이 없던 박봉주가 밀려난 것이었다.

지방에서 근무하던 박봉주는 2010년 8월 당 경공업부 제1부부장으로 복권됐고 2012년 4월에는 경공업 부장에 올라 김정은체제 등장과 함께 경제정책 실세로 떠올랐다. 2014년에는 다시 내각총리로 재임명되면서 주목을 받았다. 2016년 7차 당대회에서는 정치국 상무위원과 당 중앙군사위원에 선임되었다. 박봉주는 사실상 장성택과 친분이 깊은 인물로 장성택 처형과 함께 숙청대상이 될 수 있었는데도 불구하고 복권은 물론 당 고위직에 선임되는 영예를 누리고 있다. 현재까지는 김정은의 신뢰가 매우 깊은 것으로 보이나 박봉주가 2016년 제시된 '국가경제발전 5개년 전략'의 실질적인 사령탑이기 때문에 경제성과 여부에 따라 김정은 경제정책 실정에 대한 책임 역시 피할 수 없는 자리에 앉아 있다.

■ 박훈 건설건재공업상

박훈

　　최근 건설건재공업상으로 확인된 박훈은 내각사무국 부국장, 2016년 여명거리 현장지휘부 부책임자 정도의 이력 밖에 알려지지 않은 인물이다. 당시까지 박훈의 직책은 내각 제1사무국 부국장이었다. 박훈의 건설건재공업상 임명은 2017년 6월 11일 조선중앙방송에서 청진 금속건설연합기업소 설립 50돌 기념보고회를 보도하면서 확인되었다. 김정은이 자신의 치적 가운데 하나로 선전하고 있는 여명거리는 북한의 군과 내각이 총력을 기울여 완

여명거리에는 평양 룡남산지구에 위치하고 있으며 금수산태양궁전과 영생탑, 김일성종합대학 등이 주변에 위치하고 있다. 김정은이 2017년 4월 준공식을 개최하면서 자신의 치적으로 선전하고 있는 거리로 고층빌딩들이 자리잡고 있으나 부실시공 등의 논란이 끊이지 않고 있다.

성한 거리다. 여명거리에는 김일성종합대학 등의 기숙사가 들어섰는데
웅장한 외양과는 다르게 내부시설은 매우 빈약한 것으로 알려졌다. 대
규모 고층빌딩이 즐비하게 들어선 여명거리는 김정은시대의 위상을 과
시하게 위한 목적으로 추진되고 있다.

　여명거리 건설에 참여한 것으로 알려지는 박훈의 건설건재공업상 임
명은 여명거리 완공의 포상 성격이 강한 것으로 보인다. 여명거리 건설
책임자는 김정관 인민무력성 부상인 것으로 알려졌다.[80]

■ 동정호 내각 부총리

동정호

　동정호는 1953년 남포 출신으로 건설분야
에서 잔뼈가 굵은 인물이다. 거의 평생을 건
설건재공업성에서 보내고 2005년 건설건재
공업상에 임명돼 12년간 장수했으며 2017년
5월 내각 부총리로 영전했다. 그동안의 공적
을 인정받아 2016년 7차 당대회에서는 당중
앙위원회 위원으로도 선출됐다.[81]
　2005년 조선마라톤협회 위원장에도 선임
되었고 2014년 최고인민회의 13기 대의원에
선출되었다. 김정은체제에서 우선시 하고 있는 대규모 건설물을 도맡
아 수행한 공적으로 부총리에 오른 것으로 추정된다.

▪ 마원춘 국무위원회 설계국장

마원춘

마원춘은 원래 군인출신이 아니다. 1956 년생으로 평양건설건재대학(현 평양건축종합대학) 졸업 후 북한 최고의 건축설계기관인 '백두산 건축연구원'에서 건축가로 일한 순수 테크노크라트다. 2000년께 노동당 재정경리부 설계실에 영입돼 김정일 일가의 관저와 별장의 설계를 맡으면서 김정일 · 김정은 부자의 신임을 받았다. 마원춘은 김정은 후계 체제 원년인 2009년부터 현재까지 김정은 제1위원장을 밀착수행하면서 김정은 정권의 최대 업적의 하나로 추진되는 시설물 건설을 지휘하였다. 2009년 10월 김정일 국방위원장과 당시 후계자 신분이던 김정은을 수행해 평양 만수대 거리 주택단지 건설 현장을 둘러보았다. 김정은 정권이 공식 출범한 2012년부터는 김정은의 현지지도 때마다 밀착 수행하면서 최측근임을 과시했고 2014년 최고인민회의 제13기 대의원에도 선출됐다.

마원춘은 민간인 신분임에도 불구하고 군복차림에 중장(우리의 소장) 계급을 달고 언론에 얼굴을 비추었지만 순수 '건축가' 출신이다. 그가 김정은에 눈에 들 수 있었던 것은 마식령 스키장, 평양 현대화 사업 등 체제선전 과업의 책임자로 성과를 냈기 때문이다. 그러나 2014년 11월 평양 순안공항 신청사 건설이 김정은의 마음에 들지 않았기 때문에 곧 바로 량강도 풍서군 신명리 농장원으로 좌천된 것으로 알려졌다. 이후 공식석상에서 자취를 감추며 숙청설과 사망설이 제기되기도 했지만 2015년 10월 8일 11개월 만에 모습을 드러냈다. 장소는 함경북도 나선시 수해복구 현장이었다. 당시 현지지도에 나선 김정은을 수행하고 있었다. 그의 어깨엔 소장(우리의 준장)계급장이 붙어 있는 걸로 봐선 한 계급 강등당한 채로 복귀한 것이다. 숙청 당시 량강도 농장마을에는 마원춘 부부를 비롯해, 아들과 장모, 처남 등 온 가족이 끌려왔기 때문에 복귀가 불가능할 것으로 점쳐지기도 했다.[82]

■ 최영림 전 총리 – 아들 최승호 당 검사위원회 위원장, 딸 최선희 외무성 미국국장

최영림

북한의 당정군 주요인물들의 이력을 살펴보면 대체로 겸직을 하고 있는 것을 확인할 수 있다. 그래도 임의상 당정군의 분야를 나누면 그럴듯하게 각 인물의 근무처를 구분할 수 있다. 하지만 최영림은 당정 분야의 고위직을 두루 겸했기 때문에 활동분야를 나누기 매우 애매한 인물이다. 최영림은 전통적인 엘리트코스인 만경대혁명학원과 김일성종합대학을 졸업한 뒤 1956년 당 조직지도부 책임지도원으로 첫발을 내딛었다. 이후 최영림은 당 정치국 상무위원을 비롯, 내각 총리, 평양시 당책임비서, 중앙검찰소장, 국가계획위원장, 금수산의사당 서기실 책임서기 등 하나같이 쟁쟁한 직책들을 다 거쳤다.

이러한 그의 경력은 그가 얼마나 자신의 과오가 드러나지 않는 꼼꼼하고 사심이 없는 인물인가를 보여준다. 특히 대부분 내각 총리직을 거치면 숙청과 함께 정치생명을 마감하는 경우가 많은데 최영림은 소프

트 랜딩한 케이스다. 특히 2010년부터 2013년까지 내각 총리직을 수행
하면서 북한 지도자들의 '현지지도'와 유사한 '현지료해'라는 형태의 통
치행위를 선보이기도 해서 눈길을 끌었다. 당시 김정일의 건강이 악화
되어 있었고 김정은 후계체제를 준비하고 있었다는 점을 감안하면 당
시 최영림에 대한 김정일의 신임이 매우 컸다는 점을 알 수 있게 해주
는 대목이다.

최영림이 총리로 재직하던 2010년 시기는 북한의 핵실험으로 유엔
안보리의 대북제재가 강화된 시점이었다. 여러모로 힘든 시기에 총리
직을 받은 최영림은 여러 명의 분야별 부총리를 임명해서 위기를 돌파
하고자 시도했고 결과적으로 2013년 총리직을 마칠 때까지 큰 잡음 없
이 임기를 무사히 마쳤다.

올해 1930년생으로 매우 고령인 최영림은 김씨 3대를 거쳐 숙청에
걸려들지 않고 무사히 살아온 몇 안 되는 인물 가운데 하나다. 지금은
명예롭게 최고인민회의 상임위원회 명예부위원장 직책을 갖고 있다.
명예부위원장직은 1998년 헌법 개정 때 신설된 자리로 현재 김영주(김
일성 동생)와 최영림 2명이 맡고 있다.[83] 2017년 현재 아들인 최승호는
당 검사위원회 위원장직을, 딸인 최선희는 외무성 미국담당 부국장직
을 수행하고 있다. 아들과 딸을 정치 바람을 덜 타고 안전한 전문영역
인 통계와 외국어 전문가로 키운 최영림의 혜안이 놀랍다.

■ 임철웅 내각 부총리, 당 정치국 후보위원

임철웅은 현재 북한의 핵심엘리트 가운데 가장 젊은 연령대의 인물
이다. 1962년생으로 최연소 부총리다. 임철웅은 철도성에서 주로 근무

임철웅

했으며 2001년 철도성 참모장을 마치고 2014년 내각 부총리에 발탁됐다. 2014년에는 6명의 부총리가 임명되었는데 임철웅도 그 가운데 한 명이었다. 2017년 현재 북한에는 총 7명의 부총리가 있는데 모두 서로 전문분야가 다른, 일종의 전문가 그룹의 성격을 띠고 있고 임철웅은 그 가운데 교통철도 쪽을 담당하는 것으로 파악된다.

■ 리무영 내각 부총리

1948년생, 화학공업쪽에 오래 몸 담아왔다. 2002년 남흥청년화학 연합기업소 지배인을 하다가 2003년~2009년 화학 공업상, 최고인민회의 제10기~13기 대의원을 지내고 2010년 당 중앙위원, 2011년 내각 부총리, 2013년 부총리 겸 화학공업상을 지내다가 2016년 당 중앙위 위원에 올랐다.

■ 김덕훈 부총리

1961년생으로 소장파다. 주로 기계공업 쪽에서 일한 테크노크라트이다. 2003년부터 2011년까지 대안중기계 연합기업소 지배인을 했고 최고인민회의 제10기~13기 대의원을 했다. 2014년 내각 부총리에 발탁되었고 2016년 당 중앙위원이 됐다.

■ 리주오 부총리

1956년 생, 경공업 쪽 담당 인물이다. 1999년 경공업성 부상을 하다가 2001년 경공업상이 됐다. 최고인민회의 제10기~12기 대의원을 지냈고 2016년 내각 부총리 자리에 올랐다.

■ 리룡남 부총리

1960년생, 무역. 경제부문 일꾼이다. 1994년 싱가폴주재원으로 근무했고 2001년 무역성 부상이 됐다. 2008년 무역상 자리에 올랐고 최고인민회의 제12기 대의원을 했고 13기 대의원으로 활동한다. 2016년 부총리에 올랐고 당 중앙위원회 위원으로 선임됐다.

■ 고인호 부총리

농업부문 일꾼이다. 1998년 만경대구역 국영농장 지배인을 지내다가 2003년 평양시 농촌경리위원회 위원장을 했다. 최고인민회의 제11기 12기 대의원을 했다. 2016년 내각 부총리 겸 농업상에 올랐다.

제4절 군수분야

■ 박도춘 전 당 군수담당 비서

박도춘

전병호

박도춘은 그동안 노동, 대포동 1·2호 등 북한 미사일 개발을 주도해 왔다는 평가를 받아왔다. 박도춘은 예전에 북한의 군수공업을 책임졌던 전병호(86) 전 군수 비서가 2010년 고령으로 일선에서 물러나면서 군수책임자 자리에 올라섰다. 박도춘은 군수산업의 고장인 자강도 출신으로 연형묵과 마찬가지로 자강도 당 책임비서(우리의 도지사)를 지내다 당의 군수책임자로 발탁됐다.

박도춘의 당적 지도를 직접적으로 받는 인물은 김책공대 출신의 테크노크라트인 주규창 당 기계공업부장이다. 당 기계공업부는 산하에 군수시설 및 설비를 연구·개발하는 국방과학원을 두고 있다. 그리고 이러한 군수경제를 책임지는 기관이 제2경제위원회다. 제2경제위원회는 소위 북한의 드러나지 않는 국가예산의 막대한 부문을 소화하는 영역으로 북한의 모든 무기생산에 소요되는 예산을 집행결정하는 기구다.

박도춘은 1944년 3월 9일 자강도 랑림군 출생으로 1960년 10월 인민군대 입대해서 김일성고급당학교 졸업 후 광산당비서, 당중앙위원회 지도원, 부과장, 과장, 도당 비서 겸 부장, 자강도당 책임비서를 거친 전형적인 당료다.[84] 박도춘은 일찌감치 노동당에서 일해 왔기 때문에 평소 군복을 입지 않지만 지난 2012년 4월 15일 김일성 100회 생일을 맞아 대장 칭호를 수여받았다. 그럼에도 불구하고 평소 군 관련 행사에서 김정은을 수행할 때도 군복을 거의 착용하지 않는다.

김정은체제가 어느 정도 자리가 잡히면서 박도춘의 활동도 뜸해졌다. 지난 2015년 4월 북한 최고인민회의 제13기 3차회의에서 국방위원회 위원 명단에서 빠지기 시작했다. 당시 북한은 박도춘의 자리는 김춘섭 전 자강도 당책임비서로 교체한다고 발표했으나 구체적인 사유를 적시하시는 않았다. 그동안 박도춘이 군수공업을 당적으로 지도하는 위치에서 일하면서 북한의 핵개발 주역으로 꼽혀왔으나 공식활동에서 최근 점차 모습이 드러나지 않는 것으로 볼 때 자연스러운 세대교체로 파악되며 숙청당한 것은 아닌 것으로 전해진다.

한편, 유엔 안전보장이사회와 미국 국무부는 지난 2013년 2월 북한의 제3차 핵실험 이후 박도춘을 주규창 전 노동당 기계공업부 부장, 백세봉 전 2경제(군수경제)위원회 위원장과 더불어 제재대상의 한 명으로 포함시켰다.

■ 주규창 전 당 기계공업부장

북한 군수공업의 권위자인 주규창은 1928년 11월 25일 함경남도 함주군에서 출생했다. 태생이 공학도인 주규창은 김책공대를 졸업하고 국방기술분야에서 계속 일해왔다. 국방과학원 원장을 거쳐 중앙당에 입성하면서 군수공업부 제1부부장, 제2경제위원회 위원장, 제2자연과학원 원장을 거쳐 당중앙위원회 기계공업부장까지 올라갔다.[85] 주규창

주규창

은 얼굴이 별로 알려지지 않았었으나 김정일이 미사일 시험발사를 늘이기 시작한 2008년 말부터 수행횟수가 늘기 시작했다.

　주규창은 얌전한 학자풍의 인물로 러시아 유학을 통해 금속합금이 주 전공인 것으로 알려진다. 미사일과 핵개발에 반드시 필요한 합금박판 기술 등 핵심기술에 일가견이 있기 때문에 일선에서 물러났어도 그 전문성으로 인해 김정은이 계속 찾을 수밖에 없는 인물이다. 박도춘, 백세봉 등 다른 군수전문가들과 마찬가지로 2012년 김일성 100회 생일에 인민군 상장(우리의 중장)계급을 수여받았다.

　주규창은 중앙당에 근무하면서 한 번의 실수도 없이 승진한 흔치 않은 인물 가운데 하나로 당 군수공업부는 한때 국방위원회 직속부서로 전환되었던 적이 있었다. 동시에 주규창이 국방위원회 위원에 선임되었다가 2014년 고령으로 물러난 것으로 전해진다. 주규창에 대한 김정일의 신뢰가 매우 높아서 주규창의 주거지도 일반 중앙당 간부들 전용 주택지인 창광거리가 아니라 김정일 관저가 있는 조직지도부 청사 내 부부장 아파트에 거주한 것으로 알려진다. 다만, 현재는 주규창이 1928년생의 고령이기 때문에 뒤로 물러나면서 조춘룡·홍승무 등 새로운 군수 책임자들이 자리 잡아 가고 있는 형국이다.

■ 백세봉 전 제2경제위원장

백세봉은 거의 그 모습이 드러나지 않다가 2003년 권력 전면에 등장

백세봉

했다. 그가 맡은 임무는 북한의 핵무기와 미사일을 포함한 각종 군사장비 개발 및 수출을 총괄하는 제2경제위원회 위원장이었다. 국방위원회 위원에 선임되면서 그 얼굴이 알려졌다. 한때 이름만 나돌던 백세봉을 두고 '백두산 세 봉우리'의 약자이며 백세봉이 김정일의 후계자가 사용하는 가명이라는 말이 돌았다. 나중에 확인된 백세봉은 실체가 있는 인물이었으며 1938년생의 고령이었다. 공식적으로는 2003년부터 김철만 당시 제2경제위원장의 후임으로 임명돼 활동했다.

백세봉은 오랫동안 군수공업분야에서 일해 온 전문가로, 제2경제위원장을 맡기 이전에는 제2경제위원회의 당책임비서로 일했던 것으로 알려졌다. 박도춘, 주규창과 마찬가지로 2012년 광명성 3호발사의 공으로 인민군 상장(우리의 중장)계급을 수여받았다. 백세봉은 김정은체제에서는 거의 활동모습이 드러나지 않고 있는데 이와 관련, 망명설이 제기되고 있다. 즉 2014년에 북한 노동당 고위급 인사 망명설의 주인공이 백세봉이란 이야기다. 당시 백세봉이 장성택 처형 전에 중국으로 미리 도피해 제3국으로 망명을 요청했다는 것이다.[86] 북한에서 노동당 고위간부이면서 인민군 상장계급을 갖고 있는 인물이 흔치 않기 때문이다. 하여간 백세봉은 등장 전이나 2014년 잠적 후나 여전히 베일에 싸여있는 인물이다.

■ 조춘룡 제2경제위원장

지난 2014년 4월 9일 평양 만수대의사당에서 열린 최고인민회의 제

조춘룡

13기 제1차 회의에서 국방위원회 위원에 새로 선출된 조춘룡은 그동안 외부에 잘 알려지지 않았던 인물이었다. 당시 국방위원회 위원에 선출된 조춘룡은 전임자인 백세봉 제2경제위원 장의 자리를 이어받았다. 제2경제위원회는 북한의 미사일 개발 등 군수 산업을 담당하는 부서다. 조춘룡의 나이는 50대 중반에서 60대 초반으로 추정되며, 3월 9일 치러진 최고인민회의 대의원 선거에서 제76호 강동선거구에서 당선된 뒤 국방위원회 위원에 선출되었지만 전임자인 백세봉과 마찬가지로 이전까지 거의 대외에 공개된 적이 없는 생소한 인물이다. 조춘룡의 최고인민회의 대의원 선거구인 강동 76호는 제2경제위원회 본부가 있는 평양시 강동 구역에 있기 때문에 제2경제위원회 위원장 선출을 뒷받침해 준다. 2014년을 기점으로 북한에서 군수공업분야는 기존의 주규창, 백세봉이 뒤로 물러나고 신진인사로 구성되고 있는 양상이다.

■ 김정식 당 군수공업부 부부장 겸 국가우주개발국 국장

김정식은 현재 북한의 미사일개발 1등 공신으로 꼽히는 인물이다. 지난 2017년 5월 15일에는 화성-12형 발사와 관련한 보도에서 김정은의 뒤편에 군복차림에 중장(우리의 소장) 계급장을 달고 있는 모습이 나왔다. 김정식은 2016년 2월 7일 북한의 장거리 로켓 발사를 총지휘한 인물로 '광명성 4호 위성'을 탑재한 장거리 로켓 발사 과정을 김정은에게 직접 설명하는 장면이 공개되었다. 김정식은 북한의 장거리 미사일 관

2016년 3월 김정은의 북한의 신형방사포 발사시험 참관을 수행중인 김정식

련 기록영화에서도 김정은의 미사일 조립공장을 시찰할 때 항상 옆에서 수행하는 모습이 방영되었다.

　당시 '광명성 4호' 발사를 참관하고 평양으로 돌아오는 길에도 김정은은 김정식을 함께 전용열차에 태웠고, 장거리 미사일 발사 관련자들을 위한 연회에서도 김정식을 리설주 옆자리에 앉히며 각별히 챙기는 모습을 보여주었다. 김정식은 실무진 가운데 북한 미사일 개발의 최고 실력자로 2012년에는 '광명성 3호 위성'을 탑재한 장거리 로켓 발사에 관여했으며, 그 공로로 최춘식 당시 제2자연과학원장 등과 함께 북한의 최고 훈장인 '공화국 영웅' 칭호를 받았다.

　김정식은 2016년 '광명성 4호' 발사 직후인 2월 27일 '노동당 부부장'으로 소개된 것으로 볼 때 미사일 개발의 공로를 인정받아 중앙당 군수공업부로 영전했을 가능성이 높다. 이에 앞서 장창하 역시 당 책임일꾼으로 소개되는 등 미사일 과학자들의 당 군수공업부로의 러시가 이어지고 있다.

■ 리병철 군수공업부 제1부부장

리병철

리병철은 다른 미사일 군수분야 전문가들과는 다른 경로로 올라온 인물이다. 공군사령관까지 역임한 온전한 '공군'으로 파일럿 출신의 군인이다. 공군의 특성상 비행을 한다는 조건을 감안하면 미사일개발과의 연계성이 있다. 리병철은 2014년까지 항공 및 반항공군 사령관으로 역임했고 이후 군복을 벗고 당복을 입었다. 현재 군복을 벗고 당 군수공업부 제1부부장을 맡고 있지만 지난 2017년 4월 김일성 생일 105회 생일 경축열병식에서는 다시 군복을 입은 모습으로 등장했다. 그리고 소속도 공군이 아닌 육군대장으로 소개되었다. 리병철은 공군에서 당과 육군으로 소속기관을 완전 바꾼 북한체제 최초의 인사로 평가된다.

김정은체제에서 나타나는 인사정책 특징 중에 하나가 군수공업관련 민간인들에게 군복을 입힌다는 점이다. 이미 박도춘, 주규창, 백세봉이

리병철

리병철

군복을 입고 계급을 받았으며 김정식, 장창하가 그렇다. 2013년부터 군수공업부에 몸담았던 홍영칠 부부장도 같은 해에 열린 최고인민회의에 중장 계급으로 등장한 모습이 공개됐다.

리병철에 대한 김정은의 신임이 매우 각별한 것은 확실해 보인다. 리병철이 주목받기 시작한 것은 2016년 8월 북한의 잠수함발사 탄도미사일(SLBM) 시험발사때였다. '북극성 1호'로 명명된 잠수함발사 탄도미사일 발사가 성공하자 리병철이 김정은과 마주 앉아 담배를 나눠 피우는 모습이 사진을 통해 공개된 것이다. 권위주의체제에서 최고 지도자와 공개된 자리에서 맞담배를 한다는 것은 그만큼 리병철이 김정은에게 받는 신임이 크다는 것을 의미한다. 북한의 미사일 개발도발 회수와 리병철의 신임도가 정비례인 것이 분명한 만큼 북한의 도발이 지속되는 한 리병철의

김정은과 맞담배를 피우는 리병철. 2017년 7월 북한의 대륙간탄도미사일 화성-14형 실험발사 장면을 모니터로 보고 있는 김정은과 리병철 등 관련자들.

주가 또한 올라갈 수밖에 없을 것으로 보인다. 올해 1948년생인 리병철은 지난 2010년 인민군 대장에 오르고 2012년에는 '항공 및 반항공군 사령관'을 거쳐 당 중앙위원회 위원과 5월 당대회에서 정치국 후보위원으로 선출되는 등 김정은체제에서 승승장구하고 있는 인물 가운데 하나다.

■ 김춘섭 전 당 군수공업부장

김춘섭

김춘섭은 김정은체제 초기에 주로 활동하다 2016년 4차 핵실험을 기점으로 공개활동이 뜸해진 인물이다. 2015년 최고인민회의 제13기 3차 회의에서 국방위원회 위원 자격을 당시 박도춘 당 군수담당 비서에서 넘겨받으면서 주목을 받았다.

김춘섭은 2010년 자강도 당 비서로 처음 모습을 드러냈고 2013년 김정은의 '선군절'(8월 25일) 기념 담화에 대한 고위간부들의 반향을 소개하면서 김춘섭을 자강도 당위원회 책임비서로 소개, 승진사실이 알려졌다. 김춘섭은 2013년 6월 22일 김정은의 자강도 강계정밀기계공장 방문 시 자강도 당위원회 비서로 소개됐기 때문에 두 달 사이 승진이 이루어진 것으로 보인다. 전통적으로 군수공업이 밀집되어 있는 자강도의 당 책임비서는 당 군수공업부로 바로 연결되는 핵심 직책이다. 그런 의미에서 김춘섭의 중앙당 진출은 어느 정도 예견된 일이기는 했으나 불과 2년이 지난 2015년 국방위원회 위원에 오르고 당 군수공업부 부장에 임명된 것으로 알려졌다.

김춘섭의 중앙무대 진출이 매우 빠르게 진행되었으나 2016년 4차 핵실험 이후 공개활동이 거의 사라졌다. 평안북도 출신 당책임비서와 자강도출신 당책임비서의 공개활동 비중에서 평안북도 출신의 약진이 눈에 띠게 증가하면서 상대적으로 김춘섭 등 자강도 당 책임비서 출신들의 활동이 뜸해진 상황이다.

■ 최춘식 전 제2자연과학원 원장(현 국방과학원)

최춘식은 2010년 당 중앙위원회 후보위원에 내정되면서 알려진 인물이다. 공식적으로 알려진지 오래되지 않았지만 또 다시 공개석상에서 일찍 사라진 인물이다. 최춘식은 2012년 12월 광명성 3호기 발사 성공에 기여한 공으로 장창하 등과 함께 공화국영웅, 국기훈장 제1급을 수여받으면서 부각되기 시작했다. 동년 12월 김정일 사망 1주기 중앙추모대회와 금수산태양궁전 개관식 때에는 김정은 바로 옆에 앉아 김정은

2013년 9월 은하 과학자거리 준공식에 참가한 최춘식(오른쪽 두 번째)

2012년 12월 '공화
국 영웅'칭호를 받고
있는 최춘식

의 신임이 매우 높다는 것을 보여주었고 이듬해에는 '은하과학자거리'
준공식에서 중장(우리의 소장) 계급을 단 모습으로 등장하기도 했다.

하지만 최춘식의 신임은 그리 오래 가지 못했다. 2014년 최고인민회
의 제13기 대의원에 이름을 올린 것을 끝으로 공개활동에서 모습을 거
의 보이지 않았고 동년 말에는 제2자연과학원 원장 자리를 후임인 장
창하에게 물려주었다. 그리고 후임인 장창하는 화성-12형, 화성-14형,
북극성-2형 등 신형 미사일 개발의 책임자로 등장하면서 김정은의 전
폭적인 신임을 얻고 있는 이른바 '미사일 3인방'에 등극했다. 최춘식의
퇴장에 대한 이유가 분명하게 드러나고 있지는 않지만 젊은 신인들에
의해 자리에서 물러난 것은 분명해 보인다.

■ 리만건 당 군수공업부장

1945년생인 리만건은 과거 김정일체제에서 평안북도 당위원회 책임
비서와 당 중앙위원회 위원직을 역임했고, 김정은체제에서는 당 정치

리만건

국 위원, 당 중앙군사위원회 위원, 당 중앙위원회 위원, 당 중앙위원회 부위원장, 당 중앙위원회 군수공업부 부장과 당 군수공업부 부장 등을 겸임하고 있다. 김정은체제에서는 주로 중앙무대로 진입해서 활동하고 있다. 당 군수공업부는 그동안 대체적으로 군수공장이 몰려있는 자강도를 쳐주는 분위기였으나 요즘은 평안북도 출신들이 군수공업의 핵심인물로 떠오르고 있는 양상이다.

리만건이 부장을 맡고 있는 당 군수공업부는 북한의 군수산업과 핵무기 개발을 총괄하는 부서다. 리만건은 지난 2016년 당 군수공업부장에 오르면서 주목받게 되었다. 리만건이 당 군수공업부장에 오른 후 첫 작품인 4차 핵실험은 대내적으로는 확고한 자리를 보장받았고 대외적으로는 유엔 안전보장이사회 결의안 2270호에 의해 재제대상 명단에 이름을 올렸다. 리만건이 공개적으로 등장하는 내용을 보면 주로 미사일보다는 핵 개발에서 중요한 역할을 맡고 있는 것으로 보인다. 이것은 그가 평안북도 당 책임비서의 역할을 오랫동안 했던 것과 무관하지 않은 것으로 보인다.

■ 홍영칠 당 군수공업부 부부장

홍영칠은 북한 군수무기 개발 실무의 핵심인사로 꼽힌다. 5차 핵실험까지 무사히 성과적으로 끝마친 공로로 인민군 중장(우리의 소장)계급을 수여받았다. 지난 2017년 4월 최고인민회의 제13기 5차 회의에서 중장 계급장이 달린 군복을 입고 앉아 있는 모습이 확인되었다. 홍영칠의 군사칭호 수여는 장창하 등 미사일개발자들이 수여받는 것과 보조를 맞춘 것으로 보인다. 이들 무기개발자들은 순수군인이나 당관료가 아님에도 불구하고 김정은의 신임에 따라 군사칭호를 받는데 보통 군수 총책임자급이 대장을 받고 책임자급이나 혁혁한 성과를 이룬 경우 상장(우리의 중장)을 받는다. 중장(우리의 소장)계급은 실무책임자급으로 홍영칠이 아직까지는 김정은이 원하는 목표치에 도달하는 성과를 내지 못했다는 것을 의미할 수 있다.

홍영칠은 김정은의 각종 군수공장이나 부대 현지지도를 수행할 때 주로 인민복이나 양복 등 사복 차림으로 관영 매체에 등장해왔지만 그동안의 성과를 치하하는 의미에서 2017년 군사칭호까지 하사한 것으로 보인다. 김정은체제 들어서 여러 명의 신진 군수전문가들이 중앙무대에서 활동하고 있는데 홍영칠 역시 군수무기 분야의 신진 간부로, 김정

2016년 12월 북한 '수소탄 시험 성공' 핵과학자에 대한
'당 및 국가 표창' 수여식에 참석한 홍영칠

2017년 4월 최고인민회의 제13기 5차 회의에 참석한 홍영칠

은을 근접 수행하는 핵심전문가 가운데 한 명이다. 북한이 '수소탄 실험'이라고 주장한 2016년 1월 제4차 핵실험도 홍영칠 등이 주도했다는 주장이 힘을 받고 있는데 이는 4차 핵실험 성공에 참여한 과학자들에게 '당 및 국가 표창'을 수여할 때 김정은 바로 옆에 서 있는 모습이 관측되기도 했다.

공개적으로 홍영칠의 활동이 드러난 것은 제3차 핵실험을 단행한 직후인 2013년 2월 김정은의 항공 및 반항공군 제323군부대(제11저격여단) 시찰에서다. 그 이전에는 전혀 공개되지 않았던 인물이다. 같은 해 2월 말까지 김정은의 군부대 시찰에 동행했고, 다음 달인 3월 '군수공업 부문 일꾼협의회'에 참석해 김정은, 박도춘 당 군수담당 비서 등 군수관련 핵심인물들과 함께 맨 앞줄에 앉은 모습이 공개됐다.

나이가 50대 중반 정도로 추정되는 홍영칠은 지난 2011년 2월 평북 운산공구공장 당비서로 재직하면서 '노력영웅' 칭호를 받으며 김정은의 눈에 띄어 중앙 무대에 진출한 것으로 알려졌다.

■ 장창하 국방과학원장

북한 군수관련 간부들이 군복을 입고 등장하는 사례가 많은데 장창하도 그 가운데 한 명으로 2017년 상장(우리의 중장)계급을 받았다. 장창하는 지난 2017년 2월 중장거리 탄도미사일 '북극성 2형' 시험발사를 참관한 김정은을 수행했을 때에도 '당 책임일꾼'으로 소개됐다. 때문에 장창하가 국방과학원장직을 갖고 있지만 당 군수공업부 부부장직도 겸하고 있을 것으로 추정된다.

특히, 지난 2017년 7월 11일에 북한의 대륙간탄도미사일(ICBM)급 '화성-14' 미사일을 개발과 관련하여 장창하의 군사계급이 기존 중장(우리의 소장)에서 상장(우리의 중장)으로 한 계급 승진한 것으로 확인됐다. 장창하는 3일 전인 8일에 김일성 사망 23주기 금수산태양궁전을 참배할 당시까지도 중장 계급장을 달고 있었다.

미사일 발사와 관련하여 군계급이 승진한 사례는 기존 군수담당자들인 주규창, 백세봉 등도 '광명성' 발사 이후 동일하게 군사칭호를 받았다. 책임자급만 대장 계급이 부여되고 차상위계급에게는 상장이나 중장이 부여되었다. 때문에 '화성-14'형 미사일발사를 책임진 장창하의 승

2017년 7월 북한의 대륙간 탄도미사일 '화성-14형' 시험발사 성공 기념 평양시군민연환대회에서 연설하는 장창하

진은 과거의 전례에 비추어봤을 때 ICBM 개발 성과에 대한 포상일 가능성이 크다.

실제로 장창하는 김일성광장 등에서 개최된 '화성-14' 시험발사 성공 경축 평양시 군민 연환대회에서 미사일발사 관련자들을 대표해서 첫 연설자로 나선 것으로 확인되었다. 장창하는 이미 2012년 12월 '광명성 3호 위성' 발사에 참여한 공로로 최춘식 당시 제2자연과학원(현재의 국방과학원) 원장 등과 함께 '공화국 영웅' 칭호를 받았다. 2014년 말부터 최춘식의 후임으로 국방과학원 원장을 맡아 신형 미사일 개발을 지휘한 장창하는 최근 중거리탄도미사일(IRBM) '화성-12'(5월 14일), 준중거리탄도미사일(MRBM) '북극성-2'(2월 12일 · 5월 21일), 지대공 요격미사일(5월 27일), 정밀유도 탄도미사일(5월 29일) 등 신형 미사일의 시험발사 현장에 빠짐없이 등장하여 미사일개발 총책임자로서의 존재감을 과시했다.

현재 북한의 미사일 개발은 실무책임자인 장창하를 중심으로 리병철 군수공업부 제1부부장, 김정식 당 군수공업부 부부장이 트로이카 체제를 이루고 있는 것으로 파악된다. 이들 '미사일 3인방'은 리만건을 중심으로 한 핵개발팀과는 별도로 활동하고 있는 것으로 보인다.

■ 전일호 당 중앙위원회 위원, 김책공대 자동화연구소 소장

전일호가 처음 등장한 것은 지난 2013년 '2.16과학기술상(개인상)' 첫 수상자로 이름이 오르면서부터다. 전일호는 김책공업종합대학 자동화연구소 소장으로 일했으며 주로 수치제어 등 자동화기술에 특화된 전문가인 것으로 알려졌다. 전일호의 전문기술이 북한의 미사일 개발에 사용된 것으로 보이는데 지난 2017년 '화성-14' 탄도미사일 성공발사이

2017년 7월 김일성 사망 23주년을 맞아 금수산태양궁전 참배하는 전일호(맨 우측).
김정은 좌우측으로 기존 실세들을 밀어내고 미사일 발사와 관련된 핵심멤버들이
자리를 잡았다.

후 크게 부각되고 있는 인물이다.

　현재 김정은이 핵 및 미사일 기술관련 인물들에게 매우 파격적인 대
우를 해 주고 있는데 이는 과거 김정일이 주규창 등 군수전문가에게
노동당 조직지도부 관저에 살게 해준 것보다 더 높게 우대해 주고 있
는 것으로 보인다. 2017년 '화성-14'형 탄도미사일 발사 직후인 지난 7월
8일 김일성 사망 23주기 금수산태양궁전 참배에서는 다른 간부들을 제

2017년 5월 '북극성-2'형 미사일 시험발사 현장에서의 전일호(우측 두 번째)

치고 미사일 개발 주역들이 나란히 김정은의 옆자리를 차지하며 국방기술자들에 대한 김정은의 신임을 과시했다. 전일호는 대학연구사로 있다가 졸지에 인민군 중장(우리의 소장) 계급을 부여받고 중앙당에서 근무하게 된 인생역전의 주인공이다.

■ 홍승무 당 군수공업부 부부장, 인민군 대장

홍승무

홍승무는 2017년 9월 제 6차 핵실험인 수소탄 성공기념으로 대장계급장을 달고 나오면서 주목을 받았다. 사실 홍승무는 그동안 북한 핵개발의 핵심인물로 주목받았었다. 2016년 1월에는 4차 핵실험 축하 행사에서 훈장을 받았다. 2009년에는 '핵개발의 중심적 역할'을 했다는 이유로 UN 제재대상으로 지정되었다.

홍승무는 2010년 9월 김정은이 김정일 국방위원장의 공식 후계자로 선포된 3차 당대표자회에서 당중앙위원회 후보위원 반열에 오르며 북한 매체에서 처음으로 이름이 공개됐다. 이후 2013년 1월 김정은이 주재한 '국가 안전 및 대외부문 일꾼 협의회'에 모습을 드러내기도 했다. 당시 김정은은 3차 핵실험을 결정한 것으로 알려지는데 홍승무는 박도춘 당 군수담당 비서와 함께 참석했다. 홍승무는 곧 이어 핵실험 성공경축모임에서도 당 비서들과 나란히 자리를 잡아서 그의 위상이 매우 높아졌다는 사실을 보여줬다. 이후 2016년 7차 당대회에서 당중앙위원으로 이름을 올렸는데 김정은의 동생인 김여정 다음으로 호명되어 높아진 지위를 보여주었고 2017년 9월 6차 핵실험

홍승무

이후 인민군 대장계급장을 단 모습이 공개되면서 향후 핵개발 1인자로
서의 그 위상이 점차 높아질 것으로 점쳐지는 인물이다.

　순수 핵공학자인 홍승무는 중부 유럽 등지에서 교육을 받았고 러시
아에서의 교육경험이 있었기 때문에 실질적으로 북한 핵무기 기술의 1
인자로 불린다. 나이는 현재 1945년생으로 추정된다.

■ 리홍섭 핵무기연구소 소장, 인민군 상장

　리홍섭은 북한의 주요 핵시설로 유명한 영변의 원자력연구소장 출신
이다. 영변의 원자로에서는 우라늄 농축시설을 관리하고 있는 것으로
알려졌었다. 북한은 영변 핵시설을 통해 플루토늄을 생산했기 때문에
실질적으로 북한 핵무력의 시발점이라 불리는 곳이다.

　홍승무와 마찬가지로 해외 유학경험이 있는 리홍섭은 핵개발 공로로
2010년 9월 당중앙위원회 후보위원에 선출되었고, 2016년에는 당중앙
위원회 위원으로 승진됐다.

2017년 9월 김
정은의 핵무기병
기화사업 현지
지도에서 설명
중인 리홍섭
(좌측 두 번째)

2017년 9월 6차
핵실험 축하연회
에서 리홍섭
(좌측 인물)

2017년 9월 6차
핵실험 축하연회
에서 총정치국장
황병서에게 거수
경례를 받는
리홍섭

2017년 9월 6차 핵실험에 참여한 핵 과학자·기술자를 위한 축하연회에서
김정은이 팔짱을 끼고 있는 리홍섭(좌측 인물)

제5절 보안기관

■ 김원홍 전 국가보위상

김원홍

김정은체제가 안착하는 데 가장 공이 컸던 것
으로 평가되었던 김원홍 국가보위상이 지난
2016년 말에 전격 해임되면서 충격을 줬다. 김
원홍은 당시 당 조직지도부의 집중검열을 받은
후 직위에서 전격 해임되고 계급도 대장에서 중
장(우리의 소장)계급으로 급락한 것으로 알려졌
다. 검열 결과 김원홍의 과오가 드러났고 직속

부하들도 줄줄이 철직당한 것으로 전해진다. 결과적으로 김원홍이 국가보위상에서도 철직당했고 처벌의 수위로 볼 때 당분간 국가보위상으로 복귀될 가능성이 작은 것으로 알려졌다.

김원홍의 조직지도부 검열은 김원홍이 조직지도부 고위인사들에 대한 조사를 진행하면서 일부 인사들이 사망한 사건이 발생한데 따라 조직지도부가 벼르고 있었던 일인 것으로 전해졌다. 이른바 조직적 보복인 셈이다. 이에 따라 김원홍은 2016년 12월 17일 김정일 사망 5주기를 맞아 평양에서 열린 중앙추모대회에 참석한 후 기타 공식적인 행사에서 사라졌다.

김원홍은 김정은 체제 공식출범 직후인 2012년 4월에 국가안전보위부장직에 오르며 권력 실세로 급부상했다. 지난 2013년 12월에는 조직지도부 등 보안기관들과 공동으로 장성택 전 국방위원회 부위원장의 처형을 주도한 것으로 알려졌다.

김원홍은 1945년생으로 김일성정치군사대학을 졸업했으며, 2009년 인민군 대장 계급에 올랐고 국가보위부장직과 함께 당 정치국 위원, 당 중앙군사위 위원, 국무위 위원 등 북한의 핵심직책을 전부 겸직하고 있었다. 하지만 한순간에 모든 것이 허무하게 사라지고 말았다.

김원홍이 나락으로 떨어졌지만 김정은체제를 만드는 데 세운 공이 만만치 않았던 듯 얼마 지나지 않아 다시 공개석상에 모습을 보였다. 2017년 4월 14일 김일성 105회 생일 기념 열병식에서 주석단에 등장한 것이다. 계급도 다시 대장으로 복귀되었다. 다만, 군복이 헐렁해 보일 정도로 수척한 모습이 눈에 띄었다. 불과 몇 개월만이 지났지만 그동안 김원홍은 천당과 지옥을 오간 것이 분명해 보였다. 하지만 공개활동 재개이후 김원홍이 김정은의 군관련 참관행사에 계속적으로 동행하는 것이 주목되는 부분이다. 김원홍은 연이어 2017년 4월 25일 인민군 창군

85주년 즈음 군종별 합동타격시위가 개최되었을 때 김정은과 함께 훈련에 참관했고 6월 5일 김정은의 '조선인민군 항공 및 반항공군 비행지휘성원들의 전투비행술 경기대회-2017' 참관행사에도 동행했다.

김원홍의 재기와 관련해서 특이한 점은 북한군 야전훈련 참관에 잇따라 동행하고 있다는 점이고 호명순서도 리영길 총참모부 제1부총참모장 겸 작전총국장보다 앞서 있다는 점이다. 이를 통해 알 수 있는 것은 김원홍이 아직까지는 당 정치국 위원의 자격을 유지하고 있을 것이란 점이고 군 관련 보직에 임명되었을 가능성이 높다는 점이다.

김원홍이 맡았던 국가안전보위부는 원래 1987년 8월 리진수 사망 이후 20년 넘게 공석으로 남아있던 자리였다. 과거 김정일이 조직지도부장 자리와 함께 본인이 직접 관장했을 정도로 권한이 막강했기 때문이었다. 국가보위성이 맡고 있는 영역은 그야 말로 어마어마하다. 조선로동당 중앙당을 제외한 모든 당 조직과 행정기관과 사회단체에 조직망을 두고 있으며 전 인민의 사상감시와 반체제 분자들을 색출하는 일을 맡고 있다. 게다가 해외와 관련된 모든 업무는 국가보위성을 통해야 한다. 여권업무부터 공항, 해외공관 모든 곳에 보위성 요원이 있다고 보면 된다. 대내외 모든 영역이 국가보위성의 영역이다. 즉 국가안전성의 권능을 알고 나면 김정일이 왜 국가안전보위부 부장을 공석으로 두고 본인이 직접 관장했는지 이해가 된다.

김원홍의 철직은 조직지도부와의 불화를 떠나 초기 김정은체제에서 김원홍 독한 사냥개가 필요했을 수 있다. 하지만 군부길들이기를 통해 어느 정도 자신감을 갖게 된 김정은의 입장에서 더 이상 별도의 국가보위상이 필요 없어졌을 수 있다. 과거 김정일과 마찬가지로 자신이 국가보위상을 겸하면 되는 문제니까 말이다.

김원홍의 철직과 관련한 몇 가지 이야기가 있는데 그 가운데 하나는 기세등등해진 김원홍이 사석에서 공공연히 김정은을 폄하하는 발언을 했다는 증언이 있다.[87] 김원홍이 김정은체제의 안정화를 위해 혼신의 힘을 다했음에도 불구하고 김정은으로부터 성과가 미흡하다는 질책을 받았다고 전해진다. 실제로 김원홍은 장성택 실각에 가장 큰 공헌을 했고 그 이후 장성택 인맥을 소탕하는 임무를 부여받았다. 그 결과 2014년 3월 9일 제13기 최고인민회의 대의원 선거 직전 평양시 서성구역 연못동에 위치한 보위부 청사 안에서 장성택 측근 관료, 장성 등 30여 명을 비공개로 처형했다고 한다. 그러나 김정은으로부터 칭찬은커녕 욕설과 면박을 당했다고 전해진다.

이후 김원홍은 공공연히 불평불만을 늘어놓고 술자리에서는 은근히 김정은에게 욕설까지 했다는 것이다. 이 때 김원홍은 "김정은은 어린애니 신경 쓰지 말라" "이젠 우리 공화국도 좀 바뀌어야 해" "나이도 어린 것이 조직을 유치원 운영하듯 제멋대로 하고 있다"는 등 노골적인 반감을 드러내고 있다는 것이다. 하지만 이러한 첩보성 가십은 김원홍의 사례에는 안 맞는 듯싶다. 왜냐하면 김원홍의 험담이 사실이라면 김원홍이 복귀는 불가능하기 때문이다. 벌써 형장의 이슬로 사라졌을 것이다.

김원홍은 일찍이 2003년부터 2010년까지 보위사령관으로 정보업무에 종사해 왔다. 2010년 2월 인민군 총정치국 조직부국장에 임명된 뒤에는 김정은의 군부대 시찰을 수행해왔다. 어찌보면 김원홍은 김정은체제의 안착을 위해 군과 당을 넘나들며 김정은체제의 걸림돌들을 다 제거해 온 충신 중에 충신이다. 그런 김원홍의 역할이 다 끝나고 말 그대로 토사구팽의 처지가 됐다. 원래 역사적으로 북한의 보위부장 출신들의 말로는 좋지 않았다. 국가보위상에서 물러나고 이어서 총정치국 제1부국장으로 강등임명된 것으로 알려졌는데 그 마저도 2018년 황병서 총정치국장의 몰락과 더불어 절직 및 출당된 것으로 알려졌다.

■ 정경택 당 정치국 후보위원, 당 중앙군사위원, 국가안전
  보위상

정경택

정경택은 2017년 10월 당 제7기 제2차 전원회의를 통해 혜성처럼 등장한 인물이다. 당 정치국 후보위원은 물론 당 중앙군사위원에 내정되면서 북한의 핵심권력기관의 일원이 되었다. 현재까지 정경택에 대해 알려진 바로는 공군 황주 3사단에서 정치위원으로 일했고 평안북도 보위국장을 거쳐 국가보위성 부상에 올랐고 최근 제2차 전원회의를 통해 국가보위상에 임명된 것으로 알려졌다.

■ 장길성 당 중앙군사위원, 군 보위국장(정찰총국장)

장길성은 2017년 10월 당 제7기 제2차 전원회의를 통해 모습을 드러낸 인물이다. 그 전에는 베일에 가려졌던 인물이다. 현재까지 장길성에 대해 알려진 것은 1947년생으로 정찰총국의 전신인 인민무력부 정찰국 시절부터 근무한 정찰맨이라는 것과 인민무력부 총참모부 보위부장출신으로 군단 보위부장을 거쳐 보위국(구 보위사령부) 군단지도부장을 하다가 2017년에 보위국장에 임명되었다는 설이 나뉘고 있다.

■ 윤정린 호위사령부 사령관

김정은체제의 군 인사가 롤러코스트를 타듯 오르락내리락하는 특징을 보이고 있는데 이러한 인사의 피해자(?)는 최측근도 피해갈 수 없나 보다. 현재 김정은 경호부대를 책임지고 있는 윤정린도 그러한 모욕을 당했으니 말이다. 윤정린은 지난 2010년 4.25 인민군 창건일을 맞아 고대하던 대장계급장을 김정일로부터 하사받았다. 김정일은 오랫동안 자신의 신변을 보호한 믿음직한 윤정린에게 '명령 0046호'를 통해 대장계급장을 하사한 것이다. 그에 더해 같은 해 9월에 개최된 제3차 노동당 당대표자회에서 당 중앙군사위원회 당중앙위원으로 선출되었다. 이때까지만 해도 윤정린에게 어떤 걸림돌도 없을 것처럼 보였다.

하지만 김정은체제에 들어오면서 그에게도 시련이 찾아왔다. 윤정린의 계급강등은 2014년 6월 김정은의 증조부인 김형직 묘 헌화 행사에서 상장(우리의 중장) 계급장을 달고 있는 장면에서 나왔다. 당시 이 화면이 방영되면서 윤정린이 호위사령관 직책에서 밀려나고 당시 보위사령관인 조경철이 그 자리를 차지한 것이 아니냐는 관측이 나오기도 했다. 하지만 단순히 별 하나만 줄어든 것으로 확인되었다. 윤정린이 상장계급으로 확인된 것은 2014년 12월까지의 행사까지다. 윤정린이 2014년 12월 김정은의 인민군 963군부대직속 포병중대 시찰에서 상장 계급장을 달고 있는 것으로 확인되었기 때문이다. 그리고 대장복귀는 이듬해인 2015년 6월 5일이다. 훈련일꾼대회 기념사진에서 대장계급장으로 확인되었다.

윤정린의 계급에 변동이 있었지만 아직까지 김정은의 신임은 매우 두터운 것으로 알려졌다. 북한 보도에서도 나란히 팔짱을 끼고 있는 모습이 방영되기도 했다. 윤정린은 평소 히틀러 친위대를 본딴 강력한 호

2014년 12월
김정은의 호위사령
부 직속 포병부대
시찰에서 윤정린이
영접하는 모습
(하단 사진)

위대를 만들어야 한다는 신조를 갖고 있는 것으로 알려졌다.[88]

　김일성, 김정일시기에 리을설이 있었다면 김정은시기에는 윤정린이
있다고 할 정도로 김정은의 신임이 높은 것으로 알려졌다. 윤정린은
1985년 10월 호위사령부 참모장에 임명되었는데 과거 그는 김정일 때
부터 신임도가 매우 높았다. 히틀러의 친위대인 SS친위대를 능가하는
자신의 친위대로 만들라는 김정일의 명에 따라 철저하게 김정일 호위
를 맡아서 신임을 얻었다. 심지어 히틀러의 지하벙커를 모방하여 평양
에 철봉각이란 비밀벙커를 만들었고 호위사령부 군인들에게는 독일 수
입산 천으로 SS 군복을 만들어 입히기도 했다. 윤정린은 평소 대원들에

게 "국가보위부장과 보위사령관의 목도 딸 수 있는 용기와 담력을 가져야 한다"고 강조하면서 보위사령부와 마찰을 빚기도 했다.

윤정린은 호위사령부에서 잔뼈가 굵은 '경호통'이다. 북한의 백두산혁명지구를 담당하는 백두산경위대 출신이자 김정숙군관학교를 거쳐 백두산여단 여단장을 맡았다. 1985년에는 김일성군사종합대학 연구반에 입학했고 김정일의 눈에 띄어 호위사령부 참모장으로 승진하면서 출세가도를 달리게 되었다.

평소 말 수가 적고 술 담배도 하지 않을 정도로 자기관리에 철저하다는 평이다. 김정은에 대한 충성심이 강해 김정일 때보다 경호를 몇 배나 강화하고 중앙기관 간부들을 철저하게 감시하는 부대까지 만들어 운용하고 있다고 전해진다. 게다가 루마니아 차우체스쿠 정권의 몰락을 보고 불안을 느낀 김정일의 지시에 따라 북한군의 쿠데타를 진압할 목적으로 호위사령부에 최신형 무기로 중무장한 부대와 325경보여단도 운영 중이다. 친위부대인 325경보여단에 대한 대우는 매우 좋아서 북한군 특수부대와 최전선에서 근무하는 민경부대원이 제대 시 공산대학 졸업증을 받는데 반해 이들은 더 위급인 김일성고급당학교 졸업장을 받고 예비역 중위 대우를 받는다.

김일성-김정일 시기의 고위군관들이 뒤편으로 물러나거나 숙청당한 것에 반해 윤정린이 아직까지 김정은의 곁에서 신임을 받고 있는 것은 매우 특이한 케이스다. 윤정린은 원래 경호업무로 군생활을 시작했고 경호업무로 잔뼈가 굵기 때문에 특별한 과오를 범하지 않는 이상 상대적으로 다른 고위군인들에 비해 롱런할 가능성이 점쳐진다.

■ 김창섭 보위성 부부장

김창섭

김정은체계에서 김원홍이 국가안전보위부장에 임명되면서 졸지에 군 보위사령부가 국가안전보위부를 집어삼킨 형국이 되었다. 김원홍은 원래 국가안전보위부와 앙숙 관계인 군 보위사령부 출신이기 때문이다. 부부장인 김창섭은 보위부 정치국장출신으로 보위부 터줏대담이었다. 굴러들어온 돌이 박힌 돌을 뽑아낸다고 했던가? 김정은체제 등장과 더불어 김원홍이 보위부장에 임명되면서 졸지에 김창섭이 찬밥신세가 된 격이었다. 겉으로 드러나지는 않았지만 김창섭을 중심으로 한 원래 보위부 출신들과 김원홍이 보위부장으로 영전하면서 데려온 자기 사람들 간에는 눈에 보이지 않는 긴장구도가 형성되었을 법하다. 어쩌면 김원홍이 사석에서 김정은을 어린애라고 폄하했다는 등의 유언비어들의 만들어낸 사람들이 김창섭 측일 수 있을 것이다. 북한에서는 때로 그러한 루머가 실제 당사자의 행동을 제약하는 결과를 낳기도 하기 때문이다. 하여간 김창섭 측과 김원홍 측 간의 대립은 장성택 처형 후 본격화 된 것으로 전해진다. 김원홍에게 불리한 소식은 급속도로 빠르게 전달되고 있는 것으로 볼 때 기존 보위부 요원들의 지지를 받던 김창섭이 더 유리한 고지를 점령한 것으로 알려진다. 현재 대장계급만 회복한 김원홍이 어떠한 형식으로 반격을 가할 것인지 귀추가 주목되는 부분이다. 김원홍은 그동안 주변에 너무 많은 적들을 만들어 놨기 때문에 김정은의 신임이 약간이라도 떨어질 기미가 보이면 바로 추락할 위치에 놓여있다. 최측근이 하루아침에 역적으로 변해버리는 것이 북한 통치엘리트들이 처해있는 현실이기도 하다.

■ 최부일 인민보안상

최부일

최부일은 김정일체제에 이어 김정은체제 들어서면서도 든든한 신임을 배경으로 출세가도를 달리고 있는 인물 중에 한명이다. 1944년 함경북도 회령 출신으로 2017년 현재 당 정치국 후보위원, 당 중앙군사위원, 당 중앙위원 등 굵직한 직책을 다 맡고 있다. 최부일은 장성택과 국가보위부 등 기관 간 권력싸움으로 인해 상대적으로 눈에 띄지 않았던 인물이지만 북한 3대 공안기구 가운데 하나인 인민보안성을 맡고 있는 인물이다.

최부일 역시 전임자들인 주상성, 리명수와 마찬가지로 군 출신이다. 공개된 그의 군 경력은 1992년 4월 인민군 소장, 1995년 10월 인민군 중장으로 각각 승진했고 2006년 4월과 2010년 9월, 인민군 상장과 대장으로 승진했다.[89] 북한군의 핵심보직인 총참모부 부총참모장과 작전국장을 지냈고 전임자인 리명수로부터 2013년 2월 인민보안부를 넘겨받았다.

일설에 따르면 최부일은 농구로 김정은과 인연이 맺어진 것으로 알려진다. 큰 키의 최부일은 원래 인민군 1군단 소속 농구 선수로 활약하다 김일성군사종합대학을 나와 장교 된 케이스다. 과거 김정일이 북한 인민들의 키를 늘이기 위해 키크기 운동으로 농구를 장려했었는데 그러다 보니 김정일과 만나는 기회가 자주 생겼고 김정일에게 김정철, 김정은 형제에게도 농구운동을 권하게 되었다.

이때부터 최부일의 출세길이 열리게 되었다. 리명훈 등 국가대표급 농구선수들과 어울리며 농구수업을 받은 김정은은 특히 농구실력이 많이 늘면서 김정일의 눈에 쏙 들게 되었다는 것이다. 최근 미국 농구스타인 데니스 로드맨의 방북 등 김정은의 농구에 대한 사랑은 최부일과의 인연으로 인해 싹트기 시작한 것이다.

하지만 최부일에게도 시련이 있었다. 최부일은 지난 2014년 5월 평양에서 300명 이상이 사망한 아파트 붕괴사고의 책임을 지고 대장에서 상장(우리의 중장)으로 한 계급 강등됐다. 당시 아파트 건설을 맡았던 부대가 인민보안부 소속이었기 때문이다. 당시 사고 발생 닷새 만인 5월 18일에는 이례적으로 사고소식을 자세히 전했고 최부일은 공개적으로 사고현장에 모인 유가족과 주민들 앞에서 고개를 숙인 채 사과하는 모습이 보도되었다. 최부일의 시련은 이것으로 끝나지 않았다. 강원도에서 악재가 발생했다. 바로 인민군과 보안원들 간 총격전으로 34명이 사망하고 처형된 사건이 발생한 것이다. 인민보안부 산하 잣나무 숲에 잣을 따기 위해 인근부대 군인들이 몰래 잠입하다 발각되어 총격전이 벌어지고 구타로 사고사가 발생한 사건이다.

당시 이 사건으로 인해 5군단 군인들과 인민보안부 요원들이 모두 처벌을 받았고 최부일도 상장에서 다시 소장으로 두 계급이 강등되는 수모를 당했다. 잣나무 숲에 침입했던 나머지 19명의 군인도 '동지재판'을 받고 처형된 것으로 전해졌다. 결국 이 사건으로 최부일은 다시 상장(우리의 중장)에서 소장(우리의 준장)으로 두 계급 강등되는 수모를 겪었다.[90] 하지만 최부일은 2015년 10월 다시 대장계급으로 복귀된 것이 확인되었다. 최부일의 계급강등은 대부분 본인의 문제라기보다는 조직 내 부하들이 벌인 일 때문에 발생했었고 김정은의 농구선생으로 맺어진 개인적인 인연이 워낙 끈끈하기 때문에 김정은체제에서 실각할 가능성이 매우 적은 인물이다.

제6절 대남관련 주요인물

■ 노동당 통일전선부

모든 대남 선전을 위한 간행물과 방송을 검열 지휘하고, 노동신문에 실리는 남북대화나 통일과 관련된 기사는 반듯이 통전부의 사전검열을 받아야 할 정도로 통제가 심하다.

북한의 대표적인 대남기구인 '조국평화통일위원회(약칭 조평통)' 사무국은 통전부 내의 조직이며 적십자 회담을 포함한 모든 정치, 경제, 문화, 체육, 이산가족문제를 다루는 남북 회담의 전략을 수립하고 작전을 지휘한다. 1990년 9월부터 1992년 9월 사이 남북 기본 합의서를 도출한 총리급 회담도 통전부의 전략과 시나리오대로 진행됐으며, 지난 2000년 6월 15일 남북 정상회담도 통전부의 전략과 시나리오대로 진행됐다. 다시 말해서 모든 형태의 남북회담은 남한에서는 국가적 차원에서, 북한에서는 대남공작차원에서 진행한다.

북한에서 납치해 간 남한사람 그리고 자진해서 월북한 남한사람들은 모두 통전부가 관리한다. 일단 철저한 심문을 진행하고 사회주의 사상 교양과 충성을 다짐한 후 사회배치와 사후감시를 통전부에서 담당한다.

또한 통전부는 해외 교포사회에 침투하여 친북단체를 운영하며 국내 국외에서 북한의 통일전선 전략에 동조하고 지원하도록 조정하는 핵심 배후세력이다. 공개 및 비공개 공작을 진행하여 필요한 인재를 포섭하고 남한 내 친북세력을 지원한다.

　해외 교포사회 침투대상은 미국, 캐나다, 독일을 중심으로 한 구라파 전역, 동남아세아, 호주, 아프리카, 그리고 중남미 지역이다. 해외 교포사회에 배포되는 선전물은 '문화연락소(일명 101 연락소)'에서 제작하며, 해외 동포가 북한을 방문할 때에는 통전부 산하 '해외동포영접국'에서 초대, 영접, 관광 안내, 호송을 담당한다. 통전부 산하의 또 다른 조직으로는 범민련(凡民聯)과 범청학련(凡靑學聯)이 있다.

　통전부의 교포사업에는 일본에서 북송된 북송교포를 따라간 일본인 처와, 1953년 정전 후 포로교환 때 북으로 송환된 인민군 포로들, 그리고 러시아와 중공에서 살다가 들어간 귀환 동포들을 특별히 감시하는 것도 포함된다.

　2014년 헌법재판소 판결에 의해 해산결정된 '통진당사건'도 통전부의 오래된 대남공작의 위험성을 보여준 사건이다. 이들은 과거 남로당처럼 우리사회에 RO 등 지하당을 구축하고 이를 양성화한 통합진보당을 통해 우리사회를 와해시키려는 공작의 일환이었다. 과거 통일혁명당(약칭 통혁당) 사건의 연속선상에 있다. 또한 대남 지하방송국인 '구국의 소리' 방송도 통전부의 주요 사업영역이다.

　북한 간첩으로 남파되었다가 체포되어 장기간 복역을 마친 미전향 장기수들의 북송문제를 통전부가 다룬다. 1993년 3월 19일 이인모가 북송될 때 북측에서는 통전부의 강창일, 남한에서는 당시 통일원장관 하던 한완상 사이에서 이뤄진 작업이었다. 남북정상회담 후 이뤄진 미전향 장기수들의 북송도 모두 통전부의 요구에 응한 것이었다. 통전부의 '조국통일 연구소'에서는 남한의 TV 방송을 모조리 시청 분석하며, 일간신문과 주간월간 잡지들을 수입하고, 남한관계 주요 출판물과 참고서적들을 구입하고 그 중에서 가장 인기 있는 것이 남한의『한겨레신문』이라고 한다.

통전부는 대남공작차원에서 몇 개의 유령조직을 운영한다. 조직의 명칭과 의장단만 임명이 되어있고 하부 조직이나 국내활동이 전혀 없는 소위 유령단체는 사회민주당, 천도교 청우당, 조선기독교인 연맹, 조선불교도 연맹, 그리고 천주교인 협회이다. 그 조직의 간부들은 노동당의 핵심당원들이며 100% 통전부의 지시대로 움직인다. 그들의 임무는 해외에서 대등한 단체나 조직과 접촉하여 한반도 통일문제에서 북한의 주장을 선전하고 지지협조를 구하는 것이다

■ 리선권 조국평화통일위원회(조평통) 위원장

리선권은 2016년 12월 8일 평양에서 개최된 한반도 평화와 통일을 위한 연석회의 북측준비위원회 총회를 통해 조국평화통일위원회 위원장에 보선되었다. 당시 박명철도 조국통일민주주의전선 중앙위원회 서기국 국장에 임명되었다. 리선권은 2018년 1월 9일 남북 고위급회담에 북측 대표로 참석했다. 리선권은 원래 남북장성급회담에 얼굴을 드러

리선권

내면서 알려졌던 인물이었다. 그는 2006년부터 남북 장성급회담과 군
사실무회담의 북측 대표로 나왔었다. 현재 당 통일전선부 부장을 맡고
있는 김영철과 마찬가지로 군인에서 대남분야로 전직한 케이스다.

리선권은 원래 총정치국 산하 조선인민군출판사 남조선부 기자였던
것으로 알려진다. 당시 군 기자활동을 하면서 남한 자료를 많이 봤기
때문에 남한 사정에 정통한 인물로 평가된다. 그는 평소 김정일체제에
대한 불만을 갖고 불평불만이 많았지만 겉으로는 티를 내지 않았으며
처가 쪽의 장인이 중앙당 간부출신으로 집안배경이 비교적 좋은 인물
인 것으로 전해졌다.[91]

■ 박명철 조국통일민주주의전선(조국전선) 서기국장
   - 역도산의 사위

박명철

박명철은 김정은체제를 맞아 제2의 황금기를
구가하고 있는 인물이다. 2013년 박명철은 김정
은이 마식령스키장을 시찰할 때 수행원으로 따
라다녔다. 박명철은 숙청된 장성택 계열의 인물
임에도 불구하고 김정은의 배려로 살아남은 것
으로 보인다.[92] 2014년 최고재판소장까지 오른
박명철은 2016년 해임되었고 2017년 초에 대남
분야로 소속을 바꾼 것으로 보인다. 2016년 12월
에 조국통일민주주의전선 서기국장과 6.15공동선언실천 북측위원장에
선출된 것으로 전해진다.[93] 박명철은 전공을 정확히 말하기 힘들 정도
로 여러 분야를 넘나들고 있는 재미있는 인물이다. 벌써 운동선수에서

역도산

최고재판소장을 거쳐 조국전선 서기국장을 맡았으니 말이다.

박명철의 경우를 봐도 확실히 북한은 법치국가가 아니다. 법에 의한 통제가 아니라 인(人)에 의한 통제다. 박명철은 전형적인 운동선수 출신임에도 불구하고 2014년 최고인민회의 12기 1차 회의에서 최고재판소장에 임명됐다. 박명철은 일본의 조선체육대학 체조경기과 출신으로 전형적인 체대출신이다. 그 이후에도 스포츠관련 분야에서 활동했고 1998년 체육상에 임명됐다. 스포츠를 좋아하는 김정은의 배려가 컸다.

박명철은 김정은체제에서도 체육상과 조선올림픽위원회 위원장을 역임하는 등 김정은의 배려를 많이 받은 인물이다. 오죽하면 같은 대학 출신의 동창들도 박명철을 공부는 전혀 안하는 '돌대가리'라고 증언하고 있다. 그가 이렇게 승진을 할 수 있었던 배경은 장인인 역도산의 덕과 그의 부친인 박정식이 해방 당시 김일성에게 건물과 양복을 제공하는 등 노력을 한 대가로 보인다. 박정식은 김일성의 환심을 사서 결국 북한 초대 재정상까지 지냈으나 6.25전쟁 중 서울에서 사형된 것으로 알려진다.

■ 김완수 전 조국통일민주주의전선(조국전선) 서기국장
  – 외교관 출신의 대남통

김완수는 여느 북한의 대남통들과 다르게 첫 직장이 유엔북한대표부

김완수

였다. 1990년대까지 유엔에서 근무하다 2000년
대를 기점으로 대남사업에 뛰어들었다. 1941년
생으로 고령이지만 아직까지 활발하게 활동하
고 있는 인물이다. 그가 대남파트에서 갖고 있
는 위치를 간접적으로 확인할 수 있는 것은
2015년 12월 29일 김양건 통일전선부 부장 사망
장의위원명단에서 통전부 인사 가운데 가장 앞
자리를 차지했다는 점이다. 통일전선부 산하의
대표적인 단체로 조통일민주주의전선(조국전선)과 조국평화통일위원회
(조평통)이 있는데 현재 각각 김완수와 원동연이 대표로 있다. 김영철 통
일전선부장을 제외하면 거의 김완수와 원동연이 대남라인의 실세라 할 수
있다. 현재 김완수는 조국전선과 민족화해협의회(민화협)을 맡고 있다.

통전부 근무경력이 있는 탈북자의 증언에 따르면 통전부 내부 규정
상 통전부장 부재시 그 역할을 조국전선 서기국장이 대행하도록 되어
있다면서 김완수가 대행자다. 조국전선 서기국장이 곧 통전부 서기국
장이며 제1부부장의 역할을 한다고 전했다. 실제로 김완수는 2013년 7
월 중국 베이징(北京)에서 열린 6·15민족공동위원회 공동위원장회의
에서 자신의 직급을 묻는 남측 기자들에게 조국전선 서기국장은 '상급
(장관급)'이라고 대답했던 것으로 전해졌다.[94]

북한의 대남조직은 필요에 따라 여러 가지 호칭을 갖고 있다. 사실
상 당조직이면서도 민간단체의 얼굴을 하고 있다. 사안의 중요성 여부
를 판단해서 일정한 성명문을 발표할 때 필요에 따라 조평통 명의로
발표하고 비난성명을 낼 때는 조국전선 명의로 발표한다.

김완수는 그동안 잘 알려지지 않은 인물이다. 주로 유엔 북한대표부
에서 활동했었기 때문이다. 그는 1939년 함경북도 김책출신으로 김일

성종합대학을 졸업한 뒤 1960년대부터 외무성에서 일해 온 외교통이다. 국제무대에서 활동하다 대남분야로 옮긴 것은 1993년 정무원 통일담당 책임참사로 활동하면서 부터다. 이후 2002년 통전부 부부장, 2004년 조국전선 서기국장의 직책으로 활동해 오고 있다.

지금까지 남북 회담으로 얼굴을 알린 대남통은 원동연, 맹경일 등이 통전부 부부장 겸 조선아시아태평양평화위원회 부위원장이다. 하지만 이들의 실제 역량은 그다지 높지 않다는 증언이 있다. 즉 통전부 특정 부서의 책임과장 정도 위치라는 것이다. 통전부는 특성상 각 과별로 대외용 위장 명칭을 사용하는데, 통전부 정책과는 '아태', 연고자과는 '조선해외동포원호위원회', 종교과는 '단군민족실천협의회' 등의 대외 직명을 갖고 있다.[95] 따라서 남북 회담장에 나오는 사람은 진짜 실세가 아니라 얼굴마담이라고 한다. 왜냐하면 대남사업을 하는 사람은 예외 없이 당내부 검열망을 피해갈 수 없기 때문이다. 사실 실세들은 그런 번거로운 일을 피해가려고 하는 속성이 있다.

■ 원동연 조국평화통일위원회(조평통) 서기국장
　 – 대남분야 1인자

원동연은 그동안 북한의 대남분야 2인자로 꼽혀왔으나 김양건의 사망으로 사실상 원톱체제를 구축하고 있는 인물이다. 노동당 통일전선부 부부장과 조국평화통일위원회, 조평통 서기국 국장의 직책을 갖고 있다. 원동연은 평생을 남북협상 분야에서 활동해온 '대남통'으로 지난 2014년 2월 남북 고위급 접촉 때 당시 한국 청와대 국가안보실 1차장과 회담하기도 했다.

2014년 2월 남북 고위급접촉 참석을 위해 군사분계선을 넘고 있는 원동연
(가운데 키 작은 인물)

원동연은 2015년에 해외단체로부터 뇌물을 받은 비리로 적발돼 숙청
됐다는 주장이 제기되기도 했다. 당시 자유아시아방송(RFA)의 보도에
따르면 2015년 초에 국가안전보위부가 통일전선부를 전격 수사해 해외
동포들과의 사업에서 비리를 저질렀다는 이유로 적지 않은 간부들이
해임철직(직위해제)됐다고 보도했다. 당 통일전선부는 대남사업과 조
총련·해외동포 사업을 주로 담당하는 부서로, 당시 김양건 노동당 비
서가 부장을 겸하고 있었다.

당시 사건으로 김양건은 화살을 빗겨갔지만 실무를 맡았던 원동연은
직격탄을 맞아 처벌을 받았다는 소식이었다. 실제로 2015년 8월 5일 방
북한 이희호 여사를 평양에서 맞이한 간부도 원동연이 아니라 맹경일
제1부부장이 나와서 숙청설을 뒷받침 했었다.

하지만 대남분야의 특성상 원동연이 갖고 있는 노하우와 인적 네트
워크 덕분으로 2016년 다시 조국평화통일위언회 서기국장으로 롤백하

는 모습을 보였다. 원동연은 이미 검증된 인물로 대남파트와 해외동포
영역에서는 독보적 존재감을 갖고 있는 인물이었다.

북한 아시아태평양평화위원회 실장을 맡고 있었던 지난 2009년에는
노동당 통일전선부 부부장 및 아태평화위 부위원장으로 승진해 남북
정상회담과 관련한 비밀 협의를 담당했었다. 2009년 8월 21~23일 고 김
대중 대통령에 대한 북한 조문단의 일원으로 서울을 방문했으며 같은
해 10월 15~20일 싱가포르에서 열린 남북간 비밀접촉에 김양건 노동당
통전부장과 함께 북측 대표로 참가했다.[96] 당시 원동연은 과거 노무현
대통령 시절 대남사업 실무를 총괄했던 최승철 부부장의 역할, 즉 대남
사업의 제2인자 반열에 오른 것으로 전해졌으며 당시에 이명박 대통령과
김정일 국방위원장의 정상회담 개최와 관련한 실무 책임을 맡았었다.

1947년생인 원동연은 김일성종합대 경제학부를 졸업했고 1990년 9월
남북 고위급회담 북측 수행원으로 대남사업에 처음 모습을 드러낸 이
후 20년 가까이 대남사업에 몸담아 왔다. 2002년 10월엔 북한 경제시찰
단 일원으로, 2007년 11월엔 김양건 부장의 수행원 자격으로 서울에 오
는 등 한국 방문 경험도 가장 많은 인물이다. 이명박 정부 시절에는 통
전부장을 대행할 정도로 남북관계 업무를 총괄하면서 통전부 제1부부
장직을 수행했었으나 당시 정상회담 막후교섭 실패 등의 책임을 지고
잠시 해외동포담당 부부장으로 좌천되기도 했고 현재 신변이 불투명하다.

■ 맹경일 당 통전부 제1부부장 – 대남라인의 떠오르는 실세

맹경일은 대남회담 전문가로 떠오르는 대남라인의 실세다. 올해
1963년생인 맹경일은 매우 젊은 세대임에도 불구하고 벌써 남북 장관

맹경일

급회담의 대표로 여러 번 참여했다. 김일성종
합대 출신인 맹경일은 당 통일전선부에서 잔
뼈가 굵은 인물이다. 고위급 남북 대화는 물론
이고 2009년 김대중 대통령 서거 때 북한 조문
단 일원으로 서울을 찾기도 했고 이명박 정부
초기 정상회담을 위한 남북 물밑접촉 때 원동
연 통전부 부부장과 함께 협상장에 나타났던
인물이다. 2015년에는 평양을 방문한 이희호
여사를 공항에서 영접하기도 했다. 비교적 대남라인 가운데서 대화파
에 속하는 인물로 평가되는데 나이에 비해 상당히 많은 대남 및 해외
동포 경험과 노하우를 갖고 있기 때문에 앞으로 상당부분 맹경일이 대
남라인을 이끌 가능성이 높다.

염동욱 등을 비롯한 대남라인의 노장들이 죽고 사라지거나 노환으로
활동력이 많이 떨어졌기 때문에 맹경일의 독주가 예상된다. 최근 북한
에서는 '대화'와 '교류'를 강조한 문재인 후보가 당선될 것을 대비해 당
통일전선부를 새롭게 정비하고 혁명화 교육 중이던 맹경일 부부장을
조기에 복귀시켰다고 전해진다. 통일전선부의 '왕고참'이자 맹경일의
사수격인 원동연 제1부부장은 녹내장 등으로 건강상태가 좋지 않아 활
동에 지장이 많다고 전해진다.

■ 리금철 조국통일민주주의전선 부국장, 중앙특구개발지도 총국장

리금철은 1958년생으로 비교적 젊은 인물인데 개성공단 책임자로 알

려져 있다. 정준택원산경제대학을 졸업한 것으로 알려지며 1986년에는
조선학생위원회 부위원장의 신분으로 임수경이 평양에서 개최된 세계
청년학생축전에 참가했을 때 안내를 맡았던 인물이다. 2000년 8월에는
북한 이산가족 상봉단 실무진으로 서울을 방문해 임수경 당시 민주통
합당 의원과 포옹을 해 눈길을 끌었다.

1999년 조국평화통일위원회 참사를 시작으로 본격적인 대남협상에
참여했던 그는 2000년대 초 1~4차 남북 적십자회담 북한 대표를 맡았
고 2011년에는 내각산하의 민족경제협력위원회 산하 중앙특구개발지
도총국 총국장에 임명되기도 했다. 2014년 조국통일민주주의전선 중앙
위원회 서기국 부국장으로 승진된 북한의 손꼽히는 대남분야 베테랑이다.

높게 부르고 후려치는 방식에 능통한 리금철은 2005년 북한 미녀 응원
단원인 조명애의 삼성 애니콜 광고 섭외에도 간여했다. 리금철은 우선
큰 액수를 부른 다음에 조금씩 깎아주는 식의 협상방식을 선호한다고

2003년 10월 제주평화축전에 북한 대표단으로 참가하여 출발성명을 낭독하는 리금철

2003년 10월 제주평화축전에 북한 대표단으로 참가한 리금철이
도착성명을 발표하고 있다.

전해진다. 그의 이러한 대남협상방식이 꽤 잘 먹혀들었기 때문에 북한
당국이 리금철의 성과에 매우 흡족해 한다는 후문이다.

■ 김영철 통일전선부장 – 대표적인 대남 강성 매파 인물

현재 통일전선부장인 김영철은 원래 인민군 정찰총국을 이끌면서 대
남도발에 앞장서던 인물이었다. 그러다 2016년 전 통일전선부장이었던
김양건이 급사하면서 통일전선부 수장의 자리에 올랐다. 김영철은 1989
년 남북고위급회담을 위한 예비접촉 북한대표 시절부터 20년 가까이
남북회담에 모습을 드러냈었다.

김영철은 대남성향으로 봤을 때 비둘기파보다는 매파에 가까운 인물
이다. 이미 군대에서 잔뼈가 굵은 만큼 대화보다는 군사도발에 흥미를

김영철

느끼는 인물이다. 그가 맡았던 정찰총
국의 임무 자체가 대남 첩보 및 군사도
발이기 때문이다.

현재 대남 공작 총책인 김영철도 정
찰총국장 시절에 잠깐 시련을 겪은 적
이 있다. 2012년 11월에 대장에서 중장
(우리의 소장)으로 강등된 것이다. 별
넷에서 별 둘로의 강등은 상당한 굴욕
일 수밖에 없다. 하지만 3개월 만에 다
시 대장 계급을 회복했는데 아무래도 그가 갖고 있는 '도발' 능력을 높
이 산 까닭이리라.[97]

2012년 당시 북한에서는 대규모 군부 검열이 진행되었는데 이를 통
해 강등 또는 해임된 군 수뇌부가 10여 명에 이르고 다시 원래 계급을
회복한 인물은 당시 총정치국장이던 최룡해(차수→대장→차수)와 김영
철(대장→중장→대장)뿐이었다. 당시 김영철의 강등은 2012년 들어서
서 대남사업에 뚜렷한 공적이 없었고 남파간첩의 검거 및 대남작전 실
패에 대한 책임으로 전해졌다.

김영철이 맡았던 정찰총국은 군 정찰국(요인암살·테러), 당 작전부
(간첩침투), 당 35호실(해외공작), 국방위 정책실(군사회담) 등 당과 군
에 흩어져 있던 대남기구들을 하나로 묶은 통합센터기지다. 2009년 2
월에 창설된 것으로 알려지며 초대 정찰총국장이 김영철이다. 정찰총
국은 그동안 디도스 테러(2009년 7월 7일), 대청해전(〃 11월 10일), 황
장엽 전 비서 암살조 남파(2010년 1~2월), 천안함 폭침(〃 3월 26일), 연
평도 포격 도발(〃 11월 23일), 농협 전산망 해킹(2011년 4월 12일),
GPS(위성항법장치) 전파교란(2010~2012년 3차례), 탈북자 위장 간첩남

파 등의 도발에 직간접적으로 개입된 것으로 알려졌다.

김영철은 통일전선부장에 임명되기 전인 1989년 인민군 소장(우리의 준장) 계급을 달고 남북 회담에 등장하기 시작했다. 그가 나타나는 회담에는 항상 긴장감이 감돌았다고 전해지며 대남협상 테이블에서 강단 있는 결정을 내리는 인물로 정평이 나있었다. 2008년 12월에는 국방위원회 정책국장 직함으로 개성공단에 내려와 "남측이 개성공업지구(개성공단)에서 철수할까 봐 우리가 고민하는 줄 아는데 우리는 그런 고민이 전혀 없다"며 "우리는 개성공업지구가 없어도 살아갈 수 있다"며 큰소리를 쳤던 일화로 유명하다. 김영철의 대남관을 단적으로 보여준 사건이었다.

전통적인 경로로 성장한 김영철은 만경대혁명학원·김일성군사종합대학을 졸업했고 1960년대 초 군사분계선에 접한 북한군 15사단 민경중대에서 근무했으며 1968년 군사정전위 연락장교로 근무하면서 대남접촉의 테크닉과 경험을 익히기 시작했다. 초급장교시절부터 대남 강성태도를 유지했던 김영철은 1990년 9월 4일 첫 남북 고위급회담 대표단으로 판문점에 내려왔을 때 당시 임동원 남측 회담 대변인이 인사하며 악수를 청하자 말 한마디 없이 인상을 쓰며 악수만 받았다고 할 정도로 유화적인 면모를 찾아볼 수 없는 인물이다.

사실상 2017년 5월 우리정부가 대북접촉승인을 한 민간단체들을 방북시키려 할 때 방북을 거절했던 북한의 태도 이면에는 이러한 김영철의 강경한 입김이 작용했을 가능성이 크다. 김영철은 김정은의 김일성군사종합대학 선배이자 선생의 역할을 해 왔기 때문에 김정은-김영철로 이어지는 대남정책은 당분간 강경일변도일 수밖에 없을 것으로 전망된다.

아래는 북한의 정찰총국의 편제와 임무에 관한 자세한 설명을 첨부한다.

■ 정찰총국

정찰총국은 남한의 국군정보사와 비슷한 역할을 하는 기관인데 그 구성과 역량이 더욱 확장된 형태다. 2009년 당군에 산재해 있던 기존의 대남관련 부서들을 하나로 통폐합했다.

■ 제1국(작전국) - 과거 노동당 산하의 작전부

병력은 약 5,000명. 사상이 투철하고 신체 강인한 고졸 학생 중에서 선발한다. 작전국의 임무는 북한 내에 있는 모든 대남 공작기관 요원들과 공작원들을 훈련하는 학교, 즉 가명 '김정일 政治軍事大學'을 운영하며 여러 가지 단기 특별코스가 있으나 정규과정은 3년 내지 6년의 코스가 있다. KAL-858기 폭파임무에 투입되었던 김현희도 이곳에서 훈련을 받았다.

작전국은 또한 대남 침투 공작원들을 위한 작전지원과 기술지원을 제공한다. 공작에 필요한 모든 장비와 기재, 통신장비, 무기, 고성능폭약, 시한폭탄, 암호조직, 쾌속정, 어선 화물선으로 위장한 공작선 제작, 잠수함, 독약, 독침, 야음 쌍안경 등을 해외에서 구입하거나 자체 연구 개발하고 제작을 한다. 아웅산 폭파에서 사용한 폭약과 원격장치, 김현희가 사용한 액체 폭약과 라디오 시한폭탄, 강릉에 나타났던 잠수함, 모두 과거 작전부에서 연구 개발한 것들이다.

동해안에 나타났던 공작선 잠수함이 어쩌다 한번 나타난 것처럼 생각하는데, 과거 수십 년 동안 남한을 수시로 들락날락했으며 북한은 대남공작을 위해서 그런 잠수함 수십 척을 보유하고 있다. 작전국은 그 자체 요원이나 공작원을 남한에 침투시키지 않는다. 그러나 잠수함이

나 공작선으로 침투하는 '대외연락부(225국으로 개편)' 공작원들을 호
송하는 임무를 수행한다. 예를 들면 강릉에 나타났던 잠수함의 젊은
'전투원'들은 작전부 소속이었고 그들 자신은 공작원이 아니다. 그들은
공작원을 호송하는 전투임무만 받고 공작내용에 대해선 아무것도 모른다.

과거에 작전부를 총 지휘한 사령관은 사성장군 오극렬(吳極烈) 이었
으며 작전부 대원들은 군관 계급을 받는다. 만일 작전에 실패하면 이들
은 자기들이 호송하는 '연락부(지금은 225국)' 소속 공작원들의 신분을
은폐하기 위하여 군인으로 행세하며, 남한에서 체포되거나 탈출이 불
가능할 때에는 무조건 자결하도록 되어있다.

작전국은 현재 남한에 공작원들을 침투시키기 위하여 사리원 연락
소, 개성연락소, 평강연락소 등 육상침투 대기소를 운영하며, 동해안에
원산과 통천, 서해안에 남포 몽금포 해주 '해상연락소'를 운영하며 호송
작전 임무가 떨어지면 일단 영해를 벗어나 공해로 들어갔다가 남한 해
안에 경비가 허술한 곳에 접근하여 공작원을 내려놓거나 싣고 돌아간
다. 상륙지점은 멀리는 제주도까지 남한에서 활동 중인 공작원들이 사
전 답사해서 결정하고 북에 보고한 장소가 된다.

이들이 사용하는 공작선은 잠수함 아니면 어선이나 화물선으로 위장
되어 있기 때문에 표면상으로는 알 수가 없으나 반드시 갑판 밑에는
무반동포나 기관총 같은 자동화기로 중무장 되어있다. 작전국의 임무
중에 또 하나 중요한 것은 '414 연락소'의 운영이다. '414 연락소'는 남한
에서 활동 중인 공작망과의 모든 무선통신을 담당하며, 공작지령을 보
내고 공작보고를 받는다.

'414 연락소'는 또한 남한의 무선 통신을 감청하고 암호를 해독한다.
심지어 경찰이나 보안기관이 대간첩작전 중 교신하는 내용까지도 다
포착한다는 것이다. '414 연락소'는 전국 50여 곳에 송수신 연락소를 운

영하며 지원본부인 '314 연락소'에서는 공작용 무기, 위조 신분증, 통신 장비, 위조화폐를 제작하고 제공한다. 작전국은 또한 평양에 '915 병원'을 자체로 운영한다. 그리고 작전국은 자체로 외화벌이를 위하여 해외에 무기를 수출하는 '청송 연합회사'를 운영한다.

■ 제2국(정찰국) – 일명 586 군부대

병력 약 4,500명. 인민무력부 총참모부 산하에서 이탈하여 정찰총국에 편입 되었다. 원래 임무는 미국과 남한을 상대로 하는 군사정보 수집과 분석이지만 지금은 그 기능에 추가해서 북한이 무력에 의한 한반도 적화통일을 시도할 경우 비정규군 투입과 그 전략과 작전을 지휘하게 될 중요한 기관이다. 남한 내에서의 정찰활동은 전후방에서 '이석기' 식으로 게릴라전투 공격목표가 되는 급소, 즉 유류탱크, 도시가스 시설, 배전 시설, 교량, 지하철, 통신 시설, 핵발전소, 전략 산업시설, 비행장, 항만 시설, 대형 건물 등에 대한 공격 가능성을 정찰하고 산악지대 침투로 개척을 위한 답사를 한다. 이 작전을 위해 현재 '전방지역, 동해안 지역, 서해안 지역' 정찰 파견 기지를 운영하고 있으며 잠수함을 이용하는 '제22전대'(호송 잠수함 부대)를 운영한다. '22전대'는 현재 상어급 잠수함(300t) 30여 척과 유고급 잠수함(80t) 약 45척을 보유하고 있으며 신형 잠수함을 계속 개발하고 있는 중이다.

1970년대 초까지만 해도 전방사령부였던 1, 2, 5 집단군 산하에 '徒步偵察所'를 두고 무장 공작조를 남한 전방에 침투시켜 정보 수집과 기습작전을 일삼던 일을 우리가 기억하는바 그것이 다 정찰국에서 하는 일들이었다. 현재는 정찰국 직속 4개 저격여단이 있으며 전방 5개 군단에

각 500~600명 규모의 정찰대대(과거에는 도보정찰소)를 운영하며 해군에서도 1개 정찰대대를 운영한다. '198 연락소'는 첩보수집 분석을 담당하며 '907 군부대'는 남파되는 공작원들이 남한 실정을 훈련하는 소위 '이남화 以南化' 교육을 받는 곳이며, 모두 정찰국의 작전지휘를 받는다. 정찰국은 또한 '마동희 군관학교'를 운영하며 2~5년간의 게릴라훈련을 실시하고 영어 일어 중국어 프랑스어를 가르친다. 병력은 현역군 장교 사병들 중에서 우수한 대원들을 차출한다.

　1960년대 중반 전라북도 진안에 침투했던 283군부대 무장게릴라가 정찰국 소속이었고, 1967년 고랑포에 기습하여 미군과 국군을 사살한 사건도 정찰국에서 한 소행이며, 1968년 1월 21일 124군부대의 김신조 31명 특공재가 청와대를 기습하려던 사건과 그 해 11월 2일 울진 삼척에 약 120명의 게릴라가 침투한 것도 다 정찰국에서 작전한 것이었다. 1983년 아웅산 테러사건도 정찰국의 소행이었다. 특히 2010년 3월 26일 백령도 근해에서 한국해군 천안함(PCC-772)이 북한의 어뢰에 의해 폭침되었고 장병 40명이 전사하였으며 6명이 실종된 끔찍한 사건이 발생하였는데 이것도 북한 정찰국의 소행으로 판명이 되었다.

　1969년 인민군 지상군이 개편될 때 이전까지는 17 공수여단이 '정찰국'의 작전지시를 받는 특수부대로서 남한에 사회혼란이나 민중봉기 같은 '결정적 사태'가 조성되면 남한 후방에 투입되어 비정규전을 전개할 수 있도록 항상 준비가 되어 있었다. 1969년 1월에 17 공수여단은 해체된 124 군부대와 283 군부대의 병력을 흡수하여 '특수 8군단'으로 개편되었고 '특수 8군단'은 총참모부 '작전국'이 아니라 '정찰국'의 작전지시를 받는 비정규전 특전대로 남한후방 교란작전을 준비하고 있었으며, 부대원들은 남한의 국군 복장과 국군 편제무기를 가지고 훈련을 하였다. 이 부대는 세계최고의 정예 자살특공대이다.

이 '특수8군단'은 1978년에 병력을 15,000에서 41,000명으로 증강하였고, 1983년에 병력을 다시 80,000으로 증강하면서 단대호를 '경보병 교도지도국'으로 바꾸었다. 지휘부는 평남 덕천에 있으며 예하에 총 25개 특전여단이 있고 총병력은 약 120,000명으로 추산된다. 이는 인민군 총병력의 10%에 해당한다. 25개 여단 외에도 공군 저격여단, 해상 저격여단과, 여군 특수공작대인 '38 항공육전여단'(평양시 상원군), 그리고 스키여단(양강도 혜산시)이 있다. 여단장의 편제계급은 고참 대좌 아니면 소장(한국군의 준장에 해당)이다. '경보병 교도지도국' 직속 25개 여단의 배치는 아래와 같다.

```
1군단 (강원도 지역) =  1 × 경보병여단, 1 × 정찰여단
2군단 (개성, 황해도 지역) =  3 × 경보병여단, 1 × 정찰여단
3군단 (평안남도 지역) =  2 × 공수경보병여단
4군단 (황해도 지역) =  1 × 상륙경보병여단, 2 × 경보병여단, 1 × 정찰여단
5군단 (황해도 강원도 지역) =  2 × 경보병여단, 1 × 정찰여단
6군단 (함경북도 지역) =  1 × 공수경보병여단
7군단 (함경남도 지역) =  1 × 경보병여단, 1 × 공수경보병여단,
                       1 × 상륙경보병여단, 1 × 제병연합여단
8군단 (평안북도 지역) =  2 × 공수경보병여단, 1 × 상륙경보병여단
9군단 (평안남도 지역) =  2 × 공수경보병여단
```

■ 제3국(해외정보국) – 과거에는 35호실

병력 약 500여 명. 원래의 명칭은 노동당 중앙위원회 산하 '대외정보조사부'(약칭 조사부) 이었으나 35호실로 개칭되었다가 청찰총국이 창

설되고 그에 흡수 되면서 '해외정보국'이 되었다. 기본 임무는 말 그대로 대외정보, 특히 남한의 정치 경제 사회 분야의 움직임과, 미국과 일본의 대한정책, 대북정책, 한미유대관계, 한반도문제를 위요한 국제정세와 동향 등을 파악하고, 그와 관련된 모든 정보를 수집 분석하는 임무를 갖고 있다. '조사부' 당시 최고 책임자는 전에 모스코 주재 북한 대사를 역임한 권희경 이었으나 KGB와 내통했다는 혐의를 받고 1997년 11월에 처형된 후 조사부가 '35호실'로 명칭이 바뀌었다.

지금 현재는 내부에 남한, 아시아, 일본, 구라파와 미국을 담당하는 네 개의 공작 부서가 있고, 정보분석, 암호처리, 자료정리를 담당하는 세 개의 분석 부서가 있고, 인사, 조직, 검열, 자료연구를 담당하는 네 개의 지원부서가 있다.

해외 공작거점은 도쿄, 오사카, 북경, 연길, 상해, 심양, 마카오, 뱅콕, 홍콩, 쿠바, 시리아, 인도네시아, 비엔나, 파리, 에치오피아, 탄자니아에 있고, 미국 일본 남한에는 정보를 수집 제공하는 첩보망 점조직이 있다. 대원들은 주로 평양 외국어대학이나 군사대학에서 외국어를 전공한 학생들 중에서, 그리고 각급 군부대의 무술군관들 중에서 선발한다. 공작 교육훈련은 대체로 점조직 초대소에서 실사한다.

북한간첩으로 체포되었던 '모하마드 깐수'도 이 기관 소속이었다. 35호실(현재는 정찰총국 제3국 해외정보국)의 또 다른 중요한 임무는 대남 테로 공작이었다. 1977년 '자그레브'에서 백건우와 윤정희를 납치하려고 시도한 것과 1983년 10월 9일 아웅산 폭파공작으로 한국정부의 고위직 17명과 현지인 네 명이 폭사를 당한 것도 과거 '조사부'의 테로 공작이었으며, 1987년 11월 29일 KAL-858기를 폭파하여 115명의 무고한 생명을 빼앗은 행위도 '조사부'의 공작이었다. 가족을 먹여 살리려고 먼 타국에서 피땀 흘려 일하던 노동자들이 고향에 돌아오는 길에 참변을 당했다. 이 하늘이 용서할 수 없는 범행을 지시한 사람이 김정일인데 그 증인이 아직도 살아있고 미국 정부가 확인 재확인해서 국무성과 의회가 1988년 2월 4일 전 세계에 발표했으나 남한의 친북 세력들은 아직도 KAL-858기 폭파 사건이 남한의 조작이라고 생떼를 쓰고 있다. 더 구체적인 것을 알고 싶으면 1988년 2월 5일부 서울의 중요일간지 조선일보나 동아일보를 읽어보면 될 것이다.

■ 제6국(기술국) – 110호 연구소, 일명 전자정찰국 또는 사이버테러 지도국

2013년 현재 전문인력은 약 3,000명. 추가로 30,000명을 양성 중. 북한은 1980년대부터 구소련에서 장비를 도입하여 자체로 개량형 장비를 개발하기도 하고 중동국가들에 수출도 하였다. 평양에는 '소프트웨어 개발회사'로 위장하여 해커부대를 운영하다가 1990년대에 인민무력부 총참모부 정찰국 산하에 '110호 연구소'를 창설하고 '백설 무역회사'의 중국 심양대표부와 흑룡강성, 산동성, 북경지역에 대남 사이버테러 거점을 운영하였다. 2009년 2월 국방위원회 인민무력부 산하에 '정찰총국'이 창설되면서 제6국으로, '110호 연구소'는 정찰총국의 4대 기능국의 하나로 승격 편입되었다. 기본 임무는 대남 정보수집, 해킹, 바이러스 유포다. 기술국인 제6국산하 기구는 아래와 같다.

〈31소〉 - 기술정찰 해킹, 전문인력 약 60명
〈32소〉 - 프로그램 개발, 전문인력 약 50명
〈56소〉 - 군 지휘통신 프로그램 개발, 전문인력 약 60명

〈기초자료 조사실〉
〈사리원 GPS Jammer 기지〉
〈204 사이버 심리전 부대〉
〈해외 작전기지〉 - 흑룡강성, 산동성, 북경, 심양, 연길, 단동, 그중에 단
   동이 제일 활발하다.

　국가정보원의 보고에 의하면, 2004~2010년 사이에 북한은 남한의 중
요전산망에 총 48,000건의 사이버 공격을 가했으며 2010년 한해에만도
남한의 정부기관에 총 9,200여 건의 사이버 테러를 감행 하였다고 한
다. 또한 국방부의 보고에 의하면 2007년 1월부터 2010년 6월 사이에
해킹을 통해 북한에 유출된 군사기밀이 총 1,763건이나 되었다고 한다.
지난 2010년 8월에는 서해안 일대에서 항공기와 선박의 위성항법 시스
템(GPS)이 매일 1~2시간씩 간헐적으로 수신되지 않는 현상이 나타났
다. 2009년 7월 7일에 청와대와 국방부에 1차 DDoS 공격이 있었고,
2011년 3월 4일에 2차 공격이 있었으며, 2011년 4월 12일에는 남한의 농
협전산망에 DDoS 공격을 가했다.
　2004년 8월 2일에 노무현 정권은 남북합작 '하나 프로그램 쎈터' IT
개발용역회사를 설립하고 북한에 자본과 기술을 제공하였다. 그때 한
국의 ○○○ 목사와 ○○○ 목사가 390억 원을 제공하고 노무현이 남북
협력기금에서 10억 원을 제공하여 도합 400억 원으로 2009년 9월 16일
부터 평양과학기술대학을 건축하고 2010년 10월 25일에 준공 개교하였
다. 학교의 수용능력은 학부 2,000명, 대학원 600명으로 컴퓨터 전문인
력과 국방과학 전문인력을 양성한다. 그 후 포항공대 학장출신 ○○○
가 평양과학기술대학에 가서 1회에 30명씩, 9차례, 총 270명에게 컴퓨
터 전문교육을 실시하였다. 그 졸업생 대부분이 정찰총국 6국(110호 연
구소)에 배치되었다.

■ 225국

225국은 과거에는 대남연락부, 대남사업총국, 또는 사회문화부, 대외
연락부 등으로 명칭을 사용했으나 지금은 내각(정무원) 소속 225국으로
바뀌었다. 주 임무는 공작원을 양성하여 남한에 침투시키고 소위 그들이
말하는 '남조선 혁명역량'을 구축하는 데 있다. 지금 일반적으로 언론에
서 말하는 '반미친북세력'을 북한에서는 '남조선 혁명역량'이라고 부른다.

이 기관에서 파송하는 공작원들은 일명 '선생'이라고 하며 최소한 3
년 내지 6년 간 고도의 훈련을 받고 정치 경제 문화 사회 군사 국제정
세 사상 이론학습 모든 분야에서 엘리트 급에 속하는 자들로, 남한의
모든 분야에 침투하여 지도역할을 할 수 있는 실력자들이다. 이들의 선
발 기준은 철두철미한 김일성-김정일 신봉자이어야 하고 뼈가 가루가
되어도 사회주의 이념과 '남조선 혁명완수'를 위한 목표에서 변절하지
않을 자들, 그리고 대부분 남한에 연고가 있는 자들이다.

우리가 말하는 '북한 간첩'하면 기본적으로 이 사람들 또는 이들에
의해 포섭된 자들을 말하는 것이며 과거 60여 년간 우리사회를 혼란시
켜온 자들이다. 지금까지 남한에서 체포된 간첩들은 대부분 이들에 의
해 포섭된 자들이었고 지도역할의 '선생'들이 체포된 일은 극소수에 불
과하다. 이들의 남한침투는 '적전부'의 지원을 받는 비합법 해안침투가
기본이나 제삼국을 통한 합법침투를 많이 이용한다.

합법침투의 경우는 남한에 여권을 갖고 드나드는 데 문제가 없는 자
들로 대개 포섭된 간첩들이며, 이런 합법적 근거가 없는 소위 '선생'들
은 비합법 침투방법을 이용한다. 그동안 여러 사건들이 있었지만 알기
쉽게 통혁당 사건, 이선실-김낙중 사건 등이 과거 '연락부' 계통의 활동
이었으며, 남한 사회 각계각층, 즉 정부, 국회, 학원가, 노동단체, 언론

계, 학계, 종교단체, 연예계 등에 침투하여 '지하역량'을 구축했고 이들을 관리하여 '유사시'에 민중봉기 내지는 민중혁명으로 남한사회를 전복시킬 세력으로 키우고 있는 것이다.

지금 남한 사회에서 정신박약자가 아니면 북한의 대남공작에 의해 침투되고 사회주의 혁명을 위해 전위역할을 하고 있는 단체들이 어떤 것인지 그들의 행동으로 봐서 다 파악하고 있다. 또 한 가지 중요한 사실은 일본에 있는 '조총련'이 북한의 정부나 당에 의해 운영되는 것이 아니라 이 종전의 '대외연락부'에 의해 운영되었다. 원래 조총련 운영의 최고 책임자였던 강주일(본명 강관주)이 통일전선부 부장으로 있을 때에는 조총련이 통전부 산하였으나, 통전부는 과거 김용순이 맡고 강주일이 대외연락부 부장이 되면서 그때 조총련은 대외연락부 산하로 들어갔다.

조총련이 단순한 친북 교민단체는 아니다. 자체 자금이 있고 조직화되고 합법적 기반이 있는 대남 공작 전초기지로 과거 일본을 우회침투하는 가장 중요한 공작거점이었다. 225국(과거의 대외연락부)은 북한의 대남공작기관 중에서 가장 무서운 기관이다. 슬픈 일은 우리사회에서 이러한 북한의 대남공작활동에 대한 경계가 매우 느슨해지고 있다는 점이다. 북한식의 통일은 일인독재 수령절대주의 통일이기 때문에 우리 헌법 4조에 명시된 자유민주적 기본질서에 입각한 통일과는 결이 다르다. 아직까지 북한의 대남활동에는 명암이 있다는 점을 분명히 자각해야 한다. 북한이 그동안 대남조직을 통해 우리사회를 괴롭힌 사건들은 대개 아래와 같다.

　지하당 인민혁명당 (인혁당) 사건 - (1964)
　동백림 사건 - (1967)
　지하당 통일혁명당 (통혁당) 사건 - (1968)

경남 부산지역 간첩단 사건 - (1974, 8)
조총련경유 간첩단 사건 - (1974, 9)
학원침투 민청학련 사건 - (1975)
지하당 남조선민족해방전선 (남민전) 사건 - (1979)
지도핵심 간첩단 사건 - (1983)
자수간첩 오길남 사건 - (1986)
중부지역당 사건 (일명 이선실-김낙중 사건) - (1992)
지하당 구국전위 사건 - (1994)
부여침투 간첩 김동식 사건 - (1995)
부부간첩 최정남-강연정 사건 - (1997)
지하당 민주민족혁명당 (민혁당) 사건 - (1999)
대만화교 간첩단 사건 - (2006)
지하당 일심회 사건 - (2006)
왕재산 간첩단 사건 - (2011)

전 노동당 비서 황장엽이 경고하기를 지금 남한에서 활약하고 있는
북한 간첩은 약 5만 명 정도라고 하였으며 북한을 동경하고 추종하는
종북세력은 약 500만 이상이라고 지적하였다.[98]

제7절 대외 및 재정 분야

■ 리용호 당 정치국원, 외무상
  - 리명제 전 조직지도부 부부장의 아들

김정은체제가 들어서면서 북한의 모든 분야에서 세대교체가 진행 중

리용호

인데 외교분야에서는 리수용에서 리용호로 바턴이 넘어가는 모양새다. 리수용의 뒤를 이어 2016년 외무상에 임명된 리용호는 당 대회에서 정치국 후보위원에도 선출됐고 2017년 7기 2차전원회의에서는 당 정치국원으로 승진했다. 당 중앙위원회 후보위원에서 순식간에 세 단계나 상승한 것이다. 리용호는 또 국무위원에도 올라 다른 인물들보다 승진 속도가 빠른 것으로 평가되는 인물이다.

리용호는 백남순, 박의춘 등 이전 외무상들과 달리 영어가 유창하고 서구문화에도 익숙한 것으로 알려졌다. 전공분야가 영어이기 때문일 것이다. 평양외국어대 영어문학과를 졸업한 뒤 외무성으로 들어가 외무성 국제기구국 과장과 부국장, 주영대사를 지낸 뒤 6자회담 수석대표를 맡았다. 국제의례에도 능숙하기 때문에 그를 만났던 사람들 대부분이 북한 사람 특유의 경직성이 느껴지지 않는다고 입을 모은다. 지난 20년간 북한 국제외교의 간판스타로 활동해온 김계관, 강석주의 뒤를 잇는 차세대 외교스타임은 분명하다. 특히 리용호는 김정일체제의 막후 실세였던 리명제 전 조직지도부 부부장의 아들이기도 하다.

아직 1956년생으로 젊고 재기발랄한 성격이기 때문에 서방외교에 제격이라는 평가를 받는다. 때문에 리용호의 활동범위는 매우 넓은 편이다. 그래서 이전 북한의 외무상들과 달리 6자회담 수석대표로 활동하는 등 북핵협상을 직접 담당하기도 했다. 특히 대미외교에서 리용호의 활동이 눈에 띈다. 리용호는 2012년 미국과 '2·29 합의' 당시에도 실무협상을 맡았다. 2·29 합의는 북한의 핵실험과 장거리 미사일 발사, 영변 우라늄 농축 활동의 임시 중단을 대가로 미국이 북한에 식량 24만을 지원하는 것을 골자로 하고 있었다. 하지만 김정일에 이어 북한의 지도자로 떠오른 김정은은 합의서의 잉크가 마르기도 전인 4월에 장거리 로켓 '은하 3호'를 발사하면서 미북관계가 크게 틀어지게 계기가 되었다.

리용호는 외무상에 임명된 후 2016년 라오스에서 개최된 제23차 아세안지역안보포럼(ARF)에 참석해 첫 대외 행보를 시작했다. 리용호의 외교적 수완이나 능력은 검증받았지만 북핵문제와 '사드(THAAD · 고(高)도미사일방어체계)' 문제 등 한반도주변정세가 녹록하지 않기 때문에 풍파가 예상된다. 리용호의 능력이 아무리 좋다한들 당중심체제인 북한에서 외무상의 역할은 매우 제한적이기 때문이다.

■ 리수용(리철) 외교위원회 위원장, 전 김정일 비자금 관리인

리수용

리수용은 스위스 대사직을 수행하며 김정일의 비자금을 관리하기 때문에 그 임무의 중요성으로 인해 당 조직지도부 부부장의 막강한 직함을 겸하고 있는 것으로 알려졌다. 리수용은 2003년 제11기 대의원 선거 때는 '리수용'이라는 본명을 썼으나, 2009년 최고인민회의 선거에서는 대외적으로 사용하는 '리 철'이라는 이름을 사용했다. 리수용은 외무성에서 근무하며 유엔, 유럽 등의

리수용

대사로 활동했고 2014년에는 외무상으로 기용되었다. 리수용은 2014년에 가장 활발한 대외 활동력을 선보였다. 5월부터 중동과 아프리카, 스위스에 이어 동남아시아 5개국을 잇달아 순방했다. 하지만 이런 경력은 외형적인 것이고 실제적으로 중요한 임무는 김정일의 통치자금을 관리해 왔다는 점이다. 1935년생으로 고령이지만 최근까지 왕성한 활동을 해오다 2016년 외무상을 끝으로 활동을 중지하는 듯 했으나 2017년 최고인민회의 외교위원회 위원장에 발탁됐다.

리수용은 김일성종합대학 국제관계대학 불어과를 졸업했고 1980년대부터 2010년까지 스위스 제네바 공사, 제네바 유엔사무국 대표부 상임대표, 스위스 대사, 네덜란드 대사 등 주로 유럽에서 근무해 왔다. 리수용이 주목받는 가장 큰 이유는 역시 당시 '리철'이라는 가명으로 1998년 스위스 대사에 임명되면서 부터다. 그는 스위스 은행의 김씨 일가 비자금 약 40억 달러(4조2,020억 원)를 관리했던 것으로 알려졌으며 이 시기에 김정남, 정철, 정은 형제와 김여정의 스위스 유학생활을 책임지기도 했다.

수완가인 리수용은 2010년 북한 복귀 후에도 조선합영투자위원회 초대위원장으로 활동하면서 황금평-위화도 북·중 공동개발 프로젝트를

성사시키기도 했다. 당시 장성택과의 연루설 등으로 장성택이 처형되었을 때 함께 처형되었다는 설이 나오기도 했지만 김정은 형제를 키워주고 비자금을 관리했던 공로가 크기 때문에 그러한 위기는 넘긴 것으로 보인다.

또 다른 리수용의 작품은 이집트 통신회사 오라스콤 텔레콤의 지분투자를 유치해 2008년 12월부터 북한에서 3G 방식 휴대전화 서비스가 시작될 수 있게 만들었다. 류경호텔 공사 재개 및 대북 투자유치 관련 사업에도 관여하여 성공시키는 등 남다른 국제비지니스 실력을 갖춘 것으로 평가되고 있다.

■ 자성남 유엔대표부 대사

자성남

국제관계대학을 졸업한 자성남은 1956생으로 리용호에 이어 새롭게 촉망받고 있는 외교전문가다. 공식적으로는 2000년 유엔 주재 북한대표부 공사로 서방세계에 얼굴을 알렸다. 이후 룩셈부르크, 영국, 아일랜드, 벨기에 대사 등을 역임했고 2014년에 유엔주재 북한대표부 대사로 발령받았다. 자성남은 주영 대사로 재임 중인 2008년에는 북한 교향악단의 초청연주회를 이끌고 북한 대사로는 최초로 영국 의회에서 연설해 시선을 끌기도 했다.

자성남이 유엔대사로 있는 동안 북한의 미사일, 핵도발이 지속되었고 유엔제재가 강화되는 와중에 "ICBM 시험발사는 적대세력들이 북한의 자주권과 생존권을 침해할 경우, 도발의 본거지들을 쓸어버릴 수 있

자성남

는 억제력을 갖추기 위한 자위적 조치"라는 강성발언을 쏟아내기도 했다. 통상 북한의 유엔주재 대사는 5년 이상 장기 근무를 하는 관행이 있기 때문에 자성남 역시 앞으로 장기간 유엔에서 북한의 입장을 대변할 것으로 보인다. 과거 박길연은 12년 가까이 근무했고 전임자인 신선호 역시 5년 9개월을 근무했다.

■ 신선호 전 유엔대표부 대사

신선호는 5년 9개월간 유엔주재 북한대표부 대사를 지낸 인물이다. 우리에게 신선호가 크게 알려지게 된 계기는 2013년 6월 유엔에서 3년 만에 진행된 단독 기자회견이다. 그는 기자회견에서 "비핵화는 북한의 최종 목표"라며 비핵화에 반대하지 않는다고 밝혔다. 다만 "비핵화는 북한에만 국한돼서는 안 되며 한반도 전체를 대상으로 해야 하고 미국의 핵 위협이 중단돼야 한다"고 단서를 달았다. 유엔을 통해 북한의 핵 개발의 정당성에 대해 국제사회에 알리는 것이 북한 유엔주재 대사들의 공통된 임무이기 때문에 예견된 내용이었다.

신선호

신선호는 1948년 황해남도 출생으로 1980년부터 외무성에서 근무한 것으로 알려졌다. 신선호는 주로 이집트, 짐바브웨 등 아랍권을 담당했었다. 2000~2003년까지 유엔 대표부 차석대사를 역임했다. 신선호는 유엔 대사에 임명되기 전까지의 경력이 알려지지 않은 인물이다.

■ 리근 주 폴란드 대사

1946년생인 리근은 1975년 인민무력부 대외사업국 지도원으로서 처음 그 존재가 확인된 후 짐바브웨 주재 부무관을 거쳐 1989년 외무성에 입성했다. 2011년 3월에는 독일에서 개최된 미북 토론회에 참가하기도 했다. 리근은 1997년 외무성 미주국 과장에서 유엔주재 북한대표부 차석대사로 승진한 이후 같은 해 4자회담 예비회담의 북측대표로 참석하는 등 많은 대미 협상에서 핵심 역할을 담당해 왔다.

미국통이었던 리근은 2002년부터 외무성 미국국에서 근무하면서 2004년 미국국장으로 승진했다. 리근의 활동은 2010년까지 김계관 외

리근

무성 부상과 6자회담 대표단 회담에 참석하는 등 활발하게 활동했으나 2013년 이후에는 활동소식이 뜸해졌다. 그리고 2015년 폴란드 주재 특명전권대사로 발령받았다. 리근의 전임자는 김정일의 배다른 동생으로 알려진 김평일로 7년여의 폴란드 대사직을 넘기고 체코주재 대사로 이임했다.[99]

■ 최선희 외무성 미국담당 부국장 - 최영림 전 총리 딸

최선희

최영림 전 내각총리의 딸인 최선희는 그동안 북한 측 6자회담 차석대표로 얼굴을 알려왔다. 최선희는 김계관, 리용호 등과 함께 대표적인 북핵라인으로 꼽힌다. 2010년 6월 최영림이 총리에 오르자마자 외무성 미국국 연구원에서 일약 부국장으로 수직승진한 북한판 금수저다. 최선희는 그동안 오스트리아, 몰타, 중국 등에서 유학했으며, 1980년대 중반부터 외무성에서 근무하기 시작한 것으로 알려지며 북미회담, 베이징 6자회담 등 주요 북핵협상에서 통역을 전담해 왔다. 2009년 8월 빌 클린턴 전 미국 대통령의 평양을 방문했을 때도 김정일 옆에서 통역을 맡았다.

최선희는 2016년 6월 21일 중국 베이징에서 개막된 반관·반민(1.5트랙) 성격의 동북아시아협력대회(NEACD)에 북측 대표로 얼굴을 드러내 주목을 받았다. 이 자리는 '미니 6자회담'이라고 불리는 6자회담 당사국들이 한자리에 모이는 자리이기 때문이다. 최선희는 북핵문제와 관련한 국제회의 및 협상의 산 증인으로서 2003년부터 2008년까지 열린 6자회담에는 북측 수석대표의 통역만 전담했지만 2010년 미국담당 부국장으로 승진하면서 본격적으로 마이크를 잡기 시작했다.[100]

■ 한광상 전 당 재정경리부장

김정은의 금고를 책임지고 있는 한광상은 김정은의 심복 중 심복이다. 어느 조직이나 최고결정권자의 돈을 관리하는 사람의 신임은 단연 최고이기 때문이다. 한광상은 2014년 황병서에 이어 가장 많은 현지지도 수행인이었다. 또한 장성택 처형을 논의했던 삼지연 맴버 가운데 한

한광상

명이다.

한광상이 맡고 있는 당 재정경리부는 당 자금 및 재산을 관리하고 당 간부와 당원들의 후생까지 책임지는 것으로 알려졌다. 한광상은 김정은의 경제현장, 군부대 시찰, 전투훈련 등 모든 분야의 현지지도를 수행하면서 주목을 받았다. 아마도 김정은이 해당 부문에서 문제를 풀어주기 위해 제시하는 방법이 제1경제의 예산으로는 해결되기 힘들기 때문에 당경제를 책임지고 있는 한광상이 옆에서 직접 챙기고 있는 것으로 볼 수 있을 것이다.

한광상이 처음 공식적으로 모습을 드러낸 것은 2010년 1월 김정일의 인민군 청년기동선전대의 공연을 관람에 동행하면서부터다. 당시 한광상은 당 제1부부장으로 소개됐다. 그리고 김정일이 사망하고 난 후인 2013년 당 재정경리부장으로 승진한 것으로 알려진다. 김정은체제에서 잘 나갈 것 같던 한광상은 2015년 3월 비리혐의로 조사를 받고 숙청된 것으로 알려졌었다. 그리고 8개월 후인 같은 해 11월에 인민군 소장(우리의 준장)계급을 달고 군인예술축전 공연을 관람하는 모습이 포착되었다.

김정은의 비자금과 외화 조달 등의 업무는 39호실이 맡고 있는 것으로 알려졌지만 39호실이 당 재정경리부 산하기관들과 직간접적으로 연결되어 있기 때문에 김정은의 신뢰도가 높지 않으면 맡을 수 없는 자리가 당 재정경리부장 자리이고 한광상의 나이가 비교적 젊기 때문에 김정은체제의 재정문제를 담당하며 롱런할 가능성이 점쳐지던 인물이었다. 하지만 그가 2015년 비리혐의로 조사를 받았다는 소식과 함께 갑자기 군복을 입고 등장하면서 당 재정경리부장 자리에서 인민무력부로 소속을 변경했을 것이란 관측이 우세했다. 실제로 이후 한광상이 김정은의 현지지도에서 군복차림으로 등장했다.

2016년 7월에는 김정은의 평양자라공장 현지지도에서 인민군 중장 (우리의 소장)계급으로 등장하면서 그의 소속이 당 재정경리부에서 인민군으로 변경된 것이 확실해 보였다. 특히 2016년 7차 당대회에서는 당 중앙위원회 위원이 아니라 후보위원으로 이름을 올리면서 그의 직책이 많이 하향조정되었다는 것을 보여주었다. 통상적으로 당 부장정도의 직책이면 당연히 당 중앙위원회 위원급의 대우를 받고 인민군 계급도 상장(우리의 중장) 내지 대장의 계급이 수여되지만 그의 군 계급은 전직인 당 재정경리부장에 비해 못 미치는 등급이었다.

그럼에도 불구하고 한광상을 주목해야 하는 이유는 당의 재정을 담당한 인물이었기 때문에 상당부분 북한체제의 자금흐름 비밀을 알고 있다는 점이고 그런 그가 완전 철직이 아닌 군조직으로 소속을 변경했다는 것은 언제든지 상황에 따라 다시 복권할 가능성의 문이 열려있다는 점이다.

■ 김동운 전 38호 실장

북한의 실질적인 자금담당부서는 당 계획재정부, 당 39호실(당 38호실), 당 재정경리부다. 이 부서들은 공식적으로 보도되는 북한의 국가재정과는 별도로 더 큰 규모의 당 자금을 관리하는 부서다. 물론 여기에는 김정은의 통치자금이 포함되어 있다. 김동운은 김정일의 통치자금을 16년간 관리했다고 알려진 인물이다. 하지만 김동운이 2009년 12월 유럽연합 제재리스트 인물로 지목되면서 스위스 내 비자금 관리가 어려워지면서 전일춘으로 교체된 것으로 보도되었다.

그리고 김동운은 다시 2011년 38호실이 부활하면서 실장으로 임명된 것으로 전해졌다. 38호실은 보통 김정일 가족의 비자금 및 물자 관리를 담당하고 39호실은 당 자금을 담당하기 때문에 2008년 두 기관이 통합되기도 했었다. 그러다 2010년 5월 다시 분리 운영했었다. 2011년 38호실 부활은 김정은 후계체제구축과 관련이 있는 것으로 보인다.

김동운은 청진광산금속대학 출신으로 광물전문가다. 1990년대부터 대외적으로 대성종합상사 부사장, 대성경제연합체 총사장 등의 직함을 쓰면서 39호실장 업무를 수행해 왔는데 이는 북한의 통치자금과 당 자금이 북한의 지하자원 판매와 연관이 많다는 것을 보여준다. 때문에 2010년 대북제재 차원에서 여행금지 대상자로 묶여 있는 상태고 그 이후 공개활동 역시 전무하다.[101]

■ 전일춘 당 39호 실장

북한의 통치자금은 크게 당경제와 수령경제로 나뉘는데 북한의 실질경제력 산출에서 이 부분이 누락되는 경우가 많아서 북한경제 분석이 맞지 않는 경우가 많다. 실질적인 북한의 경제력은 당경제와 수령경제에 의해 좌우된다. 이 가운데 당경제의 핵심은 당 38호실과 당 39실이다. 두 기관은 필요에 따라 합쳐졌다 분리되었다를 반복해 왔다.

전일춘은 당경제를 책임지는 당 39호실 실장이다. 전일춘은 김정일과 남산고급중학교 동창생이라는 신분으로 인해 일찌감치 대외경제부문에서 활동할 수 있었다. 전일춘은 1980년대까지는 주로 정무원 산하 대외경제사업부와 대외경제위원회에서 근무했고 1990년대 중반부터 39호실로 자리를 옮겼고 1998년에 당 39호실장에 발탁된 것으로 알려졌다. 국제금융 경험이 탁월한 전일춘은 국가개발은행 이사장을 겸하고

2015년 7월 김정은의 평양 대경 김가공공장 현지지도를 수행하는 전일춘(맨 좌측)

있으며 조선대풍국제투자그룹(대풍그룹)에도 이사로 참여하고 있다.

전일춘의 공개활동은 극히 제한적이다. 김정은 체제에 들어와서도 얼굴을 거의 드러내지 않고 있다. 2013년 12월 31일 김정은의 마식령스키장 시찰이나 2015년 2월 2월 당 중앙위원회 정치국 확대회의, 2015년 7월 평양 대경김가공공장 시찰에 동행했을 따름이다. 전일춘이 당경제를 책임지고 있는 만큼 공개활동은 제한적일 수밖에 없을 것이다. 2015년의 깜짝 등장은 당시 북한의 당 39호실 고위간부 망명설 등이 외신을 타고 전파되는데 따른 북한 김정은식의 대답이었을 것이란 추측이 나왔다. 현재 전일춘이 당 39호실장으로 북한의 당경제를 이끌고 있지만 1941년생으로 고령이기 때문에 활발한 활동이 불가능한 것으로 점쳐지고 있다.

■ 김정우 전 대외경제협력추진위원회 위원장

김정우

1980년대부터 북한은 합영법 등을 통해 해외자본을 유치하기 위한 노력을 해 왔다. 그러한 정책은 현재까지 이어져 왔는데 결과는 신통치 않다. 북한의 초기 대외경제정책에서 빼놓을 수 없는 인물이 김정우 대외경제협력추진위원회 위원장이다. 1942년생으로 김일성종합대학 경제학부를 졸업하고 줄 곧 대외경제부문에서 종사한 인물이다. 김정우는 김일성의 동생인 김영주의 인척으로 알려진 인물인데 집안족보가 좋다보니 업무능력에 비해 출세가도를 달리던 인물이었다. 그러다 1998년 돌연 김정우의 총살설이 나돌았다. 일본 교도 통신의 베이징발 국제뉴스에 김정우의 총살설이 흘러나온 것인데 당시 국내 언론도 일제히 김정우의 총살설을 보도했다.102)

하지만 후에 김정우를 본 적이 있다는 증언들이 나오면서 김정우 사망설의 사실확인이 되지 않은 채 흐지부지 잊혀졌다. 당시 김정우 총살설은 여러 의문을 낳았다. 우선 대외사업하는 백두산집안 계열의 인물이 뇌물을 받았다는 이유로 총살될 리 만무하다. 또한 반대로 간부들에게 공포감을 조성하기 위한 시범케이스라면 고위간부들을 모아놓고 비공개 처형을 하는 것이 북한스타일에 맞다. 따라서 당시 김정우 사건은 북한의 전형적인 투자금 떼어먹기 전술의 일환일 수 있다는 추측이 가능하다. 즉 당시 일본기업이 입금한 1천2백만 달러나 태국 록슬리사 등의 채권자들에게 책임자 처벌로 돌리면서 자금상환을 안 해버리는 북한의 상투적 수법 가운데 하나일 수 있다는 분석이다.103)

하여간 초기 대외경제위원회는 웬만한 배경이 있지 않으면 들어가기 어려운 기관이었고 김정우가 초기 책임자로 있으면서 어느 정도 외화를 끌어오는 데는 성공했다. 김정우는 주로 독일을 중심으로 한 유럽지역을 담당했었고 광우병으로 폐사된 쇠고기를 북한으로 들여온 것도 김정우의 작품으로 알려졌다. 김정우는 현재 대외적인 활동을 하고 있지는 않지만 가명 등을 사용하면서 여전히 대외경제 쪽으로 직간접적인 간여를 하고 있을 가능성이 높은 인물이다.

■ 김기석 전 국가개발위원회 위원장

김기석은 현재 2012년 9월 합영투자위원회 1부위원장, 2013년 국가경제개발위원회 위원장에 오른 것만 알려진 인물이다. 특히 김창선 전 서기실장의 아들로 알려졌는데 지난 2014년에는 모든 직책에서 물러나 혁명화중이라고 보도되었다.[104] 장성택 처형 이후 대외경제분야의 모든 인물들이 집중검열을 받았고 그 여파는 실력자의 아들도 피해갈 수 없었다. 김기석은 2013년 10월 설립한 국가경제개발위원회 초대위원장을 맡아서 운영해 왔으며 2014년 1월 14일 홍콩계 중국 재벌과 함께 동평양지구 상업거리 건설 착공식 현장에 참석한 후로 공개활동에 나타나지 않고 있다. 유엔대북제재와 관련하여 굵직굵직한 거래건을 성사시키기에는 대북 투자 분위기가 위축되어 있기 때문에 아직은 공식활동을 못하고 있는 것으로 보인다.

■ 김철진 국가경제개발위원회 부위원장
 －북한 경제개발의 숨은 실세

김철진

2013년 10월 북한내각 산하에는 새로운 기구가 하나 생겼다. 바로 국가경제개발위원회다. 그리고 김철진이 그 기구의 부위원장으로 드러나면서 주목을 받았다. 김철진은 김정은체제의 경제개발의 핵심인물로 주목받고 있는 인물 가운데 한 명이다. 김철진은 무역성출신이다. 때문에 김정은의 문수물놀이장과 마식령스키장 시찰 때 김정은과 동행하는 모습 속에는 김철진의 임무가 놀이시설 건설에 사용된 건자재를 수입하는 일을 맡았을

2013년 12월31일 김정은의 강원도 마식령스키장 방문 시 수행하는 김철진

것으로 추측되었다. 김철진은 평건투자그룹 회장 등을 지내며 오랫동안 북·중 경협에 몸담아온 전문가다. 특히 2010년 9월 조선투자개발연합회 회장에 임명되면서 평양시 10만 호 주택 건설 자재 수입과 자원개발사업 등을 담당했다. 이른바 중국통이다. 김철진은 2012년 4월 희천발전소 건설에 기여한 공로로 '노력영웅' 칭호를, 2013년 2월에는 새로 제정된 '김정일 시계' 표창을 받았다. 때문에 실질적으로 드러나는 부분 등을 봤을 때 김기석 전 위원장은 얼굴마담 역할에 머물 뿐, 실세는 김철진이란 이야기도 돌고 있다.[105]

■ 서동명 전 조선민족보험총회사 총사장
- 서철 전 총정치국장의 아들

북한의 외화수입 원천은 주로 노동력이나 천연자원 등이다. 그러나 기가 막힌 국제사기를 통해 돈을 번 사례가 있다. 바로 국제보험사기다. 그 중심에 서동명이란 인물이 있었다. 그는 군 총정치국장과 당 검열위원장을 지냈던 서철의 아들이다. 빨치산 1세인 서철의 후광으로 서동명은 김일성종합대학을 졸업하고 당 38호실 향산지도국 당비서, 조선민족보험총회사 총사장으로 출세가도를 달리고 있었다.

서동명

당 38호실 산하의 향산지도국은 지하자원의 독점 수출권을 갖고 외화를 벌어들였다. 또한 서동명은 조선민족보험총회사를 통해 국제보험시장에서 활동하고 있었다. 조선민족보험총회사는 북한에 투자한 외국

기업들에 화재보험, 가스사고배상책임보험, 자동차 3자 배상책임보험, 건설 3자 배상책임보험과 함께 외국 투자자들의 요구에 따라 여러 가지 국제보험문제들을 처리하는 업무를 맡고 있었다.

서동명이 활동하던 1996년부터 2006년까지 10여 년 사이 조선민족보험총회사는 북한의 각종 자연재해와 안전사고 등을 이유로 국제보험사들로부터 2억 8천만 달러 규모의 보험금을 받아낸 것으로 알려졌다. 2008년 한 해 동안에는 유럽에 있는 국제보험회사를 상대로 4200만 달러의 보험료를 받아냈다. 국제사회는 북한의 이러한 보험급 수입이 일부러 저질러 놓은 사고일 수 있다는 의구심을 갖기에 충분했다. 실제로 이미 운영이 불가능한 제련소를 일부러 폭파시키고 사고로 가장해 보험금을 타려다 미수에 그친 전례가 있었기 때문이었다.

조선민족보험총회사는 그동안의 전력으로 인해 국제사회의 감시망에서 벗어나지 못했고 그동안 위장사고로 받아낸 낸 보험금이 김정일의 호주머니로 들어갔다는 비난이 일면서 결국 2005년 유엔의 강력한 제재가 실시되기에 이르렀다.

2014년 10월 2일 유럽연합은 북한이 독일에 설립한 조선민족보험총회사와 서동명 등 간부 6명의 자금을 동결하고 회사를 추방하기로 결정했다. 국제제재가 본격화되면서 더 이상 재미를 볼 수 없게 된 서동명은 2014년 총사장직을 내려놓았다.

사실상 서동명의 황금기이기도한 향산지도국 당책임비서 시절은 북한체제가 어두운 터널을 지나고 있던 '고난의 행군'시기였다. 전 주민이 굶주림에 허덕였지만 향산지도국은 외화상점과 외화식당을 운영하고 있었기 때문에 부족함이 없었다. 당시 향산지도국은 외국에서 전자제품과 소비품을 사들여서 내수시장에 풀었다. 그러나 풍족한 생활을 누리던 서동명에게 위기가 찾아왔다.106)

서동명의 활약으로 사실상 조선민족보험총회사는 외국계 보험회사로부터 짭짤한 수입을 김정일에게 안겨주었다. 서철의 아들에다가 돈버는 재주까지 있으니 김정일의 총애는 이루 말할 수 없었을 것이다. 서동명이 90년대 중반까지 운영했던 향산지도국은 당 38호실 산하 외화벌이 기구였기 때문에 어떤 기관의 간섭도 받지 않았다. 종업원만 3천 명이상으로 대부분의 외화관련 이권사업은 거의 향산지도국 소속이었다.

하지만 문제는 바로 아래에서 터졌다. 향산지도국은 외화상점과 식당 등을 운영하기 때문에 상대적으로 여성 직원들이 많은 편이었는데 여성들에게 여기는 꿈의 직장이었다. 때문에 로비가 필요했고 대부분 외모가 출중한 여인들로 충원되었다. 여성들의 로비란 다름 아니라 몸을 바치는 일이었고 몇몇 간부들은 여성에게 관계를 갖는 대가로 취업을 알선해주곤 했다. 하지만 언제 잘릴지 모른다는 두려움 때문에 여성 직원들은 기존에 자신을 밀어주었던 사람과의 관계를 유지하고 싶어했고 해당 간부는 소문이 날 것을 두려워해서 피해 다녔다. 이에 여성은 지역 사회안전성(현 인민보안성)에 신고를 했지만 오히려 그 보안원이 철직당하는 사태가 발생했다. 강단이 있었던 보안원은 이 사실을 다시 당 신소과에 신소를 했고 드디어 김정일의 귀에 들어가면서 향산지도국은 역풍을 맞게 됐다. 당 행정부, 중앙검찰소, 사회안전성 검열대가 꾸려진 것이다. 결국 향산지도국 주요간부 21명이 총살당했고 향산지도국은 해체되었다.[107]

서동명의 전성시대는 그렇게 막을 내렸지만 집안이 좋고 수완이 좋았던 서동명은 그런 처벌을 피해간 것으로 전해진다. 그리고 1956년생인 서동명은 2007년 조선민족보험총회사 사장으로 화려하게 복귀했다. 이후 2008년 대외보험총국 총국장, 제13기 최고인민회의 대의원, 조선탁구협회 위원장 등 비록 크게 드러나지 않는 자리지만 여전히 활동하고 있는 것으로 보인다. 그렇다면 처형도 막아준 서동명의 배경인 서철은 누구인지 살펴볼 필요가 있다.

※서철－전 총정치국장, 당 검열위원장

서철은 북한을 좌지우지했던 혁명 1세대 가운데 한 명이었다. 1907년생으로 동만주에서 출생했으며 해방 이후 주로 대외관계 업무를 맡다가 1958년에 인민군 총정치국장, 1969년에 당 정치국 위원, 1980년에 당 검열위원장을 맡았다.

서철은 특이하게 만주계열 빨치산 가운데 고학력자에 속한다. 그래서인지 다른 빨치산들은 서철과 친분이 약했지만 김일성은 유독 서철의 말에 귀를 기울이곤 했다. 하얼빈의대를 나온 서철은 군의처장으로 동북항일연군에서 활동한 특이한 이력의 소유자다. 1958년 총정치국장에 임명되기 전에는 주로 중국, 베트남 등지의 대사로 활동했다.

사실 김정일의 서철에 대한 신임이 컸던 것은 의대출신인 서철이 김정숙이 하바로브스크 브야츠크에서 김정일을 출산할 때 큰 도움이 되

서철(좌측)

었다는 인연에서 시작된다. 의료시설이 열악했던 빨치산 숙영지에서 서철의 존재가 매우 중요했음은 물론이다. 이러한 인연으로 김정숙은 유독 서철과 친하게 지냈고 자연스럽게 김정은의 유년기도 서철과의 인연이 깊을 수밖에 없었던 것이다. 서철은 김정일이 태어나는 순간부터 후계자 다툼에서 승리하게 되는 과정까지 깊은 인연으로 맺어져 있었다. 때문에 북한의 기록영화 〈위대한 영장을 모시여〉에 서철의 영결식에서 눈물을 쏟아내는 김정일의 모습이 담겨 있다. 북한의 빨치산 1세대 가운데 유일하게 김일성, 김정숙, 김정일과 혈육같은 정을 나눈 인물이 바로 서철이었다.108)

■ 백룡천 조선중앙은행 총재 – 전 외무상 백남순의 3남

백룡천

백룡천은 90년대부터 2000년대까지 북한 외교를 책임졌던 전 외무상 백남순의 아들이다. 1962년생인 백룡천은 내각 사무국 부장 직책으로 소개되면서 한 때 대남업무 실무자로 새롭게 떠올랐었다.109) 2007년 12월 제1차 총리회담 및 경제협력공동위원회에 참석하기 위해 서울을 방문했고 그에 앞서 2002년과 2006년에도 방한한 적이 있다.

그러나 2011년 백룡천의 전문분야가 갑자기 경제분야로 바뀐 것으로 드러났다. 2011년 3월 인민문화궁전에서 열린 전국상업일꾼회의 참석자로 소개되면서 조선중앙은행 총재로 소개됐다. 내각 사무국 부장에서 일약 조선중앙은행 총재로 승진한 것이다. 1946년 설립된 조선중앙

백룡천

은행은 국가발권은행으로서 우리의 한국은행과 유사한 기능을 갖고 있다.

　당시 백룡천의 깜짝 임명은 많은 사람들을 놀라게 했다. 아무래도 백남순 전 외무상의 백이 세긴 세다는 견해가 대부분이었다. 2002년 당 통일전선부 경제연구사로 공식적인 이름을 올리기 시작한 백룡천은 내각 사무국 부장을 거쳐 조선중앙은행 총재까지 승진했지만 최근 그 모습을 보이지 않고 있다. 공개확인된 백룡천의 최근 행적은 2013년 김국태 국가장의 위원으로 등장한 것이 마지막이다. 이러한 백룡천의 실각으로는 장성택 처형 이후 불어닥친 숙청인사에 백룡천도 포함되었기 때문이라는 분석이 지배적이다. 집안 배경으로 사형은 피했을 것으로 파악되지만 현재 기약 없는 혁명화의 과정을 거치고 있을 것으로 보인다.

※백남순 전 외무상

백남순

　2007년 사망한 백남순은 매우 고령의 나이임에도 활발하게 외교활동을 했던 북한의 베테랑 외교관이었다. 우리에게는 외교관으로의 이미지가 강하지만 실상 백남순은 매우 다재다능한 인물이었다. 1929년의 량강도 출신으로 김일성종합대학을 마치고 당 국제부와, 조선직업총동맹, 대외문화연락협회 등을 거쳐 1974년 주 폴란드 주재 대사로 외교관 직무의 첫발을

백남순

내딛었다. 이후에도 백남순의 이력은 매우 다채롭다. 조선적십자회, 조선기자동맹, 과학백과사전종합출판사 사장 등을 거쳐 1989년 당 통일전선부 부부장에 올랐다. 이후 90년대 말까지 조국평화통일위원회, 조국통일민주주의전선, 범민련 등 대남전문가로 활동했다. 백남순은 대남일군으로 활동할 때는 백남준이라는 가명을 사용했었다. 이후 1998년 외무상에 임명되면서 2007년 사망 전까지 외교전문가로 활동했다.

   백남순은 신장병으로 평생 고생을 해 왔으며 외교회담 때도 현지에서 투석 치료를 꾸준히 받아왔던 것으로 알려졌다. 신중한 성격의 소유자로 말이 많지 않았고 술도 거의 입에 대지 않을 정도로 자기관리가 철저했던 인물이다. 백남순은 여느 외교전문가들과는 다르게 대부분 김일성이나 김정일과 독대형식으로 의사전달을 했던 것으로 알려진다. 그만큼 다재다능한 실세였다.

■ 리영란 당 54부 – 리용철 당 조직지도부 제1부부장 딸

리영란은 2010년 심장마비로 사망한 리용철 노동당 조직지도부 군
담당 제1부부장의 맏딸로 아버지의 후임이었던 황병서 총정치국장의
양딸이 됐다. 그만큼 리용철과 황병서의 관계는 끈끈했던 것으로 알려
진다. 리영란은 청건무역회사를 다니던 중 김일성고급당학교로 간부교
육차 입교했으며 이후 장성택의 핵심 돈줄이었던 당 54부를 손에 넣은
것으로 전해진다. 당 54부는 석탄, 광물, 수산물의 독점권을 갖고 중국
에 팔아 막대한 외화를 벌던 부서다. 한 때 이런 이영란과 김철(김원홍
의 아들)간에 갈들이 발생했지만 황병서가 양딸인 리영란을 돕기 위해
보위사령부를 통해 김철을 내사했던 것으로 전해진다.110)

■ 최현철 대외무역회사 사장 – 최룡해의 아들

최현철은 대외 무역 등으로 돈을 벌며 항상 미녀들을 옆에 끼고 다
니며 외국을 자유롭게 오가는 것으로 알려졌다. 1990년대 말 아버지 최
룡해가 섹스 스캔들로 좌천된 전례를 기억하는 평양 주민들은 "그 아버
지에 그 아들"이라며 수군거리고 있다고 한다. 최현철은 또 과거 평양
시내에서 교통사고를 내고는 상대 운전자가 반체제 발언을 했다고 뒤
집어씌워 총살당하게 만들기도 했다.

■ 곽범기 당 재정위원회 부위원장, 당 계획재정부장

곽범기는 1939년생으로 1983년 2월 희천기계공장 분공장 지배인을 거친 희천토박이다. 전형적인 기계공학자 출신으로 희천기계공장 지배인과 정무원 기계공업부장을 거쳐 1998년 내각 부총리를 역임했다. 2010년 6월부터 2·8비날론연합기업소, 룡성기계연합기업소 등 함경남도의 공업지구에서 일했다. 이후 2010년 함경남도 당 책임비서를 지냈고 2016

곽범기

년 7차 당대회에서 당 중앙위 정치국 위원에 유임되었고 당 중앙위 정무국 부위원장(과거의 비서)에 낙점됐다.

김일성종합대학 출신으로 북한의 대표적인 경제관료 가운데 하나인 곽범기는 주로 당과 내각의 기계공업을 관장하는 직책을 맡아왔으며 아직까지 큰 정치적 어려움은 겪지 않은 인물인 것으로 파악된다. 하지만, 현재 곽범기가 맡고 있는 당 계획재정부장 자리는 전임자인 박남기(사형), 홍석형(숙청) 등의 말로가 좋지 않았던 만큼 곽범기의 정치적 생명 역시 담보할 수 없는 자리다.

주석〉

1) 김일성, 『세기와 더불어』, (평양: 조선로동당출판사, 1993), 295쪽.

2) 『항일 빨찌산 참가자들의 회상기 7』(평양: 조선로동당출판사, 1962), 99~116쪽.

3) 최현, 『혁명의 길에서』(국립출판사, 1964), 37~40쪽.

4) 최현, 『혁명의 길에서』(국립출판사, 1964), 215쪽.

5) 최현, 『혁명의 길에서』(국립출판사, 1964), 252쪽.

6) 최현, 『혁명의 길에서』(국립출판사, 1964), 268~271쪽.

7) 최현, 『혁명의 길에서』(국립출판사, 1964), 271~272쪽.

8) 『동아일보』 2010년 9월 25일.

9) 김일성, 「백전로장 최현」, 『세기와 더불어 4』(평양: 조선로동당출판사, 1993).

10) 장용철, 『북한을 움직이는 사람들: 북한 권력가의 인맥』(참세상닷컴, 2003), 96쪽.

11) 「최룡해, 아버지 복수 위해 김정은 제거하나?」, 『뉴스타운』 2013년 12월 19일.

12) 「최룡해, ‘김정은 지키냐·숙청 당하냐·쿠데타로 새지평 여냐’ 3가지 선택 갈림길」, 『Daliy NK』 2014년 4월 28일.

13) 「최룡해, ‘김정은 지키냐·숙청 당하냐·쿠데타로 새지평 여냐’ 3가지 선택 갈림길」, 『Daliy NK』 2014년 4월 28일.

14) 「최룡해, ‘김정은 지키냐·숙청 당하냐·쿠데타로 새지평 여냐’ 3가지 선택 갈림길」, 『Daliy NK』 2014년 4월 28일.

15) 「최룡해, ‘김정은 지키냐·숙청 당하냐·쿠데타로 새지평 여냐’ 3가지 선택 갈림길」, 『Daliy NK』 2014년 4월 28일.

16) 「최룡해, ‘김정은 지키냐·숙청 당하냐·쿠데타로 새지평 여냐’ 3가지 선택 갈림길」, 『Daliy NK』 2014년 4월 28일.

17) 「최룡해, ‘김정은 지키냐·숙청 당하냐·쿠데타로 새지평 여냐’ 3가지 선택 갈림길」, 『Daliy NK』 2014년 4월 28일.

18) 『미디어펜』 2015년 11월 25일.

19) 「97년 '중앙사로청사건' 秘스토리 아세요?」, 『Daliy NK』 2015년 12월 15일.

20) 「97년 '중앙사로청사건' 秘스토리 아세요?」, 『Daliy NK』 2015년 12월 15일.

21) 「97년 '중앙사로청사건' 秘스토리 아세요?」, 『Daliy NK』 2015년 12월 15일.

22) 「97년 '중앙사로청사건' 秘스토리 아세요?」, 『Daliy NK』 2015년 12월 15일.

23) 「97년 '중앙사로청사건' 秘스토리 아세요?」, 『Daliy NK』 2015년 12월 15일.

24) 「97년 '중앙사로청사건' 秘스토리 아세요?」, 『Daliy NK』 2015년 12월 15일.

25) 「97년 '중앙사로청사건' 秘스토리 아세요?」, 『Daliy NK』 2015년 12월 15일.

26) 「최룡해, '김정은 지키냐·숙청 당하냐·쿠데타로 새지평 여냐' 3가지 선택 갈림길」, 『Daliy NK』 2014년 4월 28일.

27) 「최룡해, '김정은 지키냐·숙청 당하냐·쿠데타로 새지평 여냐' 3가지 선택 갈림길」, 『Daliy NK』 2014년 4월 28일.

28) 「최룡해, '김정은 지키냐·숙청 당하냐·쿠데타로 새지평 여냐' 3가지 선택 갈림길」, 『Daliy NK』 2014년 4월 28일.

29) 「최룡해, '김정은 지키냐·숙청 당하냐·쿠데타로 새지평 여냐' 3가지 선택 갈림길」, 『Daliy NK』 2014년 4월 28일.

30) 「최룡해, '김정은 지키냐·숙청 당하냐·쿠데타로 새지평 여냐' 3가지 선택 갈림길」, 『Daliy NK』 2014년 4월 28일.

31) 「최룡해, '김정은 지키냐·숙청 당하냐·쿠데타로 새지평 여냐' 3가지 선택 갈림길」, 『Daliy NK』 2014년 4월 28일.

32) 「최룡해, '김정은 지키냐·숙청 당하냐·쿠데타로 새지평 여냐' 3가지 선택 갈림길」, 『Daliy NK』 2014년 4월 28일.

33) 「최룡해, '김정은 지키냐·숙청 당하냐·쿠데타로 새지평 여냐' 3가지 선택 갈림길」, 『Daliy NK』 2014년 4월 28일.

34) 「김정은의 북한 어디로」, 『동아일보』 2013년 12월 21일.

35) 「최룡해, '김정은 지키냐·숙청 당하냐·쿠데타로 새지평 여냐' 3가지 선택 갈림길」, 『Daliy NK』 2014년 4월 28일.

36) 「최룡해, '김정은 지키냐·숙청 당하냐·쿠데타로 새지평 여냐' 3가지 선택 갈림길」, 『Daliy NK』 2014년 4월 28일.

37) 『동아일보』 2010년 9월 25일.

38) 「최룡해, '김정은 지키냐·숙청 당하냐·쿠데타로 새지평 여냐' 3가지 선택

갈림길」, 『Daliy NK』 2014년 4월 28일.

39) 「김정은의 북한 어디로」, 『동아일보』 2013년 12월 21일.

40) 「北소식통 '1월 8일 수산사업소' 파견… 좌천 아냐」, 『뉴스줌』 2014년 5월 16일.

41) 「北소식통 '1월 8일 수산사업소' 파견… 좌천 아냐」, 『뉴스줌』 2014년 5월 16일.

42) 「주성하 기자의 서울과 평양사이」, 『동아일보』 2015년 7월 30일.

43) 『조선일보』 2015년 6월 21일.

44) 『미디어펜』, 2015년 11월 25일.

45) 「北최룡해, 함남 덕성군 협동농장서 혁명화 교육」, 『Daily NK』 2015년 12월 15일.

46) 「北최룡해, 함남 덕성군 협동농장서 혁명화 교육」, 『Daily NK』 2015년 12월 15일.

47) 「北최룡해, 함남 덕성군 협동농장서 혁명화 교육」, 『Daily NK』 2015년 12월 15일.

48) 「숙청설 북한 최룡해, 당 비서 직함으로 3달만에 재등장」, 『조선일보』 2016 년 1월 15일.

49) 「3달 만에 복귀한 北 최룡해, 다리 지나치게 가늘어진 모습 포착」, 『조선일 보』 2016년 1월 17일.

50) 「北 최룡해, 복귀 석달여만에 대중연설…권부에 일단 안착한 듯」, 『동아일보』 2016년 1월 22일.

51) 『조선일보』 2014년 11월 11일.

52) 『조선일보』 2014년 11월 11일.

53) 『동아일보』 2010년 3월 13일.

54) 『NK 데일리』 2007년 10월 23일자 기사내용 요약 발췌내용임.

55) 황장엽 증언(1998년 1월 통일 정책연구소 간담회).

56) 이명제는 1982년부터 1992년까지 10년간 서기실장을 지냈으며 마지막 신병 치료 시도 김정일의 배려로 프랑스주재 대표부 당비서로 근무하다가 2007년 2월에 사망하였다고 한다.

57) 『연합뉴스』 2013년 5월 4일.

58) 『연합뉴스』 2010년 10월 19일.

59) 『연합뉴스』 2015년 12월 26일.

60) 『연합뉴스』 2011년 12월 19일.

61) 『연합뉴스』 2014년 4월 10일.

62) 『데일리안』 2012년 12월 6일.

63) 『조선일보』 2013.10.10.

64) 『데일리 NK』 2016년 2월 11일.

65) 『동아일보』 2016년 4월 7일.

66) 『조선일보』 2015년 2월 2일.

67) 「[주성하 기자의 서울과 평양사이]장성택에 버금가는 세도가 오극렬, 그는 무사할까」, 『동아일보』 2014년 1월 28일.

68) 장용철, 『북한을 움직이는 사람들』(서울: 참세상닷컴, 2003), 110쪽.

69) 주성하 기자의 서울과 평양사이, 2014년 1월 28일.

70) 장용철, 앞의 책, 65쪽.

71) 한국민족문화대백과사전 http://encykorea.aks.ac.kr/Contents/Index?contents_id=E0038265

72) 장용철, 앞의 책, 64~66쪽.

73) 『조선일보』 2011년 12월 14일.

74) 『데일리 NK』 2015년 7월 19일 .

75) 『한국일보』 2017년 3월 19일 .

76) 장용철, 『북한을 움직이는 사람들』(서울: 참세상닷컴, 2003), 29쪽.

77) 네이버 지식백과, 김영남[金永南](두산백과)

78) 『데일리 NK』 http://www.dailynk.com/korean/keys/2003/40/09.php

79) 장용철, 『북한을 움직이는 사람들』(서울: 참세상닷컴, 2003), 35~36쪽.

80) 『연합뉴스』 2017년 6월 11일.

81) 『연합뉴스』 2017년 5월 14일.

82) 『중앙일보』 2015년 10월 9일.

83) 『중앙일보』 2017년 6월 13일.

84) 『조선중앙통신』 2010년 9월 28일.

85) 『조선중앙통신』 2010년 9월 28일.

86) 『월간 조선』 2015년 1월호, 79쪽.

87) 「북한 국가안전보위부장 김원홍을 주목해야 하는 이유」, 『NK 데일리』, 2014
년 5월 16일. 요약 및 발췌.

88) 「김명성의 북한 엿보기」, 『프리미엄 조선』 2014년 1월 10일. 이하 아래 내용
은 김명성 기자의 기사를 요약 정리한 것임.

89) 「통일부 북한자료센터 주요 인물 정보」, 통일부 북한자료센터, 2011.

90) 「김명성 기자의 북한 엿보기」, 『프리미엄 조선』 2014년 12월 22일.

91) 『중앙일보』 2011년 2월 10일.

92) 『조선일보』 2014년 10월 21일.

93) 『중앙일보』 2017년 4월 2일.

94) 『동아일보』 2016년 1월 2일.

95) 『동아일보』 2016년 1월 2일.

96) 『동아일보』 2009년 11월 13일.

97) 『조선일보』 2013년 2월 27일.

98) 북한전문가 이명산 증언.

99) 『연합뉴스』 2015년 2월 7일.

100) 『news1뉴스』 2016년 6월 22일.

101) 『연합뉴스』, 2011년 2월 20일.

102) 『연합뉴스』, 2008년 9월 23일.

103) 『시사저널』, 2008년 10월 8일. http://www.sisapress.com/journal/article/82370

104) 『중앙일보』, 2014년 2월 24일.

105) 『조선일보』, 2014년 2월 3일.

106) 『자유아시아방송』, 2017년 5월 16일.

107) 『자유아시아방송』, 2017년 5월 23일.

108) 『자유아시아방송』, 2017년 5월 9일.

109) 『동아일보』, 2009년 9월 25일.
110) 『동아일보』, 2015년 9월 19일.

제4장 북한의 기구별 주요인물

    이번 장에서는, 북한의 기구별 주요인물을 바탕으로 한 당·정 기구도를 수록하였다. 기구도의 내용은 통일부 등 정부자료를 바탕으로 하여 수정 보완하였다.

북한권력기구도(당)

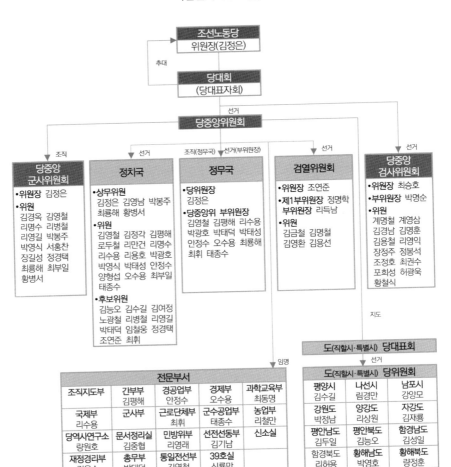

전문부서				
조직지도부	간부부 김평해	경공업부 안정수	경제부 오수용	과학교육부 최동명
국제부 리수용	군사부	근로단체부 최휘	군수공업부 태종수	농업부 리철만
당역사연구소 량원호	문서정리실 김중협	민방위부 리영래	선전선동부 김기남	신소실
재정경리부 김용수	총무부 박태덕	통일전선부 김영철	39호실 신룡만	

도(직할시·특별시) 당위원회		
평양시 김수길	나선시 림경만	남포시 강양모
강원도 박정남	양강도 리상원	자강도 김재룡
평안남도 김두일	평안북도 김능오	함경남도 김성일
함경북도 리허용	황해남도 박영호	황해북도 량정훈

북한권력기구도(정)

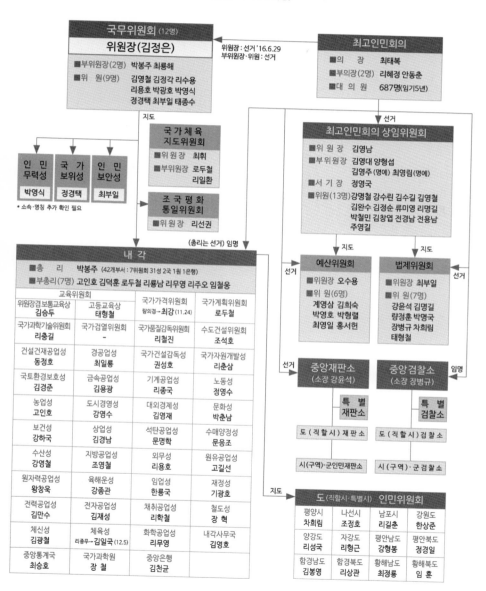

국무위원회 (12명)
위원장(김정은)

- ■부위원장(2명) 박봉주 최룡해
- ■위 원(9명) 김영철 김정각 리수용
  리용호 박광호 박영식
  정경택 최부일 태종수

위원장 : 선거 '16.6.29
부위원장·위원 : 선거

최고인민회의
- ■의 장 최태복
- ■부의장(2명) 리혜정 안동춘
- ■대 의 원 687명(임기5년)

지도

선거

최고인민회의 상임위원회
- ■위 원 장 김영남
- ■부위원장 김영대 양형섭
  김영주 (명예) 최영림(명예)
- ■서 기 장 정영국
- ■위원(13명) 강명철 강수린 김수길 김영철
  김완수 김정순 류미영 리명길
  박철민 김창엽 전경남 전용남
  주영길

국 가 체 육
지도위원회
- ■위원장 최휘
- ■부위원장 로두철
  리일환

| 인 민
무력성 | 국 가
보위성 | 인 민
보안성 |
|---|---|---|
| 박영식 | 정경택 | 최부일 |

* 소속·명칭 추가 확인 필요

조 국 평 화
통일위원회
- ■위원장 리선권

(총리는 선거) 임명

지도

예산위원회
- ■위원장 오수용
- ■위 원(6명)
  계영삼 김희숙
  박영호 박형렬
  최영일 홍서헌

법제위원회
- ■위원장 최부일
- ■위 원(7명)
  강supply강윤석 김명길
  량정훈 박명국
  장병규 차희림
  태형철

선거 선거

내 각
- ■총 리 박봉주 (42개부서 : 7위원회 31성 2국 1원 1은행)
- ■부총리(7명) 고인호 김덕훈 로두철 리룡남 리무영 리주오 임철웅

교육위원회			
위원장겸 보통교육상
김승두	고등교육상
태형철	국가가격위원회
황의경·**최강** (11.24)	국가계획위원회
로두철
국가과학기술위원회
리충길	국가검열위원회
-	국가품질감독위원회
리철진	수도건설위원회
조석호
건설건재공업성
동정호	경공업성
최일룡	국가건설감독성
권성호	국가자원개발성
리춘삼
국토환경보호성
김경준	금속공업성
김용爀	기계공업성
리종국	노동성
정영수
농업성
고인호	도시경영성
강영수	대외경제성
김영재	문화성
박춘남
보건성
강하국	상업성
김경남	석탄공업성
문명학	수매양정성
문응조
수산성
강영철	지방공업성
조영철	외무성
리용호	원유공업성
고길선
원자력공업성
왕창욱	육해운성
강종관	임업성
한룡국	재정성
기광호
전력공업성
김만수	전자공업성
김재성	채취공업성
리학철	철도성
장 혁
체신성
김광철	체육성
리종무→**김일국** (12.5)	화학공업성
리무영	내각사무국
김영호
중앙통계국
최승호	국가과학원
장 철	중앙은행
김천균	

중앙재판소
(소장 강윤석)

중앙검찰소
(소장 장병규)

선거 임명

특 별
재판소

특 별
검찰소

도(직할시)재판소

도(직할시)검찰소

시(구역)·군인민재판소

시(구역)·군 검찰소

지도

도(직할시·특별시) 인민위원회

| 평양시
차희림 | 나선시
조정호 | 남포시
리길춘 | 강원도
한상준 |
|---|---|---|---|
| 양강도
리성국 | 자강도
리형근 | 평안남도
강형봉 | 평안북도
정경일 |
| 함경남도
김봉영 | 함경북도
리상관 | 황해남도
최정룡 | 황해북도
임 훈 |

맺는말

    김정은의 집권 5년은 북한 파워엘리트들의 시련기였다. 종을 잡을 수 없는 김정은의 성격, 그리고 멋대로의 통치 방식에서 살아남기 위해서는 면종복배만 외에 달리 수단이 없어 보였다. 60세 넘은 인민군 장성들이 어린 김정은 앞에서 벌거벗고 수영을 하거나 사격시합을 해야 했다. 불평불만을 했다가는 숙청의 칼날을 피해 갈 수 없었기 때문이다.

    더구나 모든 당정군 엘리트들은 모두 김의 앞에서 수첩을 들고 받아 적는 흉내라도 내야 충성분자로 인정받기 때문에 그 앞에서는 받아 적는 체를 해야 목숨을 부지한다. 군의 경우는 이런 모습을 보여야 계급장이 온전하기 때문에 군 엘리트들은 숨도 못 쉬는 형편이 되었다.

    김정은 집권 이후의 대표적인 숙청 사례인 리영호, 장성택, 현영철의 거세(去勢)는 모두 김정은의 권력 강화를 위한 수단으로 활용됐다는 공통점이 있다. 주요 직위에 있는 파워엘리트들을 전격적으로 숙청함으로써 김정은의 권력을 더욱 공고히 하고 다른 사람들에게는 '감히 도전하지 말라'는 경고의 메시지를 주는 '뻬데 보이기'식 정치를 하고 있다. 하지만, 리영호, 장성택의 숙청과 현영철의 숙청은 조금 다른 면이 있는 것 같다.

　리영호 전 총참모장의 경우 김정일이 아들인 김정은 제1비서의 안정적 집권을 도와주기 위해 후견인으로 선택한 사람이었다. 어린 후계자를 보좌하기 위해 경험 많은 원로에게 역할을 맡긴 것이다. 하지만, 이런 원로는 김정은의 입장에서 보면 부담스러운 존재일 수밖에 없었다. 리영호는 김정은의 말 한마디에 손이 발이 되도록 움직이는 단순한 하수인은 아니었기 때문이다. 따라서, 리영호의 숙청은 기존군부의 힘을 약화시키면서 김정은의 1인 권력을 강화시킨다는 정치적 의미로 해석될 수 있었다.

　장성택의 경우도 김정은에게 부담스럽기는 마찬가지였다. 장성택은 고모부로 김정은의 성장과정을 어려서부터 지켜본 인물이다. 김정은이 장난감을 가지고 놀 때부터 지켜봐왔던 고모부 장성택이 김정은의 지시를 절대명령으로 받아들였을 리 없고, 김정은 또한 장성택에게 마음대로 지시를 내리기가 부담스러웠을 것이다. 장성택은 어떠한 경우라도 김정은에게 단순한 하수인이 될 수 없는 인물이었던 것이다. 때문에, 장성택의 숙청은 다소 잔인한 방법이긴 하지만 '최고지도자에게 절대적으로 복종하지 않는 사람은 누구라도 죽음을 면할 수 없다'는 가장 강력한 메시지를 북한의 권력엘리트들에게 각인시키는 효과가 있었다. 고모부를 죽임으로써 김정은 1인권력의 절대성을 대내외에 과시한 것이다.

　하지만, 지난 현영철의 처형에서는 리영호, 장성택의 숙청에서 내포됐던 정치적 의미를 찾아보기 힘들다. 현영철은 주요 군간부라고는 하지만 어차피 김정은의 단순한 하수인이었기 때문이다. 지금의 북한 권력구도에서 현영철이 있음으로 해서 김정은의 권력이 제약을 받았다고 볼 만한 근거는 없다. 동일한 맥락에서 현영철이 죽었다고 해서 김정은의 권력이 더욱 강화됐다고 볼 근거도 없다는 얘기다. 현영철의 전격적인 처형을 통해 김정은에게 조금이라도 밉보이는 사람은 언제든지 처단할 수 있다는 경고를 준 측면은 있겠지만, 그것은 단순한 권력의 남용일 뿐이지 권력 강화를 위한 고도의 정치투쟁과는 거리가 먼 것이다.

초기 김정은체제의 엘리트 숙청이 진행되면서 운구 7인방으로 불리며 주목받던 인물들은 하나둘씩 사라져 갔고 새롭게 삼지연그룹이 실세로 부상하고 있다. 이들은 장성택 처형에 직간접적인 입김을 작용한 인물들로 장성택 처형 이후 이들을 중심으로 북한체제의 엘리트그룹이 재편되고 있는 모양새였다.

현재 김정은체제의 엘리트 그룹은 크게 군부, 당, 경제, 군수분야 엘리트 그룹으로 나뉘어져 있다. 특히 군수분야는 김정은이 미사일 및 핵도발에 치중하면서 급부상하고 있는 그룹이고 김정은체제에서는 순수 연구자그룹에서 성장한 인물들이 많다는 점이 특징이다. 이들은 상(장관)급 이상의 특별대우를 김정은으로부터 받고 있는 것으로 알려지고 있지만 실제적으로 이들이 어떤 권한은 갖고 있는 것은 아니다. 김정은이 이들에 대해 과도하다싶을 정도로 극진한 대우를 해주고 있지만 특별기술자에 대한 예우 그 이상은 아니다. 이들의 활약과 동시에 구 군수엘리트들이 빠르게 2선으로 물러나고 있다. 김정은체제의 핵심엘리트 특징은 이와 같이 권한을 갖지 않은 테크노크라트에 대한 대우를 매우 높이고 있다는 점이고, 반면 권한을 갖고 있는 정치 및 군사엘리트들은 잦은 인사이동을 통해 길들이기에 나서면서 김정은에게로 권한을 집중하고 있는 모양새다. 짧은 권력승계기를 통해 후계자의 지위에 오른 김정은이 이제 자신만의 색채를 드러내며 북한 엘리트들을 통제하고 있고 현재의 한반도는 미궁에 빠져있다.

참고문헌

국내문헌

강명도, 『평양은 망명을 꿈꾼다』, 서울: 중앙일보사, 1995.

小林和子, 『재외방인 인양기록』, 동경: 매일신문사, 1990.

김광인, 「북한 권력승계에 관한 연구」, 건국대학교 대학원 박사학위논문, 1998.

연세대 출판부, 『조선예수교장노회상기』, 서울: 연세대, 1968.

와다 하루끼 저, 이종석 역, 『김일성과 만주 항쟁』, 서울: 창작과 비평사, 1992.

우정, 『북한사회구성론』, 서울: 진솔북스, 2000.

이득우, 「북한정치체제위기에 관한 연구」, 연세대학교 석사학위논문, 1999.

이수석, 「북한 지도이념의 지속성과 변화, 7차 당 대회에서 나타난 '김일성-
    김정일주의'를 중심으로」, 『김정은 체제와 조선노동당 제7차 대회 평가와
    과제』(한국평화연구학회·현대북한연구회 주최 공동학술회의, 2016).

이종석, 『새로 쓴 현대북한의 이해』, 서울: 역사비평사, 2001.

이호규·곽정래, 「북한의 사회적 커뮤니케이션 구조와 미디어」, 서울: 한국
    언론진흥재단, 2011.

일본법무성 사상자료특집 41호, 1939년 6월.

장용철, 『북한을 움직이는 사람들』, 서울: 참세상닷컴, 2003.

조영환, 『매우 특별한 인물』, 서울: 지식공작소, 1996.

황장엽, 『어둠의 편이 된 햇볕은 어둠을 밝힐 수 없다』, 서울: 월간조선사,
    2001.

황장엽, 『인생관』, 서울: 시대정신, 2001.
황장엽, 『사회역사관』, 서울: 시대정신, 2003.
현성일, 『북한의 국가전략과 파워 엘리트』, 서울: 선인, 2007.
통일부, 『북한 주요기관단체 인명록』, 서울: 통일부, 2015.

북한문헌

김일성, 『김일성저작선집 3』, 평양: 조선노동당출판사, 1975.
김일성, 『세기와 더불어』, 평양: 노동당출판사, 1992.
김일성, 『김일성 저작집 2』, 평양: 조선로동당출판사, 1979.
백과사전출판사, 『조선대백과사전』, 제28권, 평양: 백과사전출판사, 2001.
사회과학원, 『정치용어사전』, 평양: 사회과학출판사, 1975.
사회과학출판사, 『영도체계』, 평양: 사회과학출판사, 1985.
『정치사전 1』, 평양: 과학백과사전출판사, 1985.
최현, 『혁명의 길에서』, 국립출판사, 1964.
『항일 빨찌산 참가자들의 회상기 7』, 평양: 조선로동당출판사, 1962.

『근로자』, 『로동신문』, 『조선신보』, 『조선중앙통신』, 『천리마』

정기간행물

『내외통신』, 『뉴스줌』, 『뉴스타운』, 『데일리NK』, 『동아일보』, 『문화일보』,
『시사저널』, 『연합뉴스』, 『월간 조선』, 『월간 북한』, 『자유아시아방송』
『조선일보』, 『주간경향』, 『중앙일보』, 『중앙선데이』, 『프리미엄 조선』,
『news1뉴스』

기 타

『통일부 홈페이지』
탈북자 증언

표제 인명 목록 (가나다순)

저자소개

전정환 프랑스 소르본느 대학 국제정치학 박사
국방대학원 교수
국방부 정책자문위원
통일부 정책자문위원
서울특별시 정책자문위원
북한학회 회장
북한연구소 이사장

송봉선 인하대 정치학 박사
북한연구소 소장
고려대 북한학과 겸임교수
양지회 회장

이영진 중앙대 졸
해병대 중위제대
중앙정보부 북한정보국 부국장
국가정보원 북한정보실장
북한연구회 회장

서유석 동국대 정치학 박사
민주평화통일자문회의 자문위원
서울시 통일교육위원
한국평화연구학회 이사
남북교역연구협의회 이사
북한연구소 연구실장